超级交际学

舒冬◎编著

中国纺织出版社

内 容 提 要

人是群居动物，我们每个人都要与人打交道，无论是在职场、商场，我们每个人都应该学会轻松驾驭人际关系的方法，以此在日常交际中更好地与人交流和相处，构建融洽的关系。

本书正是从职场、商场、婚恋和家庭等角度，介绍了实用、有效的沟通方法和社交技巧，从而帮助你在社交场合极大地扩展你的影响力，让你赢得更广泛的信任和支持，收获更多的友谊与合作，从而取得事业的成功和生活的幸福。

图书在版编目(CIP)数据

超级交际学 / 舒冬编著. -- 北京：中国纺织出版社，2017.3 (2024.1重印)

ISBN 978-7-5180-3220-4

Ⅰ.①超… Ⅱ.①舒… Ⅲ.①人际关系学—通俗读物 Ⅳ.①C912.1-49

中国版本图书馆 CIP 数据核字(2017)第 018220 号

策划编辑：闫星　　责任印制：储志伟

中国纺织出版社出版发行
地址：北京市朝阳区百子湾东里 A407 号楼　邮政编码：100124
销售电话：010—67004422　传真：010—87155801
http://www.c-textilep.com
E-mail:faxing@c-textilep.com
北京兰星球彩色印刷有限公司　　各地新华书店经销
中国纺织出版社天猫旗舰店
官方微博 http://weibo.com/2119887771
2017 年 3 月第 1 版第 1 次印刷　　2024年1月第8次印刷
开本：710×1000　1/16　印张：17
字数：215 千字　定价：49.80 元

凡购本书，如有缺页、倒页、脱页，由本社图书营销中心调换

前言

瞬息万变、竞争激烈已经成为现今社会最重要的步调，物竞天择、适者生存的自然法则更是迫使人们为成功而奋斗，为人生而规划。但要做到这些，就不得不和形形色色的人们打交道，不管你是身居高位，还是市井平民，不管是生意场，还是身处职场，我们都不可避免地涉及到交际。这正如卡耐基所说的："一个人的成功，15%是由于专业技术，85%要靠人际关系与处世技巧。"交际中蕴含了许多的机会，这些机会无论对个人还是对将来的工作开展都百利而无一害。所以，拒绝交际就是拒绝机会，拒绝成功！

因此，学会如何与他人相处和交往是贯穿我们一生的重要课题。然而，令人遗憾的是，在我们的学校教育中却找不到这类课程，人们只好在社会实践中摸索前行。

然而，我们发现，在交际中，不少人有这样的苦恼：为上司鞠躬尽瘁却得不到晋升？把同事当成合作伙伴却惨遭背叛？对朋友掏心掏费却得不到信赖？对长辈嘘寒问暖却得不到疼爱？苦口婆心地劝说客户购买，客户还是甩袖而去？让客户介绍体验各种产品，客户却甩袖而去……其实，造成这些结果的原因，并不是因为做得不够，而是因为你没有掌握打动人心的技巧。

相反，那些在社交场上如鱼得水的人，总是能八面玲珑，他们似乎总是知道对方需要什么，想听什么，他们为人低调、谦虚谨慎，深谙语言的艺术和为人处世的分寸，而且，他们深知除了要掌握一些基本的社交理念、交际技巧之外，还要运用适当的心理策略也是迅速达成自己目的捷径。所以，无论是职场、家庭还是朋友圈子，他们都是人生的大赢家。

的确，成功的事业离不开社交，美满的生活同样离不开社交。要想在社交中游刃有余，如鱼得水，做到人见人爱，除了提高自身素质外，还必须掌握一些技巧。

现实生活里，相信很多人都曾尝试找到一个快速提高自己社交能力的法宝。但寻找的过程是艰难的，这里，我们推荐一本枕边书——《超级交际学》。

这本《超级交际学》正是要教你一些成功社交的小窍门。从这本书中，我们首先可以看到的是社交是多么重要，我们一定要花点心思与人交往。然后，要与人顺利交往，除了要从自己的心态、形象和口才上下工夫外，还要做到不知己知彼，才能对症下药，百战不殆。书中还有很多典型事例和故事，深入浅出，通俗易懂，能帮助我们更快掌握一些社交技巧。

第1章

微妙细节，举手投足间展现出色的交际品质

在人际交往当中，很多时候，你说不明白为什么别人就不喜欢你了，甚至拒绝再看到你，让你丈二和尚摸不着头脑。而有时候，别人又突然对你表现出极大的热情，让你疑惑不定。事实上，不管是别人远离你，还是喜欢你，都不可能是无缘无故的。他们正是从你举手投足的一些细节中，看到了他们喜欢或者是厌恶的东西。因此，我们要多注意一些细节，用细心来赢得别人的心。那么究竟我们该注意哪些细节问题呢？在这一章里，我们将会找到解决这个难题的答案。

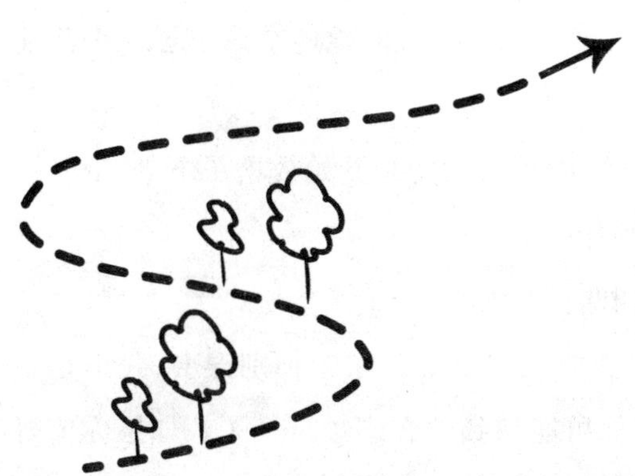

❤ 脸上始终挂满微笑，俘获人心

生活中，很多时候，我们接触的人都是陌生人，因为陌生，所以戒备心理很强，在你无法确定对方对你是否友善之前，总是小心谨慎，这种谨慎表现出来就是冷漠。当你冷漠地面对你身边的陌生人时，你得到的同样是冷漠。

相反，你只要微微一笑，那么彼此之间的感觉立刻会发生变化。你的微笑传达出了你的友善，别人会觉得想要打破这种冷漠，认为你内心很阳光，见到对方很开心。这样，别人也会给你微笑，并因此而刻意留意你。这样，你在无形之中已经俘获了对方的心。

佳倩是一个地地道道的北漂，她在北京已经整整生活和工作七年了。她有很多很多的朋友，有的是工作之余认识的，有些是朋友介绍认识的，还有一部分则完全是偶遇的陌生人。

这年春节，她跟所有的外地人一样，急着往家里赶。可是不知道怎么地，原先买好的车票在检票的时候被拒绝了，原来她买了假票。看着周围的人匆匆地奔向了列车，佳倩的心里甭提有多难受了。

她坐在候车室的椅子上，有些不知所措。就在这个时候，她一转头的瞬间，发现坐在旁边的一个中年男人正在不停地打量自己，二人眼神相撞，中年男人有些不好意思。尽管佳倩心里非常郁闷，但她还是露出了一个甜甜的微笑，点了点头。

得到了佳倩的这个甜蜜的微笑，中年男人的心开始放松了下来，他转过身来说："看你神情有些不对，遇到什么事了？"

佳倩依然微笑着说："没事，谢谢你的关心。"

中年男人用疑惑的眼神看着佳倩说："真的没事？你别误会，我不是坏人，我就是看你神情有些恍惚，猜你可能遇到什么麻烦事情了。如果你信得过我的话，不妨说出来，看我能不能帮助你。"

佳倩迟疑了几秒钟，然后说："我买了回家的车票，竟然是假票，看来今年回家的愿望又不能实现了。哎！"说着，重重地叹了口气。

中年男人听了，关切地问道："噢，碰到这种事情也确实够倒霉的。白花了钱不说，而且还活受罪。"

佳倩摇着头笑了笑说："这事还真让我摊上了，没辙。"

就这样，你一言，我一语地聊了起来。尽管那天，佳倩心情不好，但是和这位男士聊过之后，她的心情好了很多。后来，他们成为了好朋友。

在回想起第一次相遇时，中年男人笑着说："当时，我不敢和你说话，正是你的那一个微笑，让我觉得你很友善，见到我很开心。事实上，那一天我也不开心。正想找个人说话呢。你的微笑深深地吸引了我。"

故事中的佳倩，尽管自己不开心，但是仍然能给陌生人一个甜甜的微笑，也正是因为她的这个微笑，打消了中年男人的戒备心理，打开了沟通交流的大门。试想，如果当时她只是冷漠地抬起头，望一眼，那么后面的交流便不可能发生。

由此可见，在你面对周围随处可见的陌生人时，一定要抛弃冷漠，给他们一个甜蜜的微笑，这样，你会慢慢地发现，你身边的朋友越来越多，生活越来越有意思了。那么，在你抛弃冷漠给陌生人报一个真诚的微笑时，应该注意哪些方面呢？

1.微笑的同时，跟对方目光接触

微笑能传达友善，削弱彼此之间的心里防备。但是对方在接受你的友善时，往往会通过和你眼神的碰撞，来确定你是否真诚。因为人的表情或许能骗人，但眼神却是无法掩饰的。事实上，别人也只有确认了你友善的真伪，才会做出是否把他的友善传达给你的决定。否则一旦表达了对你的友好，而又被你冷漠地拒绝，那将是一件很没有面子的事情。

2.微笑的时候，要不断地点点头

在微笑的时候，对方除了从你的眼神中寻找你是否真的友善外，还会观察你的举动，作为微笑者，你应该主动点头，告诉对方你是真诚的。即使对方确认了你的微笑所传达的友善是真诚的，但是如果你没有点头确认，对方会觉得你并未允许他对你表达友善，因而会有所顾及。因此，在微笑的时候，不妨点点头，告诉对方你是真诚友善的，希望对方也能友善对你。

3.对陌生人微笑，要注意分寸

生活中，关系越紧密的人，笑起来越随意一些。相反，对于相对陌生的人来说，笑就要把握好分寸，否则，会让别人觉得你不尊重他。因为是初次见面，彼此之间的微笑传达的是友善，若你放声大笑，会让对方觉得你见到他非常兴奋，你很喜欢他。对于陌生人来说，这显然很不合适。

4.微笑从心发出，避免生硬做作

如果你内心深处真的善良，那么微笑就会自然流露。否则就会显得生硬和做作，让别人看着极不舒服。这样，传达出来的不是友善，而是告诉别人你很痛苦。你的笑容是装出来的。别人得到这个心理暗示之后，便会对你有所防范。

❤ 无声胜有声，发挥肢体语言的巧妙配合作用

人与人之间的交流除了口头语言外，肢体动作一样可以传情达意。甚至有些时候，肢体语言传递的情感和信息，是口头语言无法企及的。比如，拥抱给人温暖，拍拍肩膀给人安慰等等。之所以如此，是因为肢体语言在一定程度上迅速地跨越了心灵的鸿沟。

尤其在与陌生人沟通和交流时，双方因为不熟悉，所以戒备心理很强，你在举手投足间往往能给别人传递不同的信息。事实上，别人也正是从你的肢体语言上判断你是否友善。

小王和小李都是名牌大学的高材生，大学毕业之后，应聘到公司来做技术顾问。公司之所以会选择他们，除了看重他们的学历之外，更看重他们俩在大学里获得的几次国家级的奖项。

尽管他们是同一个时间来的公司,可是三个月之后,小王跟公司的员工打成了一片,而小李却仍然是孤家寡人一个,没有人喜欢他,不管是工作中还是在业余时间,总是一个人独来独往。

小王很开朗,这一点也不假,但是小李也很幽默,常常将同事们逗得哈哈大笑。可是不知道怎么地,同事们很少跟小李主动交谈。而小王身边总有三三两两的人,他们有什么活动也会主动叫上小王,这让小李羡慕不已。

原来,小王在和同事们聊天的时候,两只手是交叉相握的,在发表自己的想法和意见的时候,打开双手手心朝上,相比之下,小李在跟同事们说话的时候,总是背着两只手,在倾听别人说话的时候,还时不时地两只胳膊抱在胸前,一副容不下任何人的模样。

当小李把自己内心的烦恼告诉小王的时候,小王笑着说:"大家之所以不喜欢你,是因为你在和大家交谈的时候,是因为弄错了一些肢体语言,让大家误会了你。"

小李一脸的无辜。小王接着说:"比如你和别人交谈的时候,老是背着手。你知道这个动作代表啥意思吗?"

小李摇了摇头。

小王说:"你想想,摆这个动作的人会是什么人呢?一般只有领导或者是长辈才会在晚辈面前摆这个动作,而你和大家都是同事,你这样背着手,无疑是把自己抬高了位置。"

小李很无辜地说:"不会吧,我没有这个意思啊!"

小王说:"你没有这个意思,但是别人却不这么认为。还有你老把两只胳膊抱在胸前。你明白吗,这意味着拒绝、挑衅和不服气。你这样没弄明白肢体语言的意义,就乱摆谱,难怪大家不喜欢你。"

故事中的小王在与人接触的时候,注意用肢体语言传达友善和包容,尽管他在言语上并没有说什么,但是别人感觉到了这份真诚,因此和他交好。相反,小李由于不注意肢体语言传达的特殊意义,结果因为自己的一些错误的动作,拒别人于千里之外。由此可见,在人际交往当中,肢体语言能起到意想不到的效果和作用,完全可以弥补口头语言的不足,甚至可以代替口头语言传情达意。那么,在人际交往当中,如何运用肢体语言来表达意图,以达到无声胜有声呢?

1.手部的动作

在跟陌生人接触和交流的时候,手部的动作是最直接,也是最能传达意愿的。两手交叉相握,表达的是谦虚的态度,相反,背着手或者抱着胳膊放在胸前则表示拒绝、蔑视和挑衅,两手插在腰上表示对抗和敌视。而两手伸开,手心朝上,则表示你愿意接受对方。除此之外,单手抬起,近距离摆动表示欢迎,向远处摆动表示拒绝等。

2.头部的动作

在肢体语言中,头部动作所表达的语言相对来说比较丰富。在人际交往的时候,如果你肯定对方,要不断地点头确认,但是不要太快,点头太快有时就有敷衍的意思。当然,摇头就是否定的意思了。低着头的时候,往往表达一种不满意或者是有成见的情绪,只是这种否定的表达没有摇头那么直接,一般是不方便拒绝对方,又不愿意妥协。头部倾斜则表示你在认真地倾听。在人际交往的时候,要区分清楚,适当地用头部动作来表达你的意愿。

3.眼睛的动作

眼睛是传达感受的焦点,瞳孔的运动是独立的,自觉的,不受意志控制的。事实上,一个人的眼睛所传递的信息是最准确的,同时也是最有价值的。当一个人对别人不屑一顾的时候,往往会斜着眼睛看人。眉毛轻轻上扬或者面带微笑,说明认可和肯定。眉毛压低,眉头紧缩或者是嘴角下拉,表达不信任或者是心存敌意。

4.腿部的动作

同样,腿部的一些动作也能暗示出人不同的心理。比如双腿开叉站立,表示高高在上,表达一种蔑视和看不起的情绪,一般领导人或者是长辈在教育下属的时候就是这种姿势。同时,跷二郎腿也有自以为是、高高在上的意思。因此,在人际交往的时候,要注意这些腿部的动作。

❤ 魅力声音从掌控你的音量和语调开始

在生活中，激昂的声调往往表达的是一种强烈的情绪，而有时候也最容易引起别人内心的对抗。声音越高、越刺耳，这种对抗越强烈。相反，声音越缓和，人内心的对抗也会缓和。适度的声音、平缓的语调事实上更能促进对方打开心扉，利于对方敞开交流。因为这样，对方觉得你是在和他商量，而不是在强迫他，觉得自己受到了你的尊重。

物价天天在不断上涨，但是爱民服装厂职工的工资三年了始终没有调整过，为此，职工们有很大的情绪。几次向领导提出申请，竟被驳回。一天，在几个职工领导的带领下，全厂顷刻间罢了工，工人们聚集在领导办公楼下面，要求厂里给职工涨工资。

厂长见状，立刻招来了厂区的保安，责令他们将职工驱散，这一下激怒了职工，几个保安哪里是对手。厂长吓得躲进了办公楼，不敢出来。天气异常的热，职工们在太阳下已经整整晒了两个多小时了。职工们的情绪越来越焦躁。有的职工开始扬言要占领办公楼，人群开始骚动。

就在这个时候，一辆高级小轿车缓缓向厂里驶来。听说是总公司的经理鲍威尔来了，职工们还是先让出了一条路。几分钟之后，几个职工代表被请进了总经理的办公室，他们一个情绪都很激动，在进去之前发誓决不妥协，一定要达到他们的要求不可。

总经理鲍威尔看到职工代表之后，并没有向职工代表发火，而是微笑着，用温和的声音说："实在是有些抱歉，害得你们在烈日下站了两个小时，我也是刚得到这边的消息，立刻赶了过来。"

总经理给职工代表道歉，这让代表们有些不知所措，他们原以为会和公司高层对抗，可是没想到受到了如此的尊重，情绪立刻平静了很多。

鲍威尔温和地说："你们有什么要求，可以提出来，我听一下，要是在公司的接受范围之内,我一定答应。”

一个代表说:“现在的工资实在是有些低,我们希望在现在的基础上,再上涨30%的工资。”

总经理:“我知道现在物价上涨得厉害,现在的那部分工资确实也买不了什么。但是,现在厂里也很艰难,原材料涨价了,市场的竞争压力又大。再上涨30%的工资。确实有些压力太大,如果真像你们要求的那样,厂子必定会倒闭,到时候损害的也是大家的利益啊。”

总经理语重心长的一番话,让职工代表陷入了沉思,他们知道总经理说的也是事实。因而显得有些为难。

这时候,鲍威尔说:“我倒有个建议,在你们现在的工资基础上,上涨15%,你们看可行吗? 事实上,这也是企业做出的最大的让步了。”

职工代表们你看看我,我看看你,点了点头。总经理走过去一一地和他们握手言谢。最后,他说:“今天,所有的员工算全勤。现在就可以回家了。”

不一会儿,职工中间想起了欢呼声。

故事中的总经理鲍威尔,在职工和厂里已经出现对抗的情况下,在和职工代表谈话的时候,声音适度,语调平缓,将代表们对抗的情绪及时化解掉,并且抓住了代表的心,让他们适当地做出了妥协。由此可见,说话时,语气平缓一些,语调沉稳一些,往往能在瞬间打开别人的心扉,俘获别人的心。那么,究竟怎样做,才能让自己的声音变得柔和一些呢?

1.稳定情绪,内心平和一些

一般情况下,内心善良的人说话,语气很温和,语调很沉稳。因为他们内心的善良,让别人觉得没有恶意,这样,对方才会把内心的防备降低。当一个人内心对你不设防的时候,是最容易被你征服的时候。所以,要想用平和的声音去和别人交谈,那么就要稳定情绪,让自己的内心平和一些。

2.真诚地打开心扉加强沟通

当一个人真诚地和对方交流的时候,就会打开心扉将自己的想法一股脑儿地告诉对方,以换取对方的真诚。因为你很真诚,所以很尊重对方,这

样你说话的语气自然就会平和下来。相反，如果你想强迫别人接受你的时候，语气强烈声调高亢。所以，要想能迅速地获得对方的心，那么就要真诚地打开心扉，加强沟通。

3.在平时说话要多注意一些

有些人平日里说话声音就很平和，而有些人说话声音则很洪亮。这与对方的性格和嗓音有直接的关系。但是并不是说，不能改变。习惯成自然，只要平日里多加留意，一样可以让自己的声音变得平和一些。比如跟人说话前要提醒自己做个深呼吸，强制自己放慢语速，不要轻易和别人对抗等等。

4.让自己的心智变成熟一些

生活中，我们发现说话语言缓和的人，心智相对来说比较成熟一些。因为他们往往能把问题看得比较透彻，和别人交流起来，也不会强迫别人接受自己的观点。即使遇到突发情况，也能平和地处理。所以，要想从根本上让自己说话时不那么冲，声音变得平和一些，那么就要勤于思考，让自己的心智变得相对成熟一些。

❤ 从眼神中传递出你的善意

生活中，谁都希望别人能为自己喝彩，因为这就代表着获得了更多人的认可和肯定，觉得自己是有价值的。尤其是在相互不认识的情况下，彼此之间有很强的戒备心理，往往会在人群中寻找对自己感兴趣的人，而目光刚好能传达人的兴趣所在，因此，不经意间流露出的一个关注的眼神便会引起对方的好感。

段伊在一次职场招聘面试中，如愿以偿地应聘到弘强中学。弘强中学高三(8)班是个出了名的头疼班，在校的老师都不愿意带。段伊初来乍到，不了解实际情况，便接受了学校的这个安排，事实上她完全可以拒绝。

由于是第一次上讲台，段伊多少有些紧张，但是当她满怀信心地站在讲台上开始讲课的时候，心里顿时凉了半截。原来一上课，同学们便开始各干各的事情了。有看小说的、有交头接耳聊天的、有睡觉的。段伊好几次，都停止讲课，提醒同学们认真听讲，但是没有一点儿效果。

段伊望着同学们，内心非常纠结。第一次上课就这样，以后的课还怎么上下去呢？这样一个班，她该如何带好呢？越想心里越没底。正当她灰心失望的时候，突然发现坐在第一排的一个女生正在看着她，微笑着。尽管这个女孩的注意力似乎也没在课堂上，但是那一次眼神碰撞，让段伊看到了一丝的希望。

段伊的心里顿时平静了很多，她认认真真地把课讲完了。

第二次上课的时候，段伊叫起那位女生来回答问题，期间她了解了女生叫做艾鸿，学习很差。从那以后，段伊总是很关注艾鸿，在学习上给了她很大的帮助，渐渐地，艾鸿的成绩突飞猛进，迅速地挤到了班级的前五名。

同学们都觉得段老师非常照顾艾鸿，有的说艾鸿是段老师的亲戚，有的说段老师背后收了艾鸿的礼物。事实上，段伊之所以这么帮助艾鸿，是因为她给她留下的第一感觉非常好。就是那一个不经意间流露出的眼神，让段伊对艾鸿产生了好感。

故事中的段伊，在第一次面对陌生的同学们的时候，非常孤独。在这种情况下，她需要别人的支持和肯定。而艾鸿在这个时候，给了她一个关注的眼神，让段伊顿时觉得自己并不孤独。因此，对艾鸿产生了好感，并在此后的学习中，给了艾鸿很大的帮助。由此可见，在和陌生人的接触中，要想获得对方的信任，在关键时候，一定要给对方一个关注的眼神，赢得对方的好感。那么，究竟如何用一个眼神获得对方的好感呢？

1.寻找对方的眼神所在

要想让对方捕捉到你的眼神，给别人留下好感，首先就得让对方发现你。那么，就要寻找对方的眼神所在，跟对方有个眼神的碰撞。因此，在人际交往当中，如果对方没有刻意地寻找眼神、寻找支持，那么你就要多关注

对方的眼神，为和对方的眼神相碰撞创造机会。当然不能直勾勾地盯着对方的眼睛看，这样很不礼貌，反而会让对方不舒服。

2.眼神碰撞时点头肯定

你和对方的眼神相碰撞了，只能说明你对他所说的话感兴趣，并不能说明你一定肯定他，认可他。所以，要想让对方对你产生好感，仅和对方眼神碰撞是不够的，还要及时地点点头，把你的肯定和认可传达出去。否则，对方看到你的眼神，没有什么感觉，就起不到任何的作用。

3.眼神中流露出希望

眼神常常能传情达意。但是，有的人的眼神看上去没有任何情绪和心思，完全是无意中碰到了一样。这样的眼神，生活中不知道要碰到多少，所以，别人自然也不会注意到你，不会对你产生好感。因此，在用眼神捕捉对方的心时，不妨在眼神中包含一些希望，让对方感受到你真的对他很感兴趣。

4.眼睛睁大眉毛轻上扬

当一个人看到自己感兴趣的东西时，眼睛会睁大，眉毛会轻轻上扬。在向对方投以关注的眼神的时候，也要睁大眼睛，眉毛轻轻上扬，让对方感受到你对他很感兴趣，对他说的话或者是做的事很感兴趣。这在一定程度上弥补了眼神的单调，让别人更加容易对你产生好感，继而记住你。

❤ 小小握手礼节你掌握了吗

在社会场合中，我们有时需要主动去和对方握手，以此来表示友好、表示欢迎。事实上，在你面带微笑主动走上前去，和别人握手的时候，别人因此而受到了尊重，觉得你是一个非常有涵养的人。相反，如果你站在原地，面无表情，别人会觉得你不懂得尊重别人，没有教养。握手，这么一个简单的礼节，却能让别人看到你的内在涵养。

单鹏是锅炉厂的销售员。按理说，他做销售已经有整整两年的时间了，可以说是经验丰富。可是最近却频频丢掉了好几个并不难应对的准客户。这究竟是怎么回事呢？

这天一大早，他去拜访一家橡胶厂的厂长黄某。由于之前拜访过几次，而且电话里沟通得也不错，所以单鹏满怀信心地带着合同前来。

当他敲开了黄厂长的办公室之后，看到办公室里有好几个人，似乎都是公司的领导，于是单鹏一一走上前去，跟他们握手问好。就在这时候，从门外面走进来一位60多岁、穿着普通的老人，老人提着水壶，逐个为他们加水。

单鹏觉得他就是个为公司服务的老头，所以没怎么在意，也没有跟他问好握手。一会儿，老头什么话也没说，悄悄地离开了。

和黄厂长进行了一番寒暄之后，单鹏拿出了合同，把事先约好的合作条件一一又说了一遍，之后放到了黄厂长的面前。黄厂长认真地看了一遍，点了点头，准备在合同上签字。这时候，秘书走了进来，在黄厂长的耳边悄悄地说了几句话。

黄厂长笑着站起来说："不好意思，小单，你稍等我几分钟，我临时有点事情。"

说完，黄厂长随着秘书一起走了出去。

几分钟之后，黄厂长走了进来，说："很抱歉，我们董事长不同意咱们之间的合作。"

单鹏惊讶地说："为什么啊？是我开出的条件不优惠吗？"

黄厂长摇了摇头。

单鹏说："那究竟是为什么呢？"

黄厂长："我也不知道怎么回事，不知道刚才你做了什么事情，给董事长留下了不好的印象。"

单鹏说："刚才董事长在这里啊？是哪一位，你能提醒一下我吗？"

黄厂长："就是那位为我们倒水的老人啊。"

听到黄厂长的话，单鹏半天说不出话来。因为当时他觉得那是公司的

服务人员，所以没有上前跟他握手问好。

故事中的单鹏，在做销售的时候，在和别人握手问好的时候，恰恰忽略了董事长，让董事长觉得他不懂得尊重别人，没有涵养，而终止了最后的合作。由此可见，一定要注重握手的礼节，让别人因为你主动和他握手而尊敬你、欣赏你。那么，在握手的时候应该注意哪些礼节呢？

1.和男士握手，要握紧握满

一般情况下，和男士握手的时候，要握紧握满。握的越紧，抓的越满，则表明你对对方越欢迎，越欣赏和喜欢对方。如果刚抓住手指，或者很松，则会让别人觉得你的心不诚，不喜欢和对方结交。这样，对方自然对你不满了。所以，和别人结交的时候，一定要把手握紧握满，即使你对对方有想法，也不要在这个时候显露出来。

2.和女士握手，抓指尖轻摇

男女之间一般情况下不握手，当然如果女士主动伸手，男士才能握手，男士主动则会让女士惊慌失措，误认为有轻薄之意。和女士握手，也要注意，不可抓太满，也不能抓太紧，只握女士的手尖摇一摇就可以了。当然时间绝对不能过长。这样，你既尊重了对方，又和她们保持了距离。

3.和长辈握手，不要太主动

晚辈和长辈见面的时候，如果长辈不主动伸手，晚辈不宜伸手。因为握手代表着彼此之间地位的平等。长辈主动伸手和你握，说明长辈愿意降低身份，和你做朋友。而晚辈主动伸手，则是拉低了长辈的身份，是对长辈的不尊重。所以，遇到长辈的时候，千万不要为了表达你的热情，而主动伸手。

4.和平辈握手，要积极主动

平辈之间见面的时候，要积极一些，主动一些。伸手相握，表明你对他人的友好，你很希望跟他结交。如果你总是操着手，那么别人就会觉得你不欢迎他，你对他不友善。当然，这里说的是男性之间。如果与女性同辈相处的时候，男士千万不要主动，这样是对女性的不尊重。

5.关系深厚握手时用双手

在和一些地位比较高,关系比较深的人握手的时候,要用双手,表达了你对对方的敬重。一般情况下,这样握手的时候,要么对方就是对你有很大帮助的人,要么就是你非常尊敬的人。因此,不要随便用双手去和别人握手,以免给对方带来心理压力。但是如果有需要,则千万不要把双手换成单手,也不要握一下就松开。

❤ 丰富的表情让你的手势更生动

在人际交往当中,手势往往扮演着非常重要的角色。但是手势却不能表达你对别人的期望程度,这就需要你的面部表情适当配合,比如,对方的到来让你很高兴,你完全可以给他一个拥抱,当然如果能面带微笑,则会让别人更加坚信你的真诚。

公司安排小萌和小宇去接远从海南而来的大客户刘总。小萌和小宇在出站口焦急地等待着,手里的牌子上写着刘总的名字,可是等来等去,楞是没见刘总。

而就在此时,一个 40 岁左右的中年男人也在车站拉着行李,似乎在等人。小萌和小宇对看了一眼,走了过去,小萌微笑着说:“您好,先生,打扰一下,请问您是来自海南的刘先生吗?”

中年男人认真地看了小萌一眼,说:“是啊,你们是?”

小萌微笑着伸出手说:“您好,刘先生,我们是专程来接您的。”

刘先生一边握手,一边说:“真是太好了,可找到你们了。”

这时候,站在一边的小宇也走上前来,对刘总说:“您好,刘先生。”

一路上,他们有说有笑,能够看得出,刘总非常开心,完全没有一点车马劳顿的疲惫。到了公司后,小宇先下了车,打开了车门,礼貌地说:“刘先生,我们到公司了,请您下车。”说罢,伸出右手,做了一个邀请的动作。

那次的业务谈判非常成功。在临走的时候，刘总特意邀请了小萌一起吃饭，表示感谢，而对小宇明显很冷淡。原因很简单，小萌在和刘先生的初次见面时，不但手势很到位，表情也很到位，让刘先生感觉到内心非常愉悦，这些都给刘先生留下了极好的印象。相反，小宇的动作到位了，可是表情没跟上，再加上语言上过于客套，拉远了跟刘先生的距离。

此后，有关与刘先生所有的业务都是小萌在负责，因为是刘先生要求的。刘先生宁可耽误时间，也不让别的人来代替小萌。后来，小萌离开了公司，刘先生与公司合作的业务也随即停止了。

故事中的小萌和小宇在和刘先生的接触中，在表情和动作上搭配不一样，结果出现了两种截然不同的后果。一个到位的手势加上真诚的微笑，拉近了彼此之间的距离，相反，手势到位了，表情和语言不到位，则疏远了彼此之间的距离。由此可见，手势和表情以及语言搭配恰当，才能让别人为你倾心。那么，手势和表情怎样搭配才能给别人留下好印象呢？

1.为人鼓掌时，点头微笑

一般情况下，为别人鼓掌是因为对方的表现很优秀，表示鼓励，或者是别人远道而来，表示欢迎，不管是哪一种情况，鼓掌的时候都要表达出你的高兴和欢喜。因此，一边鼓掌，一边要点头微笑。这样你的情绪让别人感觉到你很真诚，使他认为你在为他而喝彩，在为他而欢喜。这样，别人也会为你倾心。

2.跟人握手时，眼神真诚

跟人握手的时候，距离相对来说比较近，因此情绪的好坏也能看得清清楚楚，但是不管怎么样，身体的接触拉近了心的距离，在这个时候，就会用眼神进行交流。所以，在跟对方握手的时候，眼神一定要真诚一些，否则，你嘴上说很欢迎，在为他人鼓掌，眼神却显得暗淡无光，别人从你的眼神中洞察了你的心思，认为你态度敷衍而对你产生不好的印象。因为眼睛骗不了人。

3.邀请别人时，眉毛上扬

眉毛上扬的时候，表示你对看到的东西很有兴趣。所以，在邀请别人的时候，除了伸开你的右臂，做一个邀请的动作外，你的眉毛一定要轻轻地上扬，让对方在跟你照面的时候感受到你对他的浓厚兴趣。这样，对方受了你的邀请便能感受到你的诚意，否则，你不是真诚邀请的，对方去了也没意思。

4.拥抱别人时，情绪热烈

当你给别人一个拥抱的时候，说明你和对方的情感非同一般。所以，在面部情绪表达上不妨夸张一些，比如说哈哈大笑，或者是眉飞色舞等等，以适应你的手部动作。否则你在拥抱别人，却情感平平，让别人感觉到很难受。

❤ 注重细节，别让一个小姿势毁了形象

在人际交往当中，我们总是希望能给别人留下一个好印象，可是很多时候，我们不明白，为什么别人在渐渐地远离你，为什么别人对你有了成见和想法。事实上，不是我们说错了话、做错了事，而是因为一些不经意的姿势毁坏了我们的形象。而一旦给别人留下不好的印象，则很难在短时间内改变，这让我们懊恼不已。

小海和雯雯是一对恋人，他们从相识到牵手，已经有整整五年的时间了。这次，雯雯回家后，父母要求见一见小海。于是这天，雯雯带着小海来到了家里，拜见父母。

进了家门，雯雯介绍说：“爸、妈，这是小海。”

小海深深地鞠了一躬，微笑着说：“伯父伯母好，今天我是专门来拜见您二老的。”

雯雯爸爸笑呵呵地说：“年轻人很懂礼貌，来来来，这边坐。”

随着雯雯爸爸的手势，小海坐到了离他不远的沙发上。雯雯把带来的礼物放到了一边，坐到了小海的旁边。

小海掏出准备好的中华烟，递上了一根，雯雯爸爸摇摇手说：“最近身体

不好，刚动过手术，不能抽烟的。”

小海关切地问：“叔叔，动什么手术啊，不要紧吧？”

雯雯爸爸笑着说：“没啥大的毛病，就是阑尾炎。”

小海抽惯了烟，雯雯爸爸拒绝之后，他就给自己点上了。本来见雯雯的父母，小海多少有点紧张，点上烟之后，放松了很多，聊了一会儿，跷起了二郎腿。而这个时候，雯雯的爸爸妈妈却坐得非常端正。

雯雯爸爸心中非常不悦，寒暄了几句便借故说自己不舒服，回房休息去了。雯雯妈妈坐在一边始终没有说话。坐了一会儿，也回房照顾雯雯爸爸去了。客厅里只留下了雯雯和小海。

那天，他们再没多聊，匆匆吃过饭之后，小海便离开了。

雯雯做梦也没想到，从那之后，爸爸妈妈非常反对她和小海继续交往。理由很简单，小海给他们留下的印象不好。雯雯坚持了半年之后，和小海分手了。

故事中的小海，在拜访雯雯的爸爸妈妈时，当雯雯爸爸拒绝抽烟后，仍私自点烟，让雯雯爸爸感到了不尊重；其次，在面对两位长辈时，跷起了二郎腿，从而毁坏了他的形象。或许小海当时并没有意识到，可是却在不经意间将自己的形象全毁掉了。由此可见，生活中，一些不经意间的姿势会让我们的形象大打折扣，尽管我们当时并没有意识到，可是在别人的心里却因此而打上了烙印。那么，我们需要注意哪些不经意间的姿势呢？

1.男性不要随便跷二郎腿

很多人在和别人交谈的时候，不经意间会将腿跷起来。可能这是你的一个习惯，没有什么所指，也是不经意间的一个姿势，可是，别人却认为你流露出的是一种蔑视，一种看不起人的心理。别人会因此而感到你不尊重他，从而对你有了成见。不单是和长辈以及领导谈话的时候要注意，即使和朋友兄弟相处的时候，也要注意。

2.女性入坐时双腿要并拢

很多女性朋友入座后，慢慢地忘了自己的身份，便会向男人一样叉开腿。但是女人叉开腿则会让别人觉得你不检点。如果和你交谈的是男性，则有勾引和挑逗男人的意向，因此会对你有些想法。你的贤惠淑德的形象也会在瞬间化为乌有。

3.站立时勿将双手插在兜

和别人交谈的时候，一般情况下都要将手拿出来，要么自然垂在两侧，要么相握。但是不要将两手插在兜里。因为两手插在兜里，让别人觉得你很傲慢，你不重视别人。试想，谁愿意跟一个不重视自己的人交谈呢？你这样做只能给别人留下一个坏印象，觉得你吊儿郎当，没个正经样。

4.和人交谈时别总是抖腿

很多人在和别人交谈的时候，由于放松了身体，便会不自然地抖起腿来。或许你需要的是一个简单的节奏感，但是会让你身边的人觉得很不舒服，心情随着你的腿在不停地抖，注意力会转移到你的腿上，而不在你的说话上。事实上，这是对别人极大的不尊重，或许你并没有觉察到，但是别人的心情已经被你破坏掉了。

5.辩论时别用手指指人脸

在相互辩论的时候，很多人为了表明自己的意见和态度的坚定性，总是会用指头指着别人。事实上这是最忌讳的。因为用指头指别人表明你在挑衅，这样会激起别人的厌恶情绪，甚至还会出现更为糟糕的情况。尽管你只是为了表达自己的需要，但是与此同时，却伤害了别人的感情。

第2章

活络气氛，拉近人际关系从好的谈话氛围开始

我们知道，在人与人沟通的时候，需要一个平和轻松的氛围，因为在这样的氛围下，双方的心态平和，彼此之间的沟通和交流才能正常进行。但是，很多时候，我们在与陌生人接触的时候，彼此的防备心理都很强，如果这时候不能营造一种轻松的气氛，那么双方都处于戒备状态，是不可能达到很好的交流效果的。那么，要想活跃氛围，有一个适宜交流的氛围，我们该从哪些方面入手呢？这正是这一章我们需要解决的问题。

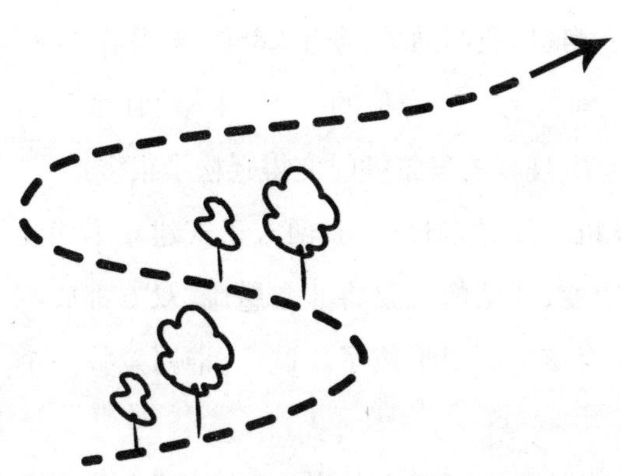

❤ 恰当寒暄，烘托出暖人的气氛

人与人之间的交谈需要有一个良好的氛围。有了这个良好的氛围，彼此才能敞开心扉，增进情感。否则，如果交谈的氛围不好，即使你再努力，双方都没有办法畅所欲言，反而会感觉到很别扭，不舒服。那么，这个良好的氛围就需要在开场白的时候，制造温暖的寒暄，以此来奠定基础。

阿勇今年29岁了。这在老家已经完全是大龄青年了。可是他又没有女朋友，所以就成为了亲戚朋友们特殊关照的对象。

这天，在舅妈的积极撮合之下，阿勇又去相亲了。在去之前，舅妈一再叮嘱，小伙子一定要机灵一些，灵活一些，千万不要让女孩以为你很呆滞。为此，阿勇在去相亲的路上，一个劲地调整自己的情绪，在到达见面地点的时候，他将自己调整到了最佳状态。可是见了女孩之后，他却像个木头桩子一样杵在那里，说不出一句话来。

事实上，阿勇并不是个呆若木鸡的人，相反，平日里，他总是油腔滑调，和朋友们在一起话特别的多。只是今天突然出现了很多人，比如媒人，女孩的爸爸妈妈等。这许多人的出现，让他顿时张不开嘴来。

几分钟之后，阿勇调整了过来。他笑了笑说："今天来的人还真多，把我都整闷了，这样吧，我先介绍一下我自己，我叫阿勇，今年28岁，未婚。"

阿勇的话一出，顿时引起了一阵大笑。因为他的一句"未婚"让大家因为彼此陌生而带来的尴尬一扫而空。现场的气氛顿时变得轻松了很多。

那次，阿勇和女孩聊得非常投机。没过多长时间，两人正式建立了恋爱关系。如果那天不是阿勇的临场应变，谈话的气氛将非常尴尬，双方都放不开，那么阿勇呆若木鸡的形象便在女孩的心里形成了。试想，谁愿意找一个傻了吧唧的男朋友呢？

故事中阿勇在相亲的现场，及时地制造了暖人的寒暄，为接下来的交谈

奠定了和谐的基础。由此可见，在相互并不熟悉的情况下，很容易冷场，以致陷入尴尬的气氛，这时候，如果你能灵机一些，制造一些暖人的寒暄，则能在很大程度上迅速缓解尴尬，为接下来轻松的交流奠定基础，否则，就会为彼此之间的交流埋下隐患。那么，如何才能制造暖人的寒暄呢？

1.适度地恭维对方必不可少

当一个人听到别人在恭维自己、赞美自己，内心之中会产生一种愉悦的情绪。对方的心情好了，便会有交流的欲望，这样双方的尴尬自然就会打破。如果对方小心谨慎，不愿意多说话，那么即使你一个人在那里说表扬的话，对方的反应平平，那么势必会陷入冷场，交流也会一度受阻。因此，要想让交谈有个好的氛围，那么就要适度地恭维他人，让对方高兴。

2.不妨开个无伤大雅的玩笑

如果双方陷入了交谈的尴尬，不及时处理，那么交流和沟通势必会陷入绝境。这时候，如果你能及时地开一个无伤大雅的玩笑，把大家逗乐，那么尴尬的气氛顿时会缓解很多。这样，大家觉得没有了压力，才能打开心扉，畅所欲言。当然，开的玩笑一定要适合在场的人，要无伤大雅，否则会让气氛更加尴尬。

3.关键时候要调侃一下自己

谁都不希望别人来说自己的缺点和不足，但是如果你自己说自己的缺点和不足，那么就是在调侃自己。大家哈哈一笑，现场的尴尬便会一扫而空。同时，别人也会因为你的不拘一格而放松自己。没有了思想包袱，交谈时便不会去担心说错了怎么办、说什么话比较更加合适。这样交流才能更加轻松自如。

4.表达对对方的关怀和祝愿

寒暄的时候，还要注意，话题要围绕在对方的身上，表达出对对方的关怀和祝愿。这样，别人觉得你很关心他而倍感温暖，继而表达出对你的关怀。这样一来，双方在内心之中的戒备便会减弱很多，说起话来才不会藏着掖着。当双方笼罩在彼此的关心和温暖之下，说出来的话便多是考虑他人的感受。这样,交流的气氛自然就会轻松很多。

5.寒暄时要注意对方的忌讳

如果对方的妻子刚刚过世,而你在寒暄的时候如果这样说:“怎么样,最近嫂子还好吗?”试想,对方听了会是什么样的感受?所以,在寒暄的时候,一定要注意对方的忌讳,千万不要哪壶不开提哪壶。否则不但不能让交流的气氛轻松自如,还会因此而雪上加霜,别人会觉得你是在故意讽刺他,后果可想而知了。

❤ 交谈方式要选对,才能“对症下药”

在人际交往当中,彼此之间沟通的不到位,往往导致双方产生误会和隔阂,究其原因,不是彼此之间不能理解,不肯妥协,而是因为沟通方式不恰当,你说的话对方不喜欢听,对方表达的意思在你面前又失去了作用。这样一来,彼此之间的沟通和交流就变得困难和痛苦。

邓明是今年刚刚参加过高考的学生,而且成绩考得相当不错,完全有实力进一所重点大学。正当邓明在筹划着选择学校的时候,妈妈出现了。她没有给邓明带来帮助,反倒让他感觉非常痛苦。

原来,邓明的成绩不错,他想去大城市上学。可是却遭到了妈妈的反对,理由很简单:邓明从来没有出过远门,一下子跑到北京去,没人照顾怎么办?这让邓明啼笑皆非,自己都已经过了18岁了,还让老妈跟在后面照料。为此,母子两人没少红过脸。

这天到了上交志愿表的时候了。妈妈一早就敲开了邓明的房门,对邓明说:“明明,你听妈妈的意见,就在省重点大学上吧。这样,你回家也很方便,我们也好去看望你啊。”

邓明不耐烦地说:“哎哟,妈,我是大人了,我能照顾好自己。我想去北京上学,那里师资力量和教学条件都是一流的,我想去那里深造。”

妈妈："在省城上吧，明明，毕业后回到家里来考公务员，安安稳稳的，这条路妈妈早就为你谋划好了。"

邓明："妈，大城市机会更多，对于我的前途和事业来说帮助更大。你让我窝在这么一个小地方干啥啊。"

妈妈见劝说不动邓明，立即变了脸，厉声说道："这事，你必须听我的，没得商量，我不能由着你的性子来，害了你。"

邓明也针锋相对地说："我自己的事情，你休想干涉。"说完摔门而出。

那天报志愿的时候，邓明报了远在北京的一所重点大学。妈妈得知之后，狠狠地训斥了他一顿，邓明自然是不甘示弱。在经过了一场激烈的争吵之后，妈妈歇斯底里地哭了起来。但是这最终并没有改变邓明的决定。

一个月之后，录取通知书下来了，邓明如愿考入了自己希望的大学。那段日子，他跟妈妈很少说话。即使在临走的时候，也不愿意让妈妈送。直到这个时候，妈妈才明白，她已经深深地伤害了邓明。

故事中的妈妈，在和邓明的沟通当中，由于交谈方式不妥，最终导致了和邓明之间产生了巨大的矛盾。如果当时妈妈换一种沟通的方式，多去了解和体会邓明的感受和想法，说不定还能说服儿子。由此可见，在沟通交流的时候，如果交流的方式选择不当，不但不能很好地取得良好的交流效果，还有可能产生隔阂和矛盾。那么，选择怎样的交流方式才能使谈话更符合对方的心里呢？

1.说话时语气一定要缓和

在双方交谈的过程中，如果一方的语气很激烈，那么势必引起对方的强烈不满。相反，如果你说话的语气相对缓和一些，对方内心的不满意识也会淡化很多。事实上，只有双方心平气和才能正常地沟通和交流。没有人喜欢被人压迫，被人强制，因此，说话时语气一定要缓和一些，一定程度上才能符合对方的心里。

2.多征求对方的意见和建议

谁都希望别人能够理解自己，希望别人听取自己的想法和建议。如果你一味地述说自己的想法，而不去领会别人怎么想，那么对方势必会觉得你不懂他，那么交谈的热情就会淡化很多。这样，双方的沟通和交流势必会受阻。在谈话当中，不妨多征求对方的意见和建议，让谈话更符合对方的心思。

3.不要去否定别人的想法

如果别人所说的想法和建议，你不同意，最好不要去否定它，而是一定程度地去承认和肯定，同时让对方明白，你的主意和观点相对来说更好一些。这样一来，对方得到了相对的肯定，也就不会过于强烈反对。同时，在倾听你的主意和观点的时候，认可你。别人受到了尊重，才会倾听和喜欢你所说的话。

4.寻找双方之间的共同点

谁都喜欢和自己有相似点的人，同样，如果在谈话中能找到双方之间的共同点，那么立即对谈话就有了兴趣。同时也会对与别人有矛盾的地方作出相应的妥协。这样沟通才能正常进行下去。否则，两人谈来谈去话不投机，便会产生尽快结束谈话的心理，达不到预期的沟通效果。

❤ 细心留意对方的情绪，再制造气氛

人是情感动物，很多时候言语和行为会受到情绪的影响。当一个人情绪高涨的时候，可能交谈的欲望会很强，话题的涉及面会很广，这时候与他沟通和交流，相对来说比较容易。相反，当一个人情绪低落的时候，交谈的欲望会降低很多，交流起来相对就困难一些。在和别人交谈的时候，不妨多注意对方的情绪，根据不同的情绪制造不同的交流氛围。

邓艾和王小鱼是非常要好的朋友，同时也是一个班的同学。作为高三年级的毕业生，在今年七月他们一起参加了高考。最近，成绩陆续公布了，邓艾考了 658 分，这就意味着她可以选择重点本科去上了，而她的志愿是浙

江大学，看来是十拿九稳的事，为此，她非常高兴，想把这个消息第一时间告诉自己的死党王小鱼。

当她来到王小鱼的家时，发现气氛有些不对劲，王小鱼的眼睛红红的，很显然刚刚哭过。邓艾原本想着抱住王小鱼，把这个消息悄悄地告诉她，让她为自己高兴，可是看到王小鱼这个样子，邓艾立即打消了这个念头，而是安静地抱着王小鱼，什么话也没有说。

在邓艾的肩膀上，王小鱼无声地哭了起来。邓艾也陪着她抹了不少眼泪。后来，等王小鱼的情绪稍稍稳定了一些之后，邓艾拉着她的手鼓励她说："小鱼，不要灰心，失败只能说明过去，并不能说明未来，咱们再好好努力一年，你一定能考上自己喜欢的大学的。"

王小鱼摇了摇头，说："我有些心灰意冷了，不想再继续了，或许这就是命吧，我认命了。"

邓艾摇了摇王小鱼的手说："小鱼，你不能就这么放弃了，失败了并不可怕，可怕的是你失去继续努力的勇气。"

王小鱼沮丧地说："艾艾，你就别再劝我了，我已经拿定主意了，不去补习了。我就不相信不上大学的人都死绝了。"

邓艾认真地看着王小鱼说："小鱼，既然你已经做了决定了，我也不好再说什么了。不过我还是想请你再慎重考虑一下，不要因为自己的情绪而做了错误的决定，影响你的前途。如果你觉得真的要放弃了，那么我依然支持你。"

王小鱼默默地点了点头。

故事中的邓艾，在兴高采烈地想要把自己的喜事告诉好朋友王小鱼的时候，却发现王小鱼正在悲愤当中。她及时地改变了谈话的主题，转变了交谈的氛围，从而安慰了王小鱼。由此可见，在和别人交流和沟通之前，一定要多注意对方的情绪，根据对方的情绪作出相应的改变，从而适应对方的情绪，走进对方的心里。那么，如何看准他人的情绪，制造不一样的交流氛围呢？

1.高兴欢喜时,不妨制造情绪高潮

当一个人高兴欢喜的时候,急需要表达内心当中的这种兴奋,如果这时候你和对方交谈,显得心不在焉,容易引起对方的反感。相反,如果你能制造惊喜,调动对方的情绪,那么很容易使对方向你打开心扉,把你当做朋友。比如说过年过节的时候,如果你能制造一些惊喜,让大家欢呼雀跃,那么大家都会打开心扉,与你一同陶醉在喜悦当中。

2.郁闷悲伤时,适当低调迎合对方

人在郁闷悲伤的时候,总是喜欢安静。这时候也是对方内心最脆弱的时候,因此,与他们交流的时候,言语中一定要注意,声音放低,语速放低,而且多表达对对方的安慰和关心,以此来温暖对方的心。这样,别人感受到你的温暖,感受到你的关怀和在乎,才会把心门向你打开。否则,对方会毫不犹豫地拒绝你,而独自沉浸在悲伤之中。

3.愤怒时,表达认同站在同一战壕

一般情况下,当一个人正在愤怒的时候,思维几乎是零。所以最好不要在这时候选择与他们交流。如果不得已,那么在和对方交谈之前,让他明白你和他是在同一战壕里,继而减弱对方的逆反心理。当然,除了要对对方的愤怒表示理解之外,还要适当地给对方宽心,这样,对方才会把你当做知心朋友。

4.痛苦绝望时,安慰鼓励温暖人心

当一个人遭遇人生的打击之后,往往会陷入痛苦的泥沼里,对自己产生了怀疑,对前途产生了绝望。这时候,和他们交流的时候,多说温暖的话,安慰和鼓励他们。尽量营造平静、温馨的交谈氛围。比如说话轻声一些,多表达关心和温暖等等。这样会在一定程度上减弱对方所承受的痛苦。

❤ 先聊聊家常，再引出谈话主题

由于人与人之间缺乏了解，所以在交往时的戒备心理很强。在这样的情况下谈话，双方都有所保留，气氛会非常尴尬，很容易冷场。因此，很多人在谈话的时候，总是先唠一些家常，以此走进彼此的生活，拉近双方的心理距离。这样，双方的心理戒备会降低很多，谈话的气氛便会柔和很多。

大学毕业之后，刘晓和别的同学们一样，拿着简历四处寻找工作。由于自己学的是新闻专业，找起工作来有些困难。可是，刘晓还是在临毕业只有半个月的时间里找到了理想中的工作，这着实让同学们羡慕不已。

原来，她在人才市场投简历的时候，看到一个文化企业在招销售文员，她觉得自己能够胜任，于是便投了简历。第二天，她意外地接到了公司打来的电话，通知她参加面试。之前投的简历都石沉大海，没有音讯，这次接到了面试的电话，这对她来说多多少少有些兴奋。

当她来到面试现场的时候，心理咯噔了一下，因为面试的人非常多。在总经理的办公室门外排起了一条长龙。排了半个多小时的队，终于轮到刘晓了。她忐忑不安地走了进去，坐在了总经理的对面。

总经理接过她递上的简历，看了起来。期间，刘晓没有像别的人一样静静地等待着“审查”。而是说：“总经理，你的这个手链真漂亮。”

听到赞扬，总经理抬头打量了一下这个小姑娘，笑着说：“是啊，这是我妈妈送给我的护身符。”

刘晓：“是吗？我也有一件，不过是块观世音菩萨的玉佩。我妈说能避邪。”

总经理笑着说：“我妈妈送给我这个佛珠手链的时候，我刚刚 20 岁，现如今，已经带了快 20 年了。每天看到它就能想起我妈妈。”

刘晓：“阿姨有你这样一个女儿，想着、念着一定很幸福吧。”

总经理不好意思地笑了笑。

几秒钟之后，总经理说："咱们言归正传，你先做个自我介绍，让我先了解一下你。"

这时候，刘晓一点也感觉不到紧张，相反，她感觉和总经理之间谈话的氛围非常好。事实上，刘晓给总经理留下了非常好的印象。

就在面试结束后的第三天，刘晓接到了公司打来的电话，让她前去报到。不是去做销售文员，而是给总经理做贴身秘书，这大大超出了刘晓的预料。对于她的专业来说，她更渴望这样一份工作。

故事中的刘晓，在和总经理的初次见面时，主动和总经理唠了家常，再引出话题，迅速地营造了良好的沟通氛围，拉近了和总经理之间的心理距离，最终给总经理留下了良好的印象。由此可见，在和别人沟通与交流的时候，良好的沟通气氛非常重要，直接决定着沟通与交流的效果。那么，在唠家常，再引出谈话主题的时候要注意哪些方面的问题呢？

1.话题最好不要涉及隐私问题

适当地唠唠家常，可以迅速地缩短两人之间的心理距离，让谈话的氛围变得融洽。但是在唠家常的时候，切记一定不要谈及别人过于隐私的问题。你问了，对方如果不回答，交谈的氛围势必会因拒绝而遭到破坏，要是回答，对方又觉得与你还不是很熟，不能说。这样，让对方陷入了两难。

2.注意避开他人身体上的缺陷

俗话说"矮子面前别说短话"，人对于自己身体的缺陷非常敏感。在唠家常的时候最好避开对方身体上的缺陷，以免让对方觉得是你在故意揭他的伤疤，从而影响谈话的继续进行。即使对方的缺陷很明显，也不要去问，眼睛也不要老盯着看。事实上，这样对方会觉得受到了最起码的尊重。

3.注意避开他人的忌讳和雷区

在唠家常的时候，很多人往往不注意，谈到了对方的忌讳和雷区，让对方的心情大为不快。比如，他人刚刚离婚，或者是老人刚刚过世，这时候你若问及对方的家庭和老人，则会勾起别人的敏感神经，让别人觉得你是哪壶

不开提哪壶。试想当对方的情绪受影响之后，还怎么和你聊下去呢。

4.对于他人的事不要妄下结论

既然是家长里短，总有很多事情说不清楚对错。当谈及对方的家务事的时候，最好不要随便妄下结论，毕竟是对方的家务事，对方的亲人，你随便指责和否定谁，对方都会不高兴，尽管他们之间有很大的矛盾。所以，在和对方唠家常的时候，说到家长里短，你只需要听一听便可，三缄其口，不要随便乱说话，以免影响对方的情绪。

❤ 多说“我们”，巧妙把对方变成自己人

“我们”是一个集体，而“我”是一个个体。当你在说话的时候，应多说“我们”，少说“我”，这样给对方传达的信息就是，“我和对方是自己人”。尤其是在和自己的对手相处的时候，这样的“称呼”更能在心理上把彼此划到同一战线，能在一定程度上化解彼此之间的抵触情绪，走进对方的内心深处。

小雨和小鱼是双胞胎姐妹，她们从来没有见过面，在她们 15 岁的那年，爸爸妈妈把小鱼从姥姥家接到了城里。

刚出生的时候，小雨身体很差，妈妈找算命先生求签，结果人家说，要想让两个孩子都平安无事，就必须把她们分开，等到她们都 15 岁的时候才能团聚。就这样，姐妹俩一分开就是 15 年。

因此，小鱼一直都很记恨小雨，她觉得要是没有她，自己也就不会失去父母的疼爱。见面后，小鱼从来都没有叫过小雨一声姐姐，而且只要是她看中的东西，总是会想方设法地从小雨手中抢过来，小雨虽然很生气，但是妹妹失去爸妈的疼爱那么多年，所以也就一再忍让。

其实小雨一直想和妹妹和好，不管小雨怎么做，小鱼始终是敌对态度。她讨厌姐姐说，“什么什么东西是我的”，“这是我家的”之类的话，因为小鱼

觉得小雨一再在她面前提“我”,是在向她宣誓专属权。

刚开始小雨并没有意识到这些,对妹妹很关心,她希望可以和睦相处。一天吃午饭的时候,小雨说了一句:“这个菜是我最喜欢吃的,而且只有妈妈做的我才会喜欢。”其实说者无意,可是小鱼听着很不舒服,她冲着小雨就吼道:“你喜欢吃,全给你吃,吃死你。”然后很生气地离开了餐桌。

后来,小雨思索了半天,才发现原来妹妹很在意她说“我”,于是小雨决定改变策略,以此来暗示想和妹妹“化敌为友”。在以后的日子里,小雨总是会把“我”有意识地改成“我们”,不管是在吃饭还是做别的事,小雨都会说“我们怎样怎样”,就这样没过多长时间,妹妹慢慢地不再和她作对,也开始叫小雨“姐姐”。

其实,“我”和“我们”属性不同,“我”代表的是自己,很大程度上会给对方传递一种专属的意味,而“我们”则指的是两个人以上,给别人传达的是共有的韵味,在这个实例中,小鱼很介意自己姐姐在她面前说“我”,就是觉得自己永远是被排挤在群体之外。而小雨以“我们”来代替“我”,以此来向对方表示自己和对方在同一个战线。

所以,要想在生活中走进对方的内心深处,那就要学会用“我们”来代替“我”,告诉对方你和他处在同一条战线上。向对方传达“我想和你和睦相处”的讯息。如果我们心里想着走进对方的内心深处,可是自己嘴上总是强调“我”,那结果自然不会尽如人意,如果我们能够在表达意愿时强调“我们”,那结果自然会是皆大欢喜。那么,在社交中,我们怎样才能更好地多说“我们”少说“我”呢?

1.真心接纳对方

当一个人真心接纳对方时,就会很自然地把自己和对方放在一起,把对方当做自己的一部分。因此,在向对方传递你的友善的时候,只有真心地接纳对方,才会在说话的时候多强调“我们”这个群体,而放掉“我”这个个体。事实上,如果内心深处没有真心接纳对方,就算是刻意注意,也会觉得很别扭,不真实。

2.多顾虑对方的感受

说话做事的时候，我们要多顾虑别人的感受。不能脑子一热，想说什么就说什么。尤其是想要表达走进对方内心深处的愿望时，更要多顾虑一下对方的感受。说话的时候不妨多考虑一下，不失时机地以“我们”来代替“我”，向对方传达你的友善，表达你想要和对方和睦相处的意愿。

3.真心关心帮助别人

既然你把对方当成了同一个战壕的战友，那么就要真心地去关心和帮助对方，这样才能在内心深处认可对方，才能在交谈的时候发自肺腑地多说“我们”少说“我”，别人也才会感受到来自你的温暖，感受到你说的是实话，并不是在敷衍他。这样一来，对方才能真正地敞开心扉，接纳你。

4.让对方承担些责任

既然对方是和你在同一战线上，那么就要承当相应的责任，事实上，也只有这样，别人才能感受到你真的把他当做自己人了。对方也才从心里认可你所说的“我们”，否则，即使你一个劲地强调“我们”，却把他排除在你之外，别人也不会真正地敞开心扉去接纳你。再多说“我们”少说“我”的时候，还要学会让对方去承担一定的责任。

❤ 何必滔滔不绝，也把说话的机会留给对方

事实上生活在这个世界上的人，谁没有故事呢？遭遇了太多生活的磨难，总希望能够说出来，有人分担；获得了成功的喜悦，总希望有人来分享。人需要情感上的慰藉，希望被人理解，渴望得到别人的认可。你是这样的，别人也是这样的。所以，要想走进对方的内心深处，那么不妨少说多听，而且要认真去倾听。

一次，张婷去拜访一个客户。据说这个客户非常难缠，很多销售员都在他面前灰溜溜地被赶出来了。

所以,张婷这次去也没有抱太大的希望。当他敲开了这位客户的办公室大门之后,客户对她非常热情,又是端茶倒水,又是嘘寒问暖。这反倒让张婷有些不习惯。但是毕竟客户是真心关心她,因此张婷内心还是非常感动。

坐定之后,还没等张婷介绍产品呢,客户就开始说了,说自己的家庭生活,妻子多么贤惠,孩子多么懂事。说到高兴处,客户眉飞色舞,手舞足蹈。而张婷只是静静地听着,偶尔点点头微笑一下,表示认可和肯定。

一个小时过去了,两个小时过去了,客户说完了家庭,说事业,说这些年自己如何一步步地走来,经历了多少艰难和困苦,如何将公司一步步做起来。说到难过处,客户黯然泪下,张婷适当地说了几句安慰话。

整整三个多小时,客户一直都在不停地说,张婷只是静静地听着,偶尔问几个简单的问题。到后来,她感觉到疲惫不堪,但是并没有把她的这种不耐烦表现出来,而是找了个机会,去清醒了一下头脑,然后继续来听客户的唠叨。

最后,客户说得筋疲力尽,该倾诉的都倾诉了,该表达的情绪都表达了,脸上露出了得意的微笑,他转过头来问张婷:“你这次来的目的是什么啊?”

张婷将产品的介绍放到了桌子上,客户看了,二话没说,就下了订单。

在这个故事中,我们可以了解到有时候别人需要的只是你的认真聆听,而不需要你说多少。任何人都有想要表达的欲望,只要你满足了对方的这种心理,对方就会觉得你善解人意,你是懂他的心的人,自然就会从内心深处接纳你。那么,在倾听的时候,要注意哪些方面的问题呢?

1.一定要认真地注视着对方

人与人之间的交流是从心开始的,而眼睛又是心灵的窗户。所以交流的双方基本上是用眼神的。在倾听别人说话的时候,一定要用眼睛注视着对方,这样会让对方觉得你在认真倾听,从而感受到你内心的那份真诚。当然不能眼睛一眨不眨地盯着对方的眼睛看,这样一来让对方感觉不好意思,二来用眼睛一直盯着对方表示质疑和否定。

2.对他们的情绪要作出反应

要是在倾听的时候不注意眼神，给对方错误的信息，影响了对方的心情，那么意味着对方的倾诉很快会结束。因此，要注意，当对方高兴的时候，一定要随着对方的情绪，将那份快乐表现出来，当别人哀伤的时候，要感同身受地将悲伤表现出来。这样会让对方觉得你是在陪着他快乐和哀伤。

3.别忘了要时常重复对方的话

人与人之间的交流是个互动的过程，同样当对方在倾诉时，也希望你能够参与进来。光用眼神注视着对方，这会让对方失去继续讲下去的心情。在倾听别人时，时不时地重复对方的话，并求得他的肯定，这样不但能表达你在认真倾听，而且还可以借着这个机会把没有听明白的话弄明白，以免对方突然问你的意见时出现尴尬。

4.意见相左时勿明确表示反对

在聆听别人的时候，如果对方说的话前后矛盾，或者是对方在吹牛扯谎，千万不要和对方争辩，也不要说破，以免使他下不了台，丢面子。事实上，对方说的话有逻辑性的错误，或者在自我吹捧，这对你来说毫发无损。如果你和对方争辩，让他和你有了抵触的情绪，那么他无论如何也不可能接纳你。

5.一定要耐着性子坚持听下去

或许很多时候，对方说的都是废话，对你来说没有一点儿兴趣，但是这时候，你千万别把这种不耐烦表达出来，要耐着性子认真听下去，你不感兴趣，可以什么话也不说，甚至可以去想你自己的事情，但是一定要让别人感觉到你在认真听。要知道对方在表达某种情绪，而你的拒绝和不耐烦会让对方感觉到不受尊重。

在不经意间叫出对方的名字，让对方备受感动

生活中，有些人总是记不住对方的名字，或者即使记住了对方的名字，在叫对方的时候也不喜欢直呼其名，而是喜欢在别人的姓氏前面加一个小字，让对方听后感觉双方还很陌生，至少连名字都没有记住。相反，有些人总能在对方作自我介绍之后记住对方的名字，然后在下次见面的时候，直接叫对方的名字，对方往往会觉得他给你留下了深刻的印象，从而逐渐打开对方的戒备心理。因此，在生活中，叫对方的名字是打开戒备心理的钥匙。

李强是一个游手好闲的人，但是他有一个好记性，爱好结交朋友，他自己有一套房子，平时靠着收房租过日子。

有一天，楼房里新搬来一个小伙子，是一个外地人，平时话不多，但是却很面善，在小伙子搬进来之时，除了交房租和身份证复印件之时和李强说过几句话之外，几乎没怎么和李强多谈过。

平日里，小伙子早出晚归，没人知道是在忙些啥，李强有些担心，害怕小伙子不务正业，整天和一些不良青年混在一起干违法的事情，同时其他租房者也有同样的担心。

有一天，小伙子刚一回来，李强叫道："王意，下班了？吃饭没有？上班很累吧？"

小伙子突然回头，先是一惊，然后是微微一笑，说道："嗯，刚吃过了，上班不太累。"

李强感觉到小伙子的变化，但是小伙子紧跟着就进了屋，李强也没好再多问什么。

第二天早上，李强早早地起床了，站在门口等待小伙子的出现，小伙子刚一出门，李强笑道："王意，早上好！上班去了？"

这次，小伙子没有再吃惊了，而是用很平和的语气微笑着说道："李大哥

早上好！晚上我们再聊。”

李强感觉和小伙子的关系亲近了不少，因为他第一次听见小伙子叫他李大哥。

晚上，小伙子找到李强之后，两人聊了起来，还没等李强问，小伙子主动地说：“我大老远来这边，其实不是为了找工作，主要是想来这边投资做生意，但是我在做生意之前，先要在同行里面干一两个月熟悉一下这边的环境。”

李强一边听一边露出羡慕的眼光。

小伙子接着说道：“我准备在这个地方办一个工厂，我现在正好缺少一个助手，如果你愿意的话，我们俩不妨合作一下，工资待遇绝对高于同行业的平均水平。”

李强一听，乐了，心里正愁整天游手好闲的没事干，正好机会来了，于是欣然同意了。

几年后，李强和小伙子都成了远近闻名的富人。

在这个案例中，小伙子本来是一个怀有戒备心的外地人，从不轻易和邻居交谈，但是房东每次在叫他的时候都是直接叫其名字，让小伙子觉得房东是一个可以信赖的人，然后两个人就打开心扉地交往，最后成了生意上的好伙伴。由此可见，直接称呼对方的名字，可以瞬间拉近彼此之间的心理距离。那么，如何才能做到这一点呢？

1.要记住对方的名字

在生活中，当新人到来的时候，往往会有自我介绍，这个时候，你最好将别人的名字牢记在心，如果你是一个健忘的人，你也可以用笔记下来，以便下次能够叫出别人的名字。记住一个人的名字往往是你认识这个人的第一步，比如当别人自我介绍完了之后，你连他的名字都没有记住的话，既使你记住了他的爱好或者工作成绩又有什么用呢？别人很有可能认为你根本就没有把它放在心上。

2.要善于抓住时机

叫对方的名字，最好抓住恰当的时机，比如一个人在叫你名字的时候，你恰好处在闹市中，往往听不见，或者你正在和别人谈话的时候，你的注意力根本就没有在对方那，即使对方叫你的名字，你不会因此就对他有特别的好感。但是当你一个人孤独地走在僻静的小道上的时候，别人直呼你的名字，也许正好打破了你孤独的心境，让你觉得这个世界上还有人记得你的名字，你不是一个被遗忘的人。此时你倍感温暖，由衷地对对方产生好感。

3.注意对方的辈分和年龄

一般来说，长辈对晚辈、年长的对年幼的、平辈人之间或者年龄差不多的人之间可以直呼其名，这样显得亲切；相反则不能直呼其名，否则就会让人觉得你目无尊长，惹人恼怒。因此，叫对方的名字之前，最好注意对方的辈分和年龄。

4.叫名字时眼睛要盯着对方

眼睛是心灵的窗户，当你在叫别人名字的时候，如果你的眼睛望着别处，会让人觉得你是在拿他的名字开玩笑，认为你不尊重他；相反，如果在你叫对方名字的时候，眼睛盯着对方，那么对方会觉得你在他心目中的位置很重要，从而对方就会逐渐打开心扉和你交往。

5.叫名字时语气要柔和

同样一句话，用不同的口气表达出来蕴含的意义就不一样了，比如上级对下级一般用命令的口吻，下级对上级只用请求的口气，平级之间用一般的口吻，如果你把握不当的话，往往会让对方觉得你是在命令他或者请求他，从而导致对方继续对你保持戒备心。这时你不妨用柔和的语气叫对方的名字，对方也许就会敞开心扉和你交流。

第 3 章

揣摩心理，懂得洞悉人心更易把握交际主动权

在人际交往当中，每个人所思所想的往往能从其表情和动作中表露出来。如果你足够仔细，往往能很容易地揣摩出对方的心思，从而顺应对方的心理诉求，在交际中把握主动权。相反，如果别人参透了你内心的意愿，同样占据主动，而你却要处处被动，被人牵着鼻子走了。那么，不同的动作和表情究竟表达出人们怎样的心理状态呢？我们到底该从什么地方入手参透他们的内心呢？明白了他们的心理之后该采取怎样的措施呢？这一章，我们将为你详细解答。

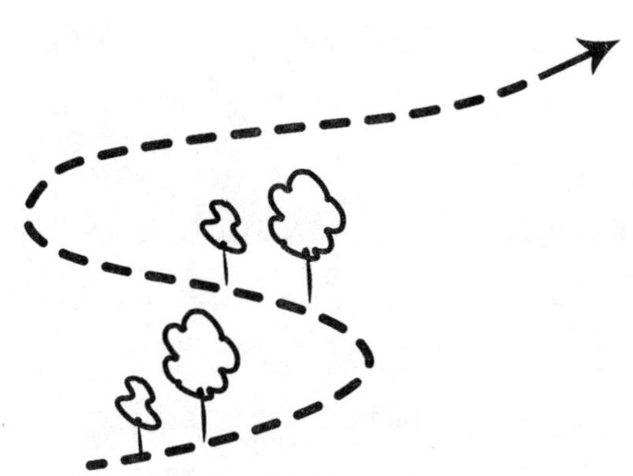

❤ 从眼神中读出对方的内心活动

一个人内心是愉悦还是悲愤，在神情上是无法掩饰的。只要你细心观察，你会从周围人的表情上看出各种不同的心理活动。在人际交往当中，如果你能迅速地揣摩清楚对方内心的所思所想，那么无疑你已经把握了主动并占据先机。这样，只要你按着对方的心思去取悦他人，对方便牢牢地被你所驾驭，在社交当中，你便会游刃有余。

说起杨玉的婚事，可真是一波三折。起初找不到合适的人，找到合适的人了又因为对方条件达不到她的要求，最终泡了汤。所以，时至今日，已是30有余的杨玉还是单身。这可愁坏了做父母的。

后来，在亲戚的帮助下，杨玉认识了现在的男朋友郑军，尽管和郑军在一起没有多少的感觉，郑军条件也是很一般。但是对于杨玉这个岁数来说，已经没有选择的余地了。于是这天，按照当地的习俗，郑军的父母前来商议结婚事宜。

郑军的父亲开门见山地说："你们有什么要求尽管提吧。"

杨玉的爸爸想了一下说："按照我们这边的习俗，礼金需要3万元……"

在郑军的母亲看来，至少这次礼金得需要6万元，没想到对方只说了3万元，因此掩饰不住内心的狂喜，脸上露出了兴奋的表情。坐在不远处的杨玉的母亲在无意中看到了。于是她悄悄地找了个机会，将杨玉的爸爸叫了出来。

她说："老头子，我看到郑军的妈妈脸上堆满了笑容，两眼放光，是不是咱们的礼金要得少了啊？"

杨玉爸爸想了想，点了点头，说："如果真如你说的这样的话，那估计是我们说的少了。但现在话已经说出去了，再返回就要被人家笑话了。"

杨玉妈妈："那怎么办啊？咱们不能就这么吃大亏啊！"

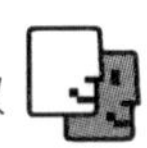

杨玉爸爸："那只能在嫁妆上做文章了。咱们在礼金上吃了大亏，在嫁妆上意思一下就行了。

说到这里，他走进了屋里。对郑军的父母说道："亲家公，你说我要的礼金高吗？"

郑军的父亲笑着说："不高，不高，一点也不高。"

杨玉爸爸说："既然不高，那就是低了。"

郑军父亲的笑容僵在脸上，很快，他笑着装糊涂说："亲家公真会开玩笑。"

杨玉爸爸一本正经地说："我没有开玩笑，我们要的礼金是少了。但是话已经说出口了，我也不反悔，不过你们给的礼金少，我们的嫁妆相应地也不多……"

郑军父亲脸上的笑容没有了，但也只好应承了。

在这里我们先不管婚俗中讨价还价的合理性，主要是看人物心理的变化在表情上的反应。故事中郑军母亲一个不经意的微笑，让对方号准了她的庆幸心理，最终改变了相应的策略，导致自己在相处中处于被动。由此可见，人际交往的时候，不妨多注意观察，从对方的神情中揣摩清楚他的心理活动，然后再加以适当的引导和驾驭，那么，在社交的过程中，你便会占据优势和主动。到底如何通过神情来读懂他人的心理活动呢？

1.从对方的额头上观察

当一个人心情愉悦的时候，额头会很平整，而且会发亮。相反如果对方心情不好，处于悲愤抑郁当中，会很自然地皱起眉头，额头上会布满皱纹。所以，在和对方进行沟通之前，不妨注意一下对方的额头变化，如果对方的额头很平整，那么说明对方没有烦心事，很开心，这时候不妨说点高兴的事情。相反，最好不要得意忘形，否则会激怒对方。

2.从对方的眉心上观察

如果一个人的眉尖上扬，说明他的情绪高涨，很开心。相反，如果发现眉尖下沉，眉头紧锁，那么说明对方不开心，有烦心的事情。这时候，别只顾着说自己的那些开心事，要主动去询问对方出了什么事情，去关心他、帮助他，这样才能走进对方的心里。当然，对方情绪高涨的时候，最好别说那些烦心的事情。

3.要多注意对方的眼神

一般情况下，人在开心愉悦的时候，眼睛会很动，眼里有光芒，相反，在郁闷、伤心的时候，则眼神黯淡，目光呆滞。在谈话之前，如果你发现对方眼里有光，那么不妨多谈些开心的事情，这时候你发现对方想说的话特别多，交流起来也很顺畅。如果你看到他人眼神黯淡，目光呆滞，那么最好低调一些，以免让别人觉得你是在嘲笑他。

4.不要疏忽对方的嘴角

生活中，我们发现当一个人开心的时候，嘴角会微微上翘，相反，郁闷的时候，嘴角会下拉。因此，在和对方交流的时候，如果发现对方的嘴角在微微上翘，那么说明对方很高兴、很开心，那么谈论的话题要开心一些，你也可以表现得愉悦一些；如果发现别人的嘴角在下拉，那么说话就要小心了。

❤ 从对方说话的细微处就能看透人心

在人际交往中，免不了语言的交流。只要稍加留意，你就会发现，人内心的所思所想往往在说话时的一些细节上有所反应。比如说话结巴，表明对方内心非常紧张；说话的节奏非常快，表明对方内心非常急躁，等等。因此，在人际交往当中，当你捕捉了这些不经意间的说话细节，就能洞察人心，从而占据社交的主动权。

刘宏在新华书店做店面销售，他在这里工作整整两年了，可以说是一位非常合格的销售员。

这天来了一个30岁左右的男子，在一堆心理学书籍前徘徊了很久，翻了

很久，可是始终没有拿定主意究竟买哪一本。

看着这位男子焦急的样子，刘宏走了过去，热情地打招呼说："你好，先生，你买关于心理学的书啊？"

男子回答说："是啊，我想买一些心理学的书看看，但是我不知道该买哪一本好。"

刘宏说："这些书都是刚刚上架的新书，内容都非常不错。"

男子："噢，是的，可是我对心理学一窍不通，想学习一些最基础的东西，想必对工作和生活都有很大的帮助。"

刘宏："要是这样的话，我建议你买一些心理学基础知识的书，先了解一下，这本《心理学基础》就很不错。等你了解了基础再买别的吧，因为心理学非常难，内容太深了，根本看不懂，还会给自己造成心理阴影。"

男子接过刘宏递过来的《心埋学基础》认真地看了一下目录，紧皱着眉头说："这是纯理论的东西，看起来非常枯燥。你们这里有没有那种通过通俗易懂的故事来剖析心理学原理的？"

刘宏为难地说："这个，我还真不怎么了解，不过，我可以帮你找一下。"

说完，刘宏一本一本地帮着男子去找。几分钟之后，他拿出了一本《生活中的心理学》递给了这位男子，并对他说："你找的是这本吗？"

男子接过来翻看了两页，高兴地说："就是这种，谢谢你，小伙子。"

客户选了一本《生活中的心理学》，高兴地离开了。

故事中的刘宏从那位男子的话语"我想……，但我不知道……"等话中得知对方非常没有主见，而且有些盲目，根据这种情况，他采取了相应的措施，在和他的接触中占据了主动。由此可见，一些谈话中的细节，往往能将对方的内心世界适当呈现，只要你足够细心，完全可以由此而洞察人心。那么，我们如何捕捉他人的谈话细节呢？

1.说话时，常带"我要……""我想……""我不知道……"

在人际交往当中，如果你发现对方说话的时候，总是带着"我要……""我想……"，或者是"我不知道……"，那么这个人基本上没什么主见，而且比较单纯，爱意气用事，因此，你要控制好交谈的主动权，如果有可能，尽量用强势的气场将对方征服，并引导对方按照你的思维方式去想问题。

2.说话时，常带“我应该……”“你不能……”“你必须……”

和说话时带这些口头语的人交谈的时候，常常让你觉得受到了遏制和压迫，因为这样的人往往非常强势，非常自信。你在和他们的交谈当中，不要和他们对着干，更不要发生争辩。在不违背原则的情况下，尽量多顺从他们，按着他们的意愿来，在适当的时候巧妙地引导，让他们在自我感觉占据主动权的前提下，悄悄地被你所驱使。

3.说话时，常带“我个人的想法是……”“是不是……”“能不能……”

在和别人交谈的时候，时不时地带有“我个人的想法是……”，“是不是……”或者是“能不能……”口头语的人一般脾气都比较好，也很有修养。所以，如果你遇到这样的人，就会感到很受尊重，交谈起来也很轻松，不会有太多的心理压力。当然也要认真地对待谈话，尊重对方。

4.说话时，常带“我早就知道了”

不管你说什么，对方总是一副不屑一顾的样子，时不时地说“我早就知道了”，这样的人很难做一个耐心的倾听者，所以生活中没有多少真正的朋友。所以，面对这样的人，你需要做一个听众，让对方的表达欲得到充分满足。只要让对方舒心了，自然把你当做知心朋友，这时候实际上主动权已经落在了你的手里。

❤ 从对方举手投足间的小动作揣摩其心理

俗话说，人的身体不会骗人。人在不经意间流露出来的小动作，往往能将他的所思所想暴露给你。比如，说话的时候时不时地摸一下鼻子，或者是双手抱着脑袋，扶着下巴等，如果你把这些动作当做可有可无，那么你就大错而特错了。不同的小动作能反映和你交谈者的不同心理，只要你细心一

些，多注意一些，你会发现其中的奥秘。

大学毕业之后，黄娜没有像别的人一样拿着简历四处去找工作，而是回到了家乡，准备自己创业。经过多方打听了解，她决定开一家时尚女装店，因为她认为投资不大，利润丰厚。说干就干，黄娜迅速行动了起来。

可是在选好了店址之后，资金却成了问题。她刚从大学毕业，手里没有积蓄，家里为了供她上大学，几乎把所有的钱都花尽了。空着两只手，该如何去做呢？黄娜陷入了两难的境地。要想让自己的店迅速开起来，当下唯一的办法就是向亲朋好友们借了。

这天一大早，黄娜带着礼物前去看望做生意的表哥。表哥开着好几个家具卖场，平日里对黄娜非常好。借个几万块钱应该没有什么问题，黄娜当时想。表哥见了黄娜之后非常热情。

一番寒暄之后，黄娜说："表哥，我有个事情需要你的帮助。"

表哥一拍胸膛说："什么事情，你说，只要是表哥能帮到的，一定帮助你。即使表哥帮助不了你，也会想其他办法的。"

黄娜不好意思地说："你知道，我毕业之后回来，找不到合适的工作。"

表哥喝了一口茶，慢吞吞地说："你是想让我帮助你找个工作啊？"

黄娜抬起头，看了表哥一眼，说："不是的，我打算自己开个店，但是手头有点紧。"

表哥紧跟着问："需要多少钱，你说。"

黄娜看着表哥的脸，说："全部下来大概八万块，我自己找了 3 万，还差 5 万呢。"

几秒钟之后，表哥嘴上摸了摸，然后说："行，表哥跟你准备，你啥时候要呢？"

一听表哥答应了帮助自己，黄娜高兴得差点跳起来，她拉着表哥的手说："表哥，你真的原意帮助我啊？"

表哥僵硬地笑着说："那当然了，谁让我是你表哥呢。"说这话的时候，表哥的眼神在飘。

黄娜并没有注意到表哥不经意间表现出来的一些小动作，笑着说："还是表哥对我好。"说完，问道："表哥，你什么时候拿给我啊。"

表哥低着头说："就这两三天的事情吧。"

过了三天，黄娜再次找表哥的时候，表哥已经出差去外地了，电话也打不通。表嫂表示自己并不知道这事，而且做不了主。

事实上故事中的表哥在一开始表示要帮助黄娜的时候，说的是违心的话，只是当着表妹的面不好直说，他的一些不经意间的小动作和不和谐的表情已经暴露了他的内心，只是黄娜借钱心切没有注意而已。由此可见，一个人的嘴可能会骗人，但是他的身体却不会骗人，在和别人沟通的时候，多留意对方的一些小动作，以此来获得对方的真实意图。那么，一般情况下，一些常见的身体动作都分别表达什么样的意思呢？

1.多注意别人眼部的微妙变化

在人际交流过程中，很多人会直直地盯着对方看，这在很大成分上是对对方的质疑。相反，对方的目光从你身上转移，则代表对方开始屈服了。当人在表达不满时，往往会眨眼睛，而且频率非常慢。如果频率变快，则表示对方开始接纳你了。如果对方斜着眼睛看你时，眉毛轻轻上扬或者面带微笑，说明他对你所说的话感兴趣。眉毛压低，眉头紧缩或者是嘴角下拉，说明对你不信任或者是心存敌意。

2.不同的头部动作代表不同的含义

点头在一定程度上表达了赞许和认可，基本上表达着一种肯定的意思。但是也要注意点头的频率，如果点头的频率过快，那就有了否定的意思，表示对方对你很反感。摇头表示否定的意思。在有些时候，别人嘴上不断地肯定你，却在不断地摇头，这时候你就要注意了。跟摇头一样，低头也表达着一种否定和不认可。只是这种否定的表达没有摇头那么直接。头部倾斜表示对方在认真地倾听你，你所说的话进入到对方的脑子里了。

3.手部小动作反应出迥异心态

当一个人抹鼻子的时候，往往表明，他对你的话题不感兴趣，对你的印

象不好，不会和你有更深层次的接触。如果在交流的时候，对方下意识地用手捂着嘴巴，很可能他说的与想的不一致。一般情况下，当你的谈话对象开始揉眼睛的时候，那就说明对方对你的谈话一点也不感兴趣。当对方用手摸耳朵的时候，表示对你的反感和质疑。

4.容易被忽略掉的脚部小动作

如果对方站立时两腿分叉，表示对方的不屑一顾和蔑视。相反，如果两脚并拢则表达对方对你的尊敬和恭维。同样，如果站立的时候，总是把重心放到一条腿上，也表达很随意，不够尊重别人。在入座之后，如果对方跷起了二郎腿，脚在随意抖动，则表明对方骄傲自大的心理。

❤ 站姿、坐姿也是猜透人心的突破口

如果你足够仔细，你会发现生活中的很多人，在站相、坐相上将自己的品性展示得一览无余。也许你会吃惊地说：仅靠观察一个人的站相和坐相，就能将一个人的品性看得清清楚楚？答案是肯定的。

在站立或者是入座的时候，手脚所放的位置，以及腿、背、头所呈现的状态都能表达出不同的品质和性格。在你面对一个自己不熟悉的人的时候，完全可以从站相和坐相上对对方有个大概的掌握，这样在接触起来就会轻松容易得多。

强辉和邓凯是非常要好的朋友，他们在同一个系同一个班，所以同时毕业。找工作的时候也是两个人常常一起去。这天，他们去参加一个文化公司招聘文秘的面试。

先走进总经理办公室的是强辉，他走进去的时候，脚步平缓，两手自然垂在两侧，抬头挺胸显得非常自信。进门的时候，深深地鞠了一躬，并用洪亮的声音说："总经理您好！"

总经理抬起头看了他几秒钟，点了点头，示意他入座。

强辉道过谢之后，坐了下去。他双腿并拢，身子挺直，两只手错落有致地放在腿上。表情严肃而又庄重，等待着总经理的询问。总经理看了一下他的简历，抬起头说："你先做个自我介绍吧。"

强辉把自己的情况大概做了个介绍。表达详略有当。总经理听了点了点头。

接下来，强辉和总经理交谈了起来。自始至终，他都非常认真，不敢有一丝的懈怠。面试结束后，对总经理的接见表达了感谢。

此后进去的是邓凯。邓凯平日里大大咧咧惯了，走路一摇三晃，一副无所谓的样子。而且两只手始终揣在兜里，走进总经理的办公室之后，没等总经理示意，就坐在了沙发上，两腿分叉，两手放在扶手上，躺在靠背上。

总经理什么话也没有说，故意低头忙自己的事情。邓凯坐了几分钟，见总经理没有搭理自己，索性靠在沙发后背上，跷起了二郎腿。

这时候，总经理实在忍无可忍，抬起头说："你是干吗的？"

邓凯见总经理问自己，便转过头来说："我是来面试的，我来都好几分钟了。"

总经理故意刁难说："我怎么不知道你来几分钟了？进屋的时候敲门了吗？谁允许你坐在沙发上的？"

邓凯见总经理生了气，赶紧站起来说："对不起，总经理。"

总经理非常不悦，那天他们的谈话只进行了简单的几分钟就结束了。

故事中的强辉和邓凯在面试的时候，在和总经理的接触中，站相和坐相将他们的性格和内心展露无遗。也正是因为此，总经理对两人的态度才截然相反。由此可见，在站立和入座的时候，不同动作带来的不同表现，将我们做事的态度以及性格等暴露在了别人的面前。如果你足够仔细，完全可以从别人的站相和坐相中洞察他的内心世界。那么，如何通过站相和坐相来洞察他人的性格和内心呢？有人提出了下列的观点，虽然不一定完全正确，但可供参考。

1.从站立时脚上动作来看

有的人站立的时候，两脚并拢，而有的人站立的时候两脚分叉。两脚并拢的人性格比较保守，做事非常认真仔细，但是也循规蹈矩，胆子小，没有创新精神。这样的人往往能干好事情，却干不了大事情。相反，两脚分叉而立的人，则脑袋比较灵活，而且有胆量，能把事情做大，但是做事情却显得不够仔细和认真。

2.从站立时手上动作来看

站立时两只手揣在兜里的人，这样的人非常自负，总觉得自己比别人高明，看不起身边的人，而事实上却没有多少真实本事，能力差，典型的眼高手低的人。他们用外在的不屑一顾来狐假虎威，转移自己的无能。有的人两手总是交叉放在前面，这样的人显得谨慎有余，同时也表达出了对别人的尊敬和谦虚。

3.从入座时脚上动作来看

入座的时候，两腿并拢，身子直挺的人，一般情况下性格比较稳重，做事情比较仔细认真，而且懂得尊重身边的人。但是缺点是过于拘谨，过于循规蹈矩，缺乏创新精神和独立思考的能力。有的人两腿分不开，两脚相交，这样的人相对于前一种人来说就有一定的想法和闯劲，做事情方圆兼顾。当然，入座后两腿叉开的人，心胸非常开阔，善于社交，但是有些粗心。

4.从入座时手上动作来看

入座后有的人双手放在扶手上，有的人双手左右相握，有的人相互交叉。手上不同的动作反映出不同的心理。一般情况下，入座后将双手放在扶手上的人相对来说比较保守，中规中矩，而双手左右相握则表达出此人对你非常敬仰，或者是有求于你。当然，双手左右交叉则表达出对方想要和你平等地相处相交。

5.从身体上看不同的性格

不管是站着还是坐着，身体的不同状态表达出不同的心理。站立时抬头挺胸的人，一般比较自信，相反，总是猫着腰的人，则明显让人觉得他很自卑。同样，坐立时，身体挺直的人表现出干练、有能力，做事很认真。身体后仰,靠在后背上,对方很放松,如果你和他在交谈,则明显对你很不尊重。

❤ 从个人爱好读懂他的生活习惯

在生活中,我们通常会通过观察一个人的喜好和厌恶,了解一个人的脾性。中国有句老话说得好:习惯成自然,自然显本性。在现实生活中,几乎每个人都有自己的习惯与爱好,通过观察一个人的喜好,可以了解一个人的心理状态和性格倾向。在进一步的交往中,就会如鱼得水,游刃有余。

小王大学毕业后,找到了一份不错的工作。可是由于自己初来乍到,生活也不宽裕,所以选择了和别人合租。

刚搬进新家不久,小王发现隔壁的小李是个不善言辞的人。对方爱看电视,而且总是看体育频道,喜欢吃炸酱面,放很多的辣酱,很喜欢漫画,周末喜欢踢足球。而对于小王来说,他更喜欢看访谈型的节目,更喜欢吃米饭,喜欢爵士乐和读书。两人没有共同的兴趣爱好,所以尽管同在一个屋檐下,却很少交流。

时间久了,小王感觉非常难受。他喜欢和对方交朋友。可是接触了几次之后,因为话不投机而不得不放弃。但是他真的想和对方像朋友一样交流。

一次,小王打开电视刚好是体育频道,他找遥控器想换台,可是找来找去就是找不着,不得不看体育比赛,几分钟之后,觉得还挺有意思。那晚,他没有再换台,一直在看体育比赛。第二天,小李主动找他说话:“昨晚,我听你也在看体育比赛,梅西的那个进球实在是太棒了,你不觉得吗?”

小王笑了笑说:“是啊,真的很棒。”那天,小李还表示出了对小王的关心。小王渐渐明白了,要想获得小李这个朋友,那么就要向他的爱好靠近。这样双方有了共同的话题,才能交流感情。

从那以后,小王也每天必看体育节目,而且有时候叫上小李一起看。他

也喜欢上了漫画，向小李借阅，两人共同交流心得，喜欢上了吃炸酱面，隔三差五请小李一起吃，最重要的是每个周末和小李一起去踢足球。

就这样，小王和小李成了形影不离的好朋友。后来成了好兄弟，好哥们。正可谓是有福同享，有难同担。在这个陌生的城市里，小王再也不是孤单一人了。

故事中的小王在和小李的相处中，通过对他的爱好的了解，从而了解了他的习惯，了解了他的性格和心理，然后加以迎合，最终在社交过程中占据了绝对的主动。由此可见，在生活中，我们通过观察一个人的喜好，了解对方的性格，揣摩对方的心思，主动迎合，就会取得事半功倍的效果。那么，我们该如何来观察一个人的好恶，从而进一步来“透视”这个人的心理呢？

1.喜欢冷运动的人

有的人喜欢练书法、下象棋之类的活动，一般来说这是一个比较喜欢安静的人，这样的人逻辑思维能力、分析问题并解决问题的能力都很强，不容易受人控制。即使发生突发事件，他们也表现得非常镇定，因而是堪担大任的人。如果和你交往的人有这样的爱好，那么大可放心，他们的办事能力绝对差不了。

2.表现活力四射的人

有的人就喜欢打篮球、踢足球之类的活动，这样的人一般来说是天生喜欢运动，生活中总是表现得活力四射，精力旺盛。这样的人有很强的拼搏精神，不达目的誓不罢休。而且有很强的争强好胜的性格趋向。当然，这种人一般来说心胸开阔，不与人斤斤计较，与其相处起来也比较轻松。但是一定要注意，不要和他们抢风头，要适当地在他们面前示弱。

3.喜欢凑些热闹的人

有的人，有时候喜欢唱歌、跳舞，喜欢热闹的场所，这样的人性格一般都非常的开朗，平日里总是能给别人打成一片，因此朋友非常的多。和这样的人交往一般都会很轻松，他们对待朋友也很仗义。也正是因为如此，他们花了过多的时间去结交朋友，而没有足够的耐心，做事情有些毛手毛脚，不够仔细认真。更重要的是他们耐不住寂寞。

4.静如处子动如脱兔

有些人安静的时候非常的静,动起来却异常的活跃。这样的人动静结合,张弛有度。在人际交往中,这样的人更能赢得别人的喜欢和欣赏。因为他们很爽朗,也很懂人情世故。因此,与这样的人交往的时候,既要坦诚相待,还要有些城府。实际当中,拿捏好分寸。

❤“物以类聚,人以群分”的识人法则

常言道:“物以类聚,人以群分”。其实,很多时候,当我们想要了解身边的一个人时,如果在短期内看不清他的本质,可以看看他的朋友!人与人之间因为情绪、兴趣、爱好的相同或者是性格的互补而成为朋友,所谓志同道合。一个人结交的朋友具有什么样的性格特征,那么,这个人一般也就具有和他朋友相似的脾性了。

辉辉和明启是朋友介绍认识的,说实话,两人第一次见面并没有太大的惊喜,但是对于他俩来说,选择彼此也许是最好的归宿。当时明启是这么想的,当然,辉辉也是这个意思,于是两人牵手了。

在他们接触和了解了一个月之后,明启有了新的想法。不是她喜欢上别人了,只是她觉得或许和辉辉并不合适。辉辉很优秀,对她也非常好。可是她觉得辉辉的人品有些问题,这种感觉是明启从辉辉的朋友那里感觉到的。

原来,有一次,明启跟着辉辉参加了朋友的聚会。大家玩得都特别开心,辉辉有一个朋友叫大彪,期间喝醉了酒,借着酒劲,竟然将酒店的服务员强行揽入了怀中,动手动脚,辉辉和其余的几个朋友,并没有因此加以劝阻,反而起哄,最后还是酒店的保安闻讯赶来,制止了大彪,大彪气势汹汹,扬言要砸了酒店,而辉辉和其余的人也个个摩拳擦掌,为大彪壮胆。

明启实在看不下去了，义愤填膺，狠狠地训斥了大彪，大彪不但不知错，还表现出要对明启动粗的样子，辉辉不但不为明启说话，还骂道："男人们的事情，女人少管！"明启愤然离场。

第二天，辉辉打电话给明启的时候，明启挂了电话。这天晚上，明启主动约了辉辉，提出了分手的要求。辉辉并不同意明启的提议，非要追问个为什么。明启认真地对辉辉说："你看看你的那些朋友，简直就是一群流氓，我不想跟一个流氓在一起。"

辉辉辩解："他们是那样，并不代表我也是那样啊。"

明启冷笑着说："你不是那样？！只不过那天晚上，扮演主角的是大彪，要是换成你，你一样会那么做。当大彪要流氓的时候，你为什么不制止？为什么要为虎作伥？你再看看你那些朋友，个个流氓气十足，你也不是什么好东西。"

听了明启的斥责，辉辉没有说话，低下了头。

明启再没有说什么，提起包愤然离开了，只留下辉辉一个人在那里反思。

故事中的辉辉在朋友大彪要流氓的时候，不但没有制止，反而跟着起哄，助长了对方的流氓气焰，给明启留下了极坏的印象。从他的朋友们身上，明启看到了辉辉不为人知的另外一面，继而选择了分手。俗话说："近墨者黑，近朱者赤"，一个人结交的朋友善良、正直，这个人一般不会有歪门邪道的心思；如果一个人周围整天聚着一大帮狐朋狗友，那么这个人的品行也好不到哪里去。所以，当不能客观地去了解一个人的时候，不妨看看他周围的朋友，通过朋友来分析这个人。如何才能通过看一个人周围的朋友，来了解和认识这个人呢？

1.从朋友们身上了解对方性格

我们不得不承认，性格相似的人更能够玩到一起。因为性格相似，所以相处起来会简单得多，容易得多，彼此也更能够理解对方的感受，更能迅速地引起心灵的共鸣。由此可见，当你对对方拿不准的时候，不妨从他们的朋友身上去观察和了解对方的性格，这样，在接下来的接触和交往当中便会游刃有余，占据主动。

2.要注意多观察朋友们的人品

品德高尚的人结交的自然是品德高尚的人，相反，品行低劣的人也只能与品行低劣的人为伍。因为品行在一定程度上反映的是价值取向。是向善的还是向恶的，是损人利己的，还是懂得照顾别人的情感，如果价值取向不相同，那么在相处起来便会产生矛盾，这样很难成为朋友。朋友之间都是价值取向相同或者类似的人。所以，不妨多观察对方朋友的品行。

3.要留意对方朋友的处世策略

有的人处世比较圆滑，有的人处世比较呆滞。往往处世圆滑的人，多多少少有些心眼，他们跟朋友相处的时候也会像泥鳅一样，这样的人，是那些处世简单的人所不能接受的，他们也成不了朋友，棋逢对手才能长久。所以，既然对方是朋友，那么为人处世的策略应该是相似的。在了解对方的时候，不妨多了解他身边朋友的为人处世的策略。

4.观察对方跟异性朋友的交往

不管是男人还是女人，身边或多或少都有一些异性朋友，跟异性朋友是否能够和谐相处也能看出一个人的本质。如果一个男人身边有很多的异性朋友，那么说明这个男人心思很细腻，性格或多或少会受到女性性格的影响，细心、善解人意，能善待身边的人。同样，一个女人身边异性朋友多了，则会大气豪放，不会斤斤计较等等。

❤ 先人一步，对方还未开口前你就知道他要说什么

俗话说："酒逢知己千杯少，话不投机半句多"，当你所说的每句话都是对方内心之中所想的，那么在你的意识当中，觉得对方和你有心灵感应，是你的知己，懂你的心思。相反，如果你说的话别人都不理解，不明白，你会觉得跟这样的人交流就是一种痛苦，继而产生迅速逃离的念头。

在人际交往当中，说出对方内心之中想说的话，让对方感受到你懂他，这样才能迅速地和对方的心拉近距离，继而走进对方的心里，在交往当中占据主动。那么，如何进一步说出对方想说的话呢？

1.考虑对方的喜好

在和别人交谈的时候，为了让对方感觉到和你是有话说的人，那么说话的时候就要考虑对方的喜好。比如对方说话的时候，总是很尊重别人，考虑别人的感受，那么你说话的时候就要顺着对方的心思，去关心和照顾周围的人，去尊重别人。这样，你在无形之中就会说出对方想要表达的话语，继而让别人感觉到和你有心灵感应，拉近彼此之间的心理距离。

2.性格也非常重要

有些人性格很直爽，说话很直接，有些人比较含蓄，说话很委婉，在和别人沟通和交流的时候，就要考虑对方的性格，选择适合对方性格的沟通和交流的方式，在对方想要表达之前，抢先一步说出对方想要说的话，这样，让别人觉得和你脾气相投，从而打开心扉接纳你。这样，让对方欣赏你，对你倾心，你就成功地掌握了交往的主动权。

3.了解对方的意愿

尽管不是每个人和你交往都有目的和意愿，但是在相处的过程中，势必会共同去做一些事情，那么，在此之前就要了解对方的意愿。比如一起去吃饭，点菜的时候就要点对方喜欢的菜。一起去玩，对方付了一次款，你就要在第二次的时候主动付款，尽管别人没说出来，但是心里会这么想，了解对方内心的意愿，这样才能说出对方想说的话。

4.别忽略他人顾虑

在与人交往的过程中，任何人都有自己的顾虑和想法。要想抢先一步，说出对方想说的话，那么千万别忽略对方的顾虑。比如，有人和你聊买股票的事情，你不妨在对方犹豫的时候，说出别人的顾虑，这样对方会觉得你懂他的心，了解他。继而和你迅速地走到一起，因为别人会觉得你理解他的感受，和他是朋友。

第 4 章

畅所欲言，选对适宜的沟通话题迅速让人际关系升温

俗话说：酒逢知己千杯少，话不投机半句多。在人际交往当中，如果你能选择一个合适的话题，往往能迅速地引起共鸣，给对方留下相见恨晚的感觉。相反，如果话题不合适，双方无法达成共识，引起不了情感的共鸣，还会让别人觉得和你不是同一路人，这样就没有办法进行接下来的交往。那么，你不了解对方，如何知道对方对什么感兴趣呢？这就需要你有渊博的知识和丰富的阅历，在谈天说地中，探知对方的兴趣所在。当然不能胡侃乱聊。如果你不懂，不妨从下面几点出发。

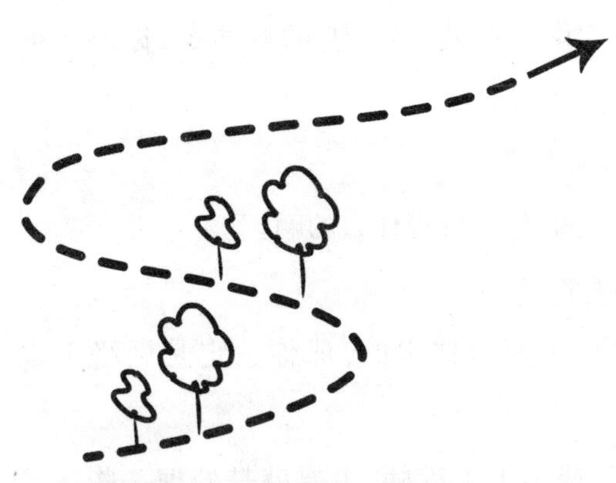

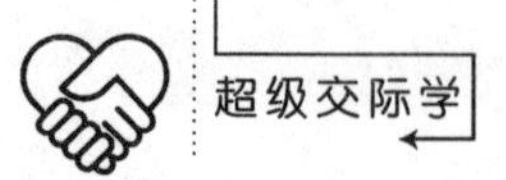

❤ 从对方的专业开始谈起能带动谈话气氛

很多时候,我们在和不熟悉的人聊天时,常常觉得没话可说,聊来聊去陷入了冷场,这样让双方觉得彼此之间没有共同话题,继而影响接下来的交往。一般情况下,对于自己熟悉的领域话比较多,基于这种情况,不妨从对方所熟悉的专业领域入手,引导对方多说话,这样对方会越谈越起劲,继而跟你产生共鸣。

海峰是个不爱说话的男人。因此身边除了单位的同事外,也没有太多的朋友。这天,单位的同事小凯过生日,海峰应邀参加。小凯的朋友特别多,很多海峰从来没有见过,因此,当小凯忙里忙外地招呼别人的时候,海峰一个人坐在屋里,非常无聊。

没过多久,小凯和朋友们一起热热闹闹地玩了起来,他们一起吹蜡烛,吃蛋糕,好不热闹。之后,在朋友的建议之下,他们来到了户外,大家一起玩起了游戏。由于海峰不喜欢凑热闹,所以一个人待在屋里看起了电视。

过了一会儿,进来一个年轻人,年轻人向海峰打招呼,称自己也不喜欢热闹,于是两个男人就坐在一起看电视,谁也没多余的话。偏偏电视上又没有什么好看的节目。两个人待在一起有些尴尬。

几分钟之后,年轻人主动说:"我叫徐晃,是小凯的好朋友,你怎么称呼啊?"

海峰说:"我叫海峰,是小凯的同事。"

徐晃微笑着说:"小凯是做销售的,你是负责什么的啊?"

海峰:"我是主要负责技术攻关的。"

徐晃露出惊讶的表情说:"噢,主要做技术的,那你一定是网络工程师了?"

海峰不好意思地说:"过奖了,谈不上工程师,主要就是处理一些技术

难题。”

徐晃坐到了海峰的边上，说：“我的电脑最近出现了很大的麻烦，正愁找不到人帮助我呢，刚巧今天遇到你了。你一定要帮助我解决一下啊。”

海峰点头微笑着说：“你说说是什么问题，我看能不能帮上忙。”

徐晃一本正经地说：“就是经常黑屏，还有就是有时候会自动关机。我是做设计的，很多时候我做好的设计还没来得及保存，电脑自动关了，害得我还得重新来做。”

海峰略加思考后，说：“听你的描述，貌似软件硬件都有问题，我没有见你的电脑，也不好妄下结论。等聚会结束后，我跟你去看看。”

徐晃笑着说：“那真是太好了。谢谢你了。”

故事中的徐晃在和海峰交谈的时候，将话题引到了海峰的工作上，这样，不善言谈的海峰慢慢地有了话说。这样，在两个人的进一步接触之中，建立了良好的交往关系。由此可见，在与陌生人交谈的时候，如果别的话题不能迅速地建立良好的沟通，那么不妨从对方的工作上谈起，从对方擅长的专业上谈起，这样，让对方觉得自己有话可说。那么，如何将话题引到对方擅长的专业上呢?

1.适当的引导很重要

由于两个人之前并不熟悉，因此，要想从对方的专业上谈，前提是知道对方的专业是什么。这就要在起初适当地了解和引导，弄清楚对方究竟是做什么的。当然，一般可以从询问对方的工作上下手，当了解了对方的工作之后，要及时地表现出浓厚的兴趣，鼓励对方谈下去。一般情况下，谁都对自己的专业很熟悉，对于熟悉的东西便有很多话要表达。

2.把发言权交给对方

既然谈到了别人的专业，那么对于对方来说，他就是权威，有权利发表意见，而你相对而言，是个门外汉。既然不懂，那么就要把说话权让给对方，让对方去说。否则，你对于不了解的专业，胡言乱语，犹如在关羽门前耍大刀，不知天高地厚，这样无形之中显示出你的无知，对方的表达欲得不到满足，也就失去了继续和你交谈下去的念头。

3.耐心地倾听

对于对方的专业知识来说，对方就是权威，那么既然是权威说话，那么你就要认真地去听，即使你对对方的专业知识不感兴趣，或者你什么都听不懂，但是你只需要认真倾听，让对方多说话。当然倾听的时候不能随便打断对方说话，更不能把你的不耐烦表现出来，认真一些，便是对对方的尊重。

4.及时表达你的谦虚

既然对方是专家，而你又不懂，或者只懂个皮毛，那么就要虚心向对方请教。如果你对他的专业知识没一点兴趣，不想了解，即使如此，你也要找几个简单的问题请教他，或许对方的回答对你来说没有多大的帮助，但是这个过程却极大地满足了对方的“为师”欲望，对方因而愿意与你交流。

5.别忘了赞扬和恭维

当对方在自己的专业领域表达完之后，你要及时地表达你的赞扬和恭维。尽管你不知道对方的专业知识究竟掌握得怎么样，但这并不重要，重要的是对方知道的比你多，而且是对方的专业领域，应当得到你的表扬和恭维。如此一来，对方的交流欲望便会越加高涨，这有助于你们进一步的交流和以后的交往。

❤ 适宜于男人之间的话题

男人在社会上行走，结交朋友是避免不了的事情，对于男人来说，身边的朋友就是财富，朋友越多，说明他处理事情的能力越强。但是如何跟一个并不熟悉的人迅速产生联系并发展成为朋友，是考验一个男人是否有本事的一种表现。因而，男人之间聊天的话题就显得非常重要，往往体现着一个男人的涵养和魅力。

这天傍晚，顺玉和老公陈涛一起去拜访她的好朋友海蓝。由于海蓝之

前一直在外地工作，所以，顺玉跟她很少见面，这次海蓝带着老公孩子一起回来，可把顺玉高兴坏了。在海蓝刚回来的第二天，顺玉便迫不及待地前去拜访。

两人见面分外亲热，寒暄了一阵之后，两人悄悄地钻到屋里聊起了私房话，孩子们跑出去玩了。客厅里只留下了两个男人。海蓝的老公叫段亦，在一家公司做销售经理，因此非常喜欢跟别人交朋友。当然，也更擅长跟陌生人打交道。而陈涛是政府机关做文职的，社交能力与段亦相比，要稍微弱一些。

彼此打过招呼之后，两人聊了起来。

段亦抢先一步说："我们公司的销售任务非常多，我是主要负责销售的经理。我们这个工作非常累，有时候需要看别人的脸色，有时候还不得不装孙子。但是，对于我这个王牌销售经理来说，他们只有乖乖束手就擒的份。"

陈涛看了段亦一眼，微笑着点了点头。

段亦继续说："有一次，一个国有企业的经理非常牛，我去拜访他的时候，竟然以公务在身为由，多次拒绝了我，这让我非常生气，但是又不好意思发作。后来我明白了，人家之所以不见我，是觉得我没身份。这也太瞧不起人了，随后，我开着自己的奥迪前去，对方立即就有了时间。"

陈涛笑了笑说："现在就是这样，没办法。"

段亦继续说："从那以后，我算是明白了，这帮人之所以不搭理你，是因为他们觉得自己比你优越，那么你就要让他们感觉到他们不如你，这样他们就牛不起来了。"

陈涛笑着点了点头。

这时候，时间已经到了晚上 10 点，顺玉从屋里走了出来，挽着老公的胳膊离开了。

从那之后，陈涛和段亦成了无话不谈的朋友，即使顺玉和海蓝平日里忙，没时间见面，他们也会约出去聚会聊天。后来，海蓝全家去了外地，段亦和陈涛也会打电话彼此问候。

故事中的段亦在和陈涛的聊天中，谈及了一些现实的人情世故，迅速地引起了陈涛的共鸣，继而赢得了彼此的欣赏和友谊。由此可见，两个男人之间要想迅速拉近心理距离，那么一定要在短时间内引起双方的共鸣，当然，恰当的话题是关键。那么，男人之间聊天的时候，选择哪些话题更能迅速引起对方的共鸣呢？

1.选择社会上存在的公共话题

由于是公共话题，所以双方沟通和交流起来会轻松容易得多，再加上，男人们都比较喜欢关注身边发生的大事。这样，聊起来谁都有话说，再加上公共话题有一定的指向性，更容易形成统一战线，这样才能迅速拉近彼此之间的心理距离，消除因为不熟而带来的陌生感。因此男人之间谈话不妨选择社会公共话题。

2.谈所扮社会角色的酸甜苦辣

每个人都在社会中扮演角色。上级、下属、老板、员工等等，因为有了这些角色，便需要更好地去处理与周围人的关系，尽到相应的责任。这是每个人尤其是每个男人都必须面对，无法逃避的问题。因此，当两个彼此不熟的男人在一起谈话的时候，不妨谈谈所扮演的社会角色的酸甜苦辣，这样能迅速引起两人的心灵共鸣。

3.谈论相同或相似的一些经历

这个社会上的每个人都在做着自己的事情，但是你所做的事情，你所遇到的经历或许别人也会遇到。比如你去过九寨沟，对方也去过，那么有关九寨沟旅游的话题便是两人聊天的最佳选择，因为你们都经历过。因此，男人之间在聊天的时候，不妨多谈谈自己丰富的阅历，从而引起对方的心灵共鸣。

❤ 适宜于女人之间的话题

女人天生敏感，情感丰富，也更喜欢用言语来表达自己。因此，两个陌生的女性之间更容易迅速打成一片。但是也正是因为女人敏感和多疑，所以对他人的防备也更强，这就造成了女性之间相处的坦诚度，相比于男人之间降低了很多。因此，作为女人，在跟女人交谈的时候话题更为重要，往往一个好的谈话主题，能给彼此带来交流的愉悦，相反，则有可能产生误会和隔阂。要是第一感觉不好，女人会迅速远离你。

王彤和男朋友最近狠狠地吵了一架，这天，王彤正在上班，男友找到了公司，当着同事的面，给王彤做了深刻的道歉，王彤并没有因此而原谅他，她本想狠狠地怒斥他一顿。但是同事们都看着她。为了不影响工作，她只好将此事压了下去。

下班后，同事小羽围绕在王彤的身边，关切地问道："王姐，你男朋友究竟怎么了啊？怎么来公司找你了，看你的表情，似乎并没有原谅他。"

王彤笑了笑说："没什么，只是一些生活上的琐事，沟通不到位呗。"

小羽不知趣地继续问道："那就多沟通啊，沟通才能解决问题，要不然老是这么闹下去，会影响你们的感情的。"

王彤抬起头，笑了笑。很显然，对于这个话题，她并不想再谈下去了。

可是，小羽还是热情地说："你啊，平日里多关心关心他，男人啊，有时候也需要哄。"

对于小羽的"关心"，王彤内心深处感到厌恶。但是她知道，为了办公室的团结，她不能将这份情绪表达出来，于是她灵机一动，笑嘻嘻地对小羽说："小羽，你没打算嫁给那个西装男？"

小羽笑着说："当然不能嫁了，那个西装男像个老古董一样，跟他在一起甭提有多闷得慌了。你要是不跟他说话，他整天连一句话也不说，嫁给他，

还不如让我给秦始皇殉葬呢。”

王彤笑着说：“没你说的那么夸张吧？我看人家对你挺好的。话少点是因为人老实，这样不用担心以后他有外遇啊啥的，多好啊。”

小羽紧锁着眉毛痛苦地说：“哎哟，我的好姐姐，我可是个有血有肉有感情的高级动物，一辈子拴在这样一个男人的身上，我会变成化石的。”

王彤指了一下小羽的头说：“死丫头，别不知足，他工作又好，家庭背景又好，嫁了他少不了你的好处。婚姻和爱情可是两码事。”

小羽惊讶地说：“王姐，要不咱俩换换？你那对象人又帅气阳光，又会疼你，更重要的是幽默风趣。我喜欢。”

王彤说：“想都别想，我找到这么个宝容易吗我？”

故事中的小羽在谈及王彤男朋友的话题时，引起了王彤的不悦，王彤继而将话题从自己男朋友身上引到了小羽对象的身上，继而引申到恋爱和家庭的问题上。虽然话题的不当，触犯了当事人，但从另一个侧面反映出女性喜欢的话题类型。可见，女人之间要想迅速消除彼此之间的陌生感，而又不触犯任何人的雷区和忌讳，那么就要选择适当的话题，当然这样的话题永远离不开感情和男人。那么，作为女人，谈论哪些话题能迅速引起彼此之间的共鸣呢？

1.涉及爱情和婚姻的话题

爱情和婚姻对于女人来说，占据了她们大部分的生命。所以这个话题对于女人来说永远都有得聊，更为重要的是，这样的话题更容易产生共鸣，达成一致的看法。尽管每个人对爱情和婚姻的认识并不一样，但是和男人相处的哲学，她们却能迅速地统一。因此，当你想要和一个陌生女人迅速拉近距离、产生共鸣时，不妨和她谈谈爱情和婚姻。

2.时尚、穿着打扮的话题

女人天生敏感，喜欢色彩，更爱美。谈到时尚和穿着打扮的话题，女人们都表现得非常活跃，打扮入时的则展现自己，打扮不入时的则在努力改变自己。即使有的女人穿着随意，嘴上说不注重外在美，可是实际上却在悄悄

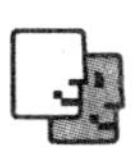

改变自己。所以，不妨和对方谈一谈时尚和穿着打扮的话题，你会发现，你和对方的心理距离不再遥远。

3.人际关系危机化的话题

有些女人心眼小，看待问题往往只看到眼前，却看不到长远，这就造成了人际关系的紧张。很多女性跟周围的人关系处得都不怎么好，总是在不断抱怨和指责别人。因此，她们内心深处有极深的怨气。和她们沟通的时候，不妨谈及人际关系危机化的话题，这样更能在瞬间和对方取得共鸣。

4.谈到孩子们教育的话题

女人结了婚之后，整个生活便围着孩子来展开。包括孕育和教育孩子的问题，永远是她们之间经久不衰谈论的话题。每个女人都希望自己的孩子聪明、伶俐，都希望能通过自己的努力，让孩子更健康、更幸福。所以，如果对方有孩了，那么交谈的话题不妨选择孩子的教育问题。你会发现，即使是再不喜欢说话的女人，也会有话要说。

5.涉及家庭矛盾的话题

家庭矛盾是避免不了的，作为女性，即使再贤惠，多多少少总会有矛盾。所以，在和陌生的女人沟通和交流的时候，不妨选择这样的话题，引导对方合理地发泄情绪，当对方一吐为快之后，你也就成了她的知己了。

❤ 异性间谈什么话题才合适

在我们生活的环境里，总免不了要和异性接触，俗话说“男女搭配干活不累”，有了异性的配合，我们的生活会更加丰富多彩。但是，有些男性平日里话很多，在异性面前却无话可说；有些女性很会处理和同性的人际关系，可是和男性就是没法沟通。如何跟异性进行交流和沟通呢？和他们聊天的时候选择什么样的话题比较适合呢？这往往成为困扰很多人的问题。

邓宁是个腼腆而害羞的男生。平日里在男生堆里，是有说有笑，可是却从来不和女生交往。因此，尽管已经是初三了，几乎还没有和女孩子单独聊过天。

在中考之前，学校组织同学们去爬山，以锻炼同学们的拼搏精神。到了山下之后，班主任把同学们分成了几个小组，每个小组指定了小组长，负责管理。邓宁所在的小组有一半是女生，而偏偏他又被指定当了小组长。

登山运动很快就开始了，男同学们跑到了前面去，几个体质稍好的女生相继也跟了上去。只有一个身体非常虚弱的女孩落在了后面。女孩叫做王倩。由于邓宁是组长，又不能丢下她不管。于是他只好跟在王倩的屁股后面，慢悠悠地往前走。

王倩见邓宁脸红到了耳根子里，知道他从来没有跟女孩子交流过。于是她大方地伸出了手，说："你好，邓宁，谢谢你能陪着我。"邓宁低下了头，不敢说话。王倩主动拉起了邓宁的手握了握，笑着说："你怎么像个女孩子一样害羞呢？怕什么，我又吃不了你。"

邓宁依旧不说话，只是抬起了头，以便显示自己是个铁骨铮铮的男子汉。

王倩接着说："邓宁啊，平日里你爸爸妈妈管你管得严吗？"

邓宁说："挺严厉的，我爸爸很凶，可是他从来没有打过我，他要求我做的事情，我都很认真去做。"

王倩笑着说："怪不得呢。那他没有要求的事情，你有尝试着做过吗？"

邓宁抬起头说："你指的是哪方面啊？"

王倩认真地说："比如说跟女孩子做朋友。"

邓宁摇了摇头。

王倩问："那你为什么不跟女孩子交朋友呢？"

邓宁不好意思地说："我爸爸说现在我还小，还没有到交朋友的时候呢。主要精力应该放在学习上。"

王倩笑着说："邓宁，你误会我的意思了，我的意思是像你跟很多男生一样的友谊。"

邓宁抬起头说：“可以吗？”

王倩笑着说：“当然可以啊！谁说男生和女生之间只能有男女朋友的关系了？！”

邓宁不好意思地说：“那你愿意和我做像跟男生之间的那种朋友吗？”

王倩伸出了手，笑着说：“当然愿意了。”

邓宁笑着握住了王倩的手。

故事里的邓宁和王倩尽管是一个班的同学，但是从来没有说过话，王倩以此为话题主动和邓宁进行了交流，并在最后赢得了情感的共鸣。在相对陌生的异性之间的防备心理更加强，交谈的话题一定要吸引注意力，这样才能促使他们减弱防备，从而打开心扉。那么，和异性之间谈论什么话题合适呢？

1.谈共同面对的生活问题

生活中的男女，都无一例外地会遇到种种问题，比如升学、工作、结婚等人生必须经历的事情。这是每个人都无法避免的。所以如果你觉得和对方没有话说，那么不妨找这方面的话题去谈。由于双方都有话要说，一般不会冷场，也容易引起情感的共鸣。事实上也更容易打开心扉，接纳对方。

2.不要随便逾越男女禁区

男人和女人本质上是不一样的，所以在很多时候，男女之间有很多东西是绝对不能谈的。尤其是刚刚认识的男女之间。比如说性。同性之间谈论这个话题可能会觉得没什么，可是异性之间谈论容易让对方误会自己，从而加强戒备心理。因此，一些男女之间不适合谈的话题，最好不要涉及，尤其是跟你不熟悉的异性之间。

3.年轻人多谈点生活感悟

人都会慢慢地成长，对生活都有不一样的感悟，如果你觉得和对方没有话说，不妨谈点对生活的感悟。由于每个人所面临的生活并不一样，所以对生活的感触也不会相同，彼此交流也能增加对方对生活的认识。更能让对方感觉到在生活面前，你和他是一样的。继而和你产生情感的共鸣。

4.已婚者忌讳谈婚姻不幸

婚姻中，或多或少存在美中不足，这是无法避免的。如果你已经结婚了，跟异性交谈的时候，最好不要谈婚姻中的缺陷，不要谈对你的配偶的不满意。这样会让别人觉得你是在抱怨自己的伴侣，让别人误解你的意思，从而带来不必要的麻烦。这一点，对于已婚人士来说尤其重要。

❤ 与长辈应当谈哪些话题

生活中，很多人觉得跟长辈之间无话可聊，跟他们待在一起觉得非常难受，继而选择迅速逃离，这在一定程度上伤害了长辈们的心。实际上，不是晚辈们不尊重长辈，而是因为长辈和晚辈不是一个时代的人，所经历的生活完全不一样，观念想法完全不相同，没有共同话题，再加上长辈们辈分高，造成了心理上的畏惧而无话可说。

明海今年已经是18岁的大小伙子了，可是每次他都不愿意到舅舅家去。不是他不喜欢舅舅，而是每次和舅舅待在一起，没有话说。舅舅除了询问他生活和工作之外，便没了话题，于是他和舅舅看电视耗时间。每每这时候，他就觉得非常痛苦，恨不得找个老鼠洞钻进去。

后来，他去看望舅舅的次数便少了很多，这让舅舅有了很大的不满，很多次，舅舅都打电话叫他，而他每次都以学习紧张为由给拒绝了。爸爸妈妈也为此找他谈过几次话，觉得明海是不是对舅舅有什么误会。可是，无论明海怎么表达，没有人理解他。

一次，明海的表姐从外地上学回来，明海给她说了自己的感受。表姐听后，笑着说："你啊，要学会跟长辈沟通才行啊。"

明海无奈地说："可是，舅舅是长辈，他的事情我又不好打听，所以没办

法表达我的关怀啊。其实我心里知道，舅舅对我特别好，可是每次跟他待在一起就是没话说，感觉特别痛苦。”

表姐说：“是啊，舅舅那个人，你也知道，不喜欢多说话，可是不能就这么远离他啊，这样会伤了舅舅的心的。”

明海摇了摇头，表示无奈，过了一会儿，他问道：“表姐，我看你每次跟舅舅都有很多话说，你是怎么跟他沟通的啊，教我一下。”

表姐笑着说：“每个人的情况都不一样，只要你试着想跟他沟通交流，一定有话跟他聊的，别忘了，他是你的长辈，他很爱你的。”

听了表姐的话，明海陷入了深思。

这个周末，他带着礼物去看望舅舅。明海的到来，让舅舅非常兴奋。不断地拉着他的手嘘寒问暖。这天，明海和舅舅整整聊了一个小时，之前，他总觉得很多事情舅舅不懂，说了也是白说，可是今天，当他跟舅舅聊起自己的生活的时候才发现，舅舅看问题比他要看得远，看得透。

当他回来后跟爸爸妈妈聊起的时候，感慨地说：“原先一直困扰我的事情，经过和舅舅的一番长谈之后，豁然开朗了。”

爸爸拍了拍他的肩膀说道：“那是自然，你舅舅经历过的事情，比你吃过的饭都多，哪能看不明白啊！”

故事中的明海总是觉得舅舅是长辈，跟他之间没有沟通的话题。事实上也正是因为他的这种想法限制了他的思维，将自己包裹起来，潜意识里拒绝和舅舅沟通与交流。后来当他打开心扉，和舅舅促膝长谈之后才发现，他和舅舅之间并非无话可说。由此可见，只要我们愿意沟通和交流，和长辈之间并非无话可说。关键在于，你是否找到了和他们沟通的合适话题。那么，和长辈之间聊什么话题更加有利于双方之间的情感交流呢？

1.聊聊工作中的烦恼

人要生活，就得做事情。在工作中或多或少地会遇到很多烦恼。在和长辈相处的时候，不妨跟他们聊聊你工作中的烦恼，听听长辈的建议和意见。很多跟领导和下属相处的策略，长辈们懂得比你多，或许他们的建议正好能解决你的问题。再加上他们的人脉比你广，有了他们的帮助，或许你的烦恼就不再是烦恼了。

2.说说生活中的困惑

生活中，每个人都会遇到很多倍感困惑的事情。前途事业的渺茫，婚姻情感的危机以及人际关系的紧张等。长辈们一辈子坎坎坷坷，或许你现在的困惑，他们曾经也遇到过，也曾经困惑和迷茫过，听听他们的想法和看法，或许能帮助和指导你走出困惑。即使他们提供不了什么可行性的建议，但是他们的想法或许能促使你思考得更成熟。

3.分享你取得的成就

很多人遇到困难和麻烦时想起了自己的长辈，但是取得成就之后，就将他们忘得干干净净。事实上，作为长辈，更希望你能取得成就，更愿意分享你取得成就后的快乐。没准，他们比你更兴奋。因为他们对你抱有更高的期冀和更多的爱。因此，在你取得成就之后，甭管他们曾经是否真正地帮助过你，你都要和他们分享你的成就。

4.表达你的关怀问候

除了和长辈之间聊你自己的事情之外，还需要对他们表达你的关怀和问候。毕竟他们岁数大了，身体一天不如一天了，生活越来越单调和枯燥了，更需要情感的慰藉。你的关怀和问候往往能温暖他们的心，对于自己的事情，他们也有更多的话要说。因此，在你和长辈的相处中，一定要把你的关怀和问候表达出来。

❤ 巧妙引导，让对方主动说出自己感兴趣的话题

生活中，很多时候，我们在和别人沟通当中发现，自己选了很多交谈的话题，对方要么微笑着保持沉默，要么说两句之后便不再表达，这让沟通和交流一度陷入了僵局。事实上不是我们不想交流，也不是对方不擅长和你

沟通，而是因为你提及的话题，对方不感兴趣。人对有兴趣的东西表达的情感总是比较多，对没兴趣的事物，自然不愿意多说。所以，能否引导对方主动说出自己感兴趣的话题，往往决定着交流的正常进行。

大学毕业之后，王欢留在了北京，她想在那里闯出自己的一片天来。可是随着年龄的增长，她并没有在那里遇到自己的白马王子。于是她的个人问题就成了家里人的心病，在几次催促之后，王欢答应回到老家相亲。

男生叫邓明，在一家银行工作，家境非常不错，而且人也很帅气。王欢基本上还是满意的。从邓明的表现中，也能感觉到他对王欢很满意。可是，在他们独处的时候，却陷入了僵局，邓明每每提及一个话题，王欢总是微笑、点头，要么是应付地说两句便不再说话了。这让邓明有些焦急。因为他知道如果这次沟通不到位，将直接影响着这次相亲的成功。

邓明毕竟是聪明人，他见王欢对自己所提及的话题不感兴趣，于是话锋一转，关切地询问道："你平日里下班之后，都在做什么啊？"

王欢笑着说："也没有做什么啦，跟朋友们聊聊天，逛逛街，再就是去健健身，有时候还会去打棒球。"

邓明眼睛一亮，说："你还会打棒球啊？呵呵，我也很喜欢打棒球，只是平日里工作忙，打的时间并不多，抽时间，咱们约上好好切磋一下。"

王欢惊讶地说："真的吗？你也喜欢打棒球？"

邓明不好意思地说："当然了，只不过平日里很少玩，玩得肯定没有你好，到时候你可不要笑话我啊。"

王欢高兴地说："当然不会了，其实我也玩得不好。平日里和朋友们一起消耗时间罢了。在北京工作也特别忙，压力很大，所以打打棒球，出点汗，感觉真的很不错。"

邓明接着问："你玩棒球多长时间了？"

王欢："算起来，应该也有三四年的时间了。和棒球结缘，还有一个故事。一开始我也不喜欢玩，觉得女孩子应该矜持一些，玩一些轻松一些的运动就可以了。一次，我的一个姐妹失恋了，非常痛苦，我当时去安慰她，后来她的另外一个朋友拉我们去的。在球场上整整打了一个下午,我那个朋友大汗淋漓,很快她便从失恋中走了出来。我也试着玩了玩,感觉真的不一样。从那之后我就喜欢上打棒球了。"

邓明:"是啊,打一次棒球,出一身臭汗,还有什么看不开的呢。找时间不如赶时间,要不今晚我们一起去运动运动,我在这里的棒球俱乐部是会员,有很多球友,我给你介绍认识。"

王欢高兴地说:"好啊,好啊。"

故事里的邓明在和王欢相处的时候,由于之前邓明谈及的话题王欢不感兴趣,一度让交谈陷入了僵局。在邓明及时地引导王欢说出她自己感兴趣的话题之后,两人的沟通和交流非常成功。可见,在与人相处的时候,如果对方和你谈话的时候总是提不起兴趣,不妨巧加引导,让对方说出自己感兴趣的话题。那么,究竟该如何引导对方谈及感兴趣的话题呢?

1.委婉地询问对方的兴趣

一般情况下,人在自己的兴趣爱好上有更多的情绪。在和对方进行交流的时候,不妨委婉地询问对方的兴趣爱好。就像故事中的邓明一样,引导对方说出自己的爱好所在,然后围绕着对方的兴趣爱好,展开一系列的谈话。由于是对方的爱好,所以有更多的情绪想要表达,这样适合双方交谈的话题自然就找到了。

2.要从对方的工作上入手

如果你觉得和他人实在没有话题可聊,那么不妨谈谈对方的工作。由于是对方熟悉的事情,所以更有发言权和表达欲。当然如果你对对方的工作不了解,最好不要随便发表议论,这样会影响对方表达的情绪。当然,如果你懂,那么你的表达更能让他人觉得和你有话可聊。

3.从他人的性格上多分析

人的性格不一样,感兴趣的东西也不一样。比如有的人喜欢安静,喜欢思考,那么你不妨和他谈谈人生哲学,谈谈某一本书的某个思想和情节;如果对方喜欢热闹,喜欢运动,那么你不妨多谈谈与运动有关的话题。这样更

能将对方喜欢的话题引出来。当然，前提是对对方的性格能把握准。

4.多观察对方身上的特殊点

很多时候，人都希望别人能发现自己身上不一样的东西。而对于自己的这些特殊之处，更愿意表达展现，以赢得别人的欣赏和认可。比如你发现对方很有才华，那么不妨谈谈与才华有关的话题，如果你发现对方很善于交际，那么不妨多谈谈他的朋友等等。这样，你会发现，你和他人的交流会顺畅得多。

❤ 话题要直击对方内心深处

生活中，很多人内心的防御非常强，即使你多次主动表示和他进行沟通和交流，对方都是一带而过敷衍你，这时候，你说话时就要切中对方的要害，直触心底，从而勾起对方的交谈欲望。如果你说话云里雾里摸不着边际，对方觉得你一窍不通，跟你沟通也是浪费时间，继而拒绝打开心扉。

王栋是一名出版公司的策划编辑，在北京工作了整整六年之后，回到了老家。可是他的工作并没有因此而放弃，而是为公司撰稿。可是老家的人对图书的编辑策划以及撰稿几乎听都没有听过。这样，每当别人问他从事什么样的工作时，他都要耐心细致从头至尾地介绍一遍。

时间一长，他便觉得非常累，因为他们根本不懂，就算是跟他们解释过了，他们还是不明白，渐渐地，再有人问起的时候，他便索性说，待业在家。尽管遭到了很多人的鄙视和质疑，但是省却了很多的麻烦。

这天，他去参加一个朋友的结婚典礼。巧得很，碰上了很多高中的同学，其中有一个叫晴雨的女孩，上学的时候跟他关系非常好，后来由于相隔两地，渐渐联系少了。见到王栋后，晴雨非常高兴，一番寒暄之余，两人热烈地交谈了起来。

晴雨："老同学，现在在老家吗？"

王栋:“是的,现在在老家,不想再出去了,流浪了几年,心累了。”

晴雨:“那你现在做什么工作呢?”

王栋本想敷衍一番,但是一想,对方毕竟跟自己的关系一直不错,敷衍她觉得很不礼貌。于是简单地说:“我在写作。”

晴雨惊讶地说:“真的还是假的?你走上写作的路多少有些意外,写的是长篇还是短篇?”

王栋解释说:“我不是写小说的,应该说我做的是策划编辑及撰稿。主要写一些励志和心理学等实用的教育类图书。”

晴雨微笑着说:“这个我知道,就是书店里卖的那种励志图书,比如《做一个会说话会办事的人》《每天读点心理学》等,是那种吗?”

王栋惊喜地说:“是的,是的,就是这种教育类书籍。难得有人懂我的职业。”

晴雨说:“因为我也经常看这类书,有时候迷茫的时候,困惑的时候,看看这类书能激发人的斗志,能引领人走出迷途。”

王栋:“你这么说,说得我特别自豪,感觉自己在帮助人,内心欣慰多了。”

晴雨:“最近有什么新作啊?给我介绍一下。”

王栋:“最近在做一本心理学的书呢,想拜读那得等到半年后出版了之后。”

故事中的晴雨在听到王栋的解释之后,继而迅速地说出了王栋所写作的书籍类型,把话说到了要害处,让王栋觉得,她是了解自己职业的,交谈的欲望被调动了起来。由此可见,和别人沟通和交流的时候,说话时应切中要害,把话说到对方的内心深处,让别人觉得有必要和你交流,这样,沟通才能正常进行下去。那么,如何才能把话说得直杵对方的心底呢?

1.说话简洁,切中要害

在与人沟通和交流当中,如果你总是啰哩啰嗦,云里雾里说不到点子上去,那么对方就会失去继续和你沟通的兴趣,继而敷衍你。相反,如果你能

简洁明了，句句切中要害，则会勾起对方交谈的欲望。所以，说话的时候不妨简洁一些，透彻对方的意思，把话说到他的心里去，从而让对方不得不与你交谈。

2.要把话说得有些深度

对于一些比较难理解，有点深度的话题内容，很多人表现出一无所知的样子，对方觉得跟你讲你也不明白，索性敷衍你，省下力气。如果你说话的时候，把话说得稍微有点深度，这样，别人觉得跟你沟通起来会轻松很多，你是懂他的人，那么，别人内心想要交流和沟通的欲望便被调动了起来。

3.故意曲解，等待解释

有些人为了显示自己比别人懂得多，因而卖关子不愿意多说，对于这种人，你一味地表现没有作用，这时候，你不妨反其道而行，故意曲解对方的意思，利用激将法，激起他想要解释和说明的欲望，因为这时候，他再不说话，内心会觉得憋得慌。对方的沟通欲望自然被调动了起来。

4.说出对方内心的意思

我们发现生活中，很多人不愿意多说话，是因为内心隐藏着小秘密。如果你能一语道破对方内心的秘密，对方觉得再没有三缄其口的必要，自然就会有话要说。当然，前提是你要清晰地洞悉对方的内心。如果说错了，对方觉得你在使诈，更不会说话。同时，还要防止对方以假乱真。

❤ 八卦原理，利用人人都有好奇心的特点

常常的，我们总是在批评某些人，总爱打听别人的私事，说些闲言碎语。事实上，人人都有好奇心，八卦原理存在于生活的每一个角落里。在你和别人的沟通中，如果发现对方没有沟通和交流的欲望，那么不妨选择一些奇特的话题，勾起对方的好奇心，调动对方内心的好奇欲望，进而达到沟通和交流的目的，赢得心灵的共鸣。

爱爱是个非常内向的女孩，平日里不爱说话，即使是和自己特别要好的朋友们在一起，话也是少得出奇，要是跟陌生人接触，那更是无话可谈。即使你再费劲地调动，她也不会和你多说一句话，因此，她的朋友非常少。

按理说，这样的女孩子，男生一般都不喜欢。可是班里有个叫做大彪的男生，却对爱爱情有独钟，也不知道他用什么办法赢得了爱爱的芳心。总之两人谈了整整一年的恋爱了，从来没有出现过任何的问题。

最近，大彪有个好朋友叫做明溪从外地回来了，这天傍晚，大彪带着爱爱给朋友接风洗尘，此外还有很多特别要好的朋友。私下里，朋友们悄悄地和明溪打赌，要是当天他能和爱爱聊上 10 分钟，他们便请明溪去吃大餐。

于是，等朋友们各玩各的去了之后，明溪来到了爱爱的身边，跟她打招呼说："爱爱，你好，很高兴认识你。"

爱爱微笑了一下，点了点头，并没有说话。

明溪继续问："爱爱，我和大彪是非常非常要好的朋友，从认识到现在已经有十几年了。"

爱爱依旧是点了点头，没有说话。

明溪继续问："爱爱，你初中是哪个学校毕业的啊？"

爱爱依旧没有说话，只是善意地笑了笑。

爱爱总是不说话，这让明溪感觉到很有压力，如果再找不到合适的话题，能勾起爱爱的说话欲望，那么他和爱爱的谈话也只能就此结束了。突然，明溪脑子里灵机一动，换个了话题。他说："给你说，你都不相信，我和大彪当年是情敌，因为都喜欢上了一个叫做蝶的女孩，后来大彪和蝶走到了一起。那时候大彪爱蝶爱得死去活来的。"

说完，大彪没有再说话，而是观察起爱爱的反应来了，爱爱一开始好像无所谓，过了几秒钟，她问道："那个蝶漂亮吗？"

爱爱终于开口说话了，这让明溪大喜过望。他回答说："很漂亮，蝶那时候是班里的班花，很多人都喜欢她。"

爱爱低下了头不说话了。明溪接着问："更主要的是蝶非常的开朗，特

别喜欢跳舞唱歌，走到哪里都一片笑声。”

爱爱抬起头看了明溪一眼，问：“那他们后来为什么分手了呢？现在大彪还和她有联系吗？”

爱爱一连问了两个问题，这让明溪大喜过望。那天他和爱爱聊了整整半个小时。这让别的朋友们刮目相看。

故事中的明溪在和爱爱的沟通中，提及了很多话题都没有勾起爱爱的交流欲望。最终在大彪的前女友的话题上，调动了她的好奇心，最终让交流得以正常地进行。由此可见，当一个人内心充满好奇之后，沟通和交流的欲望才会被激发。那么，谈什么话题才能勾起对方的好奇心呢？

1.话题选择要与对方有关

人对于与自己有关的事情都特别的关心。想知道究竟是对自己有什么样的影响。因此，当你谈及与对方有关的话题时，就能勾起对方的好奇心。对方会向你询问，或者是认真仔细地倾听。当然这时候，不要把话说得过于清晰，否则对方便会失去了交流的兴趣。要在谈话中把这种好奇心始终调动着才行。

2.选择的话题要有些悬念

如果你说一句话，对方就知道了你将要说的后一句话，试想，别人还会和你聊吗？因此，在说话的时候，话题要有些悬念，让对方内心之中对你的表达有所期待。同样，不要一下子满足对方的这种好奇心，要在不断设置悬念当中，钓足对方的胃口，从而让别人对和你沟通充满兴趣。

3.刻意强调“拒绝”意思

人有逆反心理，当你刻意强调不要让别人去做一件事情的时候，往往对方会去做。因此，在你和别人交流当中，不妨花点心思，可以强调不要让对方打听，打听了会有什么样的后果等等。你越是不让对方知道，对方越想知道，实际上，这时候，对方已经被你牢牢地控制和驱使，和你谈下去也就是自然而然的事情了。

4.要留下疑惑让对方去猜

人有时候会怀疑自己的思维,有时候明明知道结果,还是会去怀疑。当然前提是你要给他选择的权利。有些时候,不要把话说得太清楚了,留下疑惑,让对方去猜,这样对方反而想知道最终的答案向你询问和继续与你交谈。如果把话说得过于直白,别人一清二楚,没有疑惑,那么内心没有了好奇心,对和你谈话就会失去兴趣。

第 5 章

敢于表现，适时展现自己的能力迅速增加在他人心中的分量

人们常说，是金子不管放到哪里都会发光。所以，很多时候，我们在与人交往当中，总是等待着被人发现，却不懂得抓住机会表现自己，赢得别人的欣赏，因而失去了很多的机遇。事实上，我们大可不必做那沉默的金子，适当的时候表现自己，用你的优秀赢得他人的认可和肯定，将命运把握在自己的手里。那么，在交际当中，究竟如何表现才能赢得别人的关注和欣赏呢？如果你感觉到疑惑，那么这一章给出的建议和意见或许能帮到你。

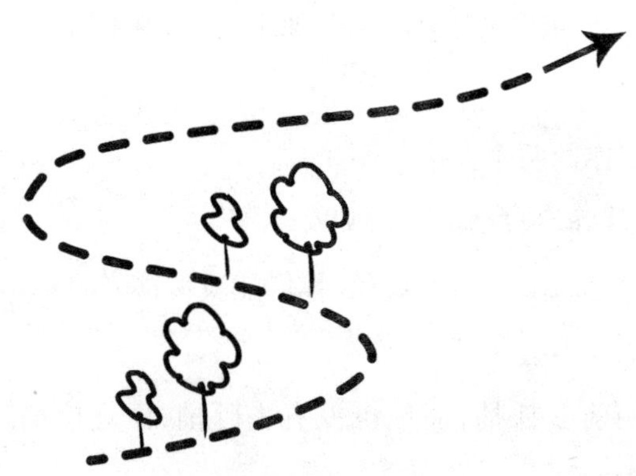

❤ 光说不练，别人怎么能看到你的能力

很多时候，我们表达起来滔滔不绝，可是却很少能赢得别人的欣赏。不是你不够优秀，而是相对于你的滔滔不绝，别人更相信自己的眼睛。在表达之余，用你实际的行动，适当地表现一下自己，证明你真的有能力把你所说的变成现实，这样才能引起别人的肯定和认可，别人才会打心眼里欣赏你。

邓拓是省局刑侦大队派到市里来协助破案的。这起杀人案的手段之高前所未有，这让负责侦破的张队长着实头疼。按理说，邓拓的到来给他们带来了希望。因为邓拓是省局的，破案是出了名的厉害。

可是，邓拓到来之后却发现，大家并不是如他期望的那样欢迎他。尽管此案由他全权负责，可是在他发号施令的时候，下面的警察不但不听，还冷嘲热讽，出言挤兑。这天，在开警队会议，布置任务的时候，他把盯梢的任务交给了警员小海和明明。

盯梢可是个苦差事，每次都是大家最不愿意干的活。当任务下达之后，小海不冷不热地说："邓队，我们都有任务了，那你干什么啊？"

邓拓见小海有些不服气，说："我去抓疑犯，据可靠情报，这次凶案的一个从犯最近露面了。"

小海冷冷地说："抓人谁不会啊？要不咱们换换，你来盯梢，我跟明明前去抓人？"

邓拓说："凶犯极其彪悍，我怕你们两个去应付不来。"

明明走上前来说："那你怎么就确定自己能应付呢？"

邓拓说："想当年，我一个人应付八个拿刀的疑犯，你们能应付得来吗？"

明明不屑一顾地说："切，吹牛谁不会啊！"

最后，邓拓只好让小海和明明前去抓捕，而他也没有去盯梢，而是悄悄地跟在了小海和明明的身边。

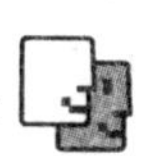

抓捕的过程中，疑犯顽强抵抗，小海和明明和对方对打了起来。尽管他们在警队是数一数二的搏击高手，可是在和凶犯的搏击中，仅仅支撑了几分钟就被放倒了。凶犯兽性大发，拔出了手枪对住了小海的脑袋。就在这千钧一发的时候，邓拓冲上来，踢掉了凶犯手里的手枪，凶犯跳起来和邓拓对打起来。仅仅三招之内，便被邓拓拿下，戴上了手铐。

这时候，小海和明明缓缓地从地上爬了起来。邓拓看了他们一眼，什么话也没有说。从那天起，警队里再也没有人对邓拓表示不服了。

故事里的邓拓在安排任务时，遭到了同事的不服，尽管他说明了理由，可是别人并不怎么信任他。最后在抓捕过程中，亮了自己的身手，才赢得了别人的欣赏和尊重。可见，在人际交往当中，光凭你的嘴皮子是得不到别人的尊重的，关键还要看你怎么“练”。那么，在别人面前“练”要注意哪些方面的因素呢？

1.要自信一些、大方一些

很多人能力很强，但是总觉得在别人面前展现自己有些不妥当，因此总是扭扭捏捏，一味谦虚推让。事实上，这样会让别人觉得你可能没有真本事，只是个耍嘴皮子的江湖骗子。因此，不妨大方一些，自信一些，该表现自己的时候一定要表现，用实际行动证明自己。这样别人看到了你的能力，自然会欣赏你、重视你。

2.表现自己时适度即可

在表现自己的时候，一定要注意适度，能证明自己就行。过度的张扬会让别人觉得你在卖弄。这样给别人的印象就会发生变化，别人会觉得你仗着自己有才华而看不起别人。所以，表现是为了证明自己，让别人尊重你，而不是炫耀自己，让别人憎恨和妒忌你。这一点，在“练”的时候一定要注意。

3.不要和别人一争高下

在你表现了自己的能力之后，难免会遭到一些心胸狭隘的人的妒忌，总要跟你争个高下。这时候如果你和对方较上劲，那么不管谁输谁赢，都不好收场。你赢了，则会招致更多人的加入，你输了，证明自己没能力，下不来台。所以，这时候，千万不要和别人计较和争斗，你的目的并不在此。

4.一定要记得谦虚一些

即使你表现得非常优秀，得到了大家的一致认可，可是你还要及时把你的谦虚表达出来。这样，别人觉得你真的有能力，有才华。如果别人在表扬你、肯定你，而你口出狂言，不断张扬，则往往会扭转大家对你的看法，由敬佩欣赏变成嫉妒和不满。这样，即使你有能力了也得不到大家的拥护。

❤ 展现你的领袖魅力，征服他人

生活中，我们不得不承认，有一些人他们不管走到哪里，都能迅速地成为人群中的领袖，他的意见和想法很快就能被大家所接受。事实上，他们之所以被人敬仰和追随，并不完全是修养好，威信高，也不全是他们说的话多么能令人心服，而是因为他们的气场非常强，总能在第一时间内积聚人气。

段海是王兵最要好的朋友，这天刚好是王兵 25 岁的生日，段海特意从外地赶了回来，为王兵庆祝生日。当天，王兵请了很多非常要好的朋友，前来参加生日宴会。

王兵只是想叫朋友们一起来玩，但是没想好具体的游玩计划，本来想着大家来了一起商量，可是等大家聚到一起的时候，谁也没了主意。这时候，段海站了出来，大声说："大家静一静，既然大家现在没有计划，那么我有个提议，你们听听，是否能行？"

大家随声附和说："说，你说。"

段海："这样，咱们先去酒店开个生日派对，之后去爬山怎么样？"

"好啊！"有人惊呼道。

"行，这个提议好。"有人附和着说。

但是，究竟去哪个酒店开派对又没了主意。有的人说去农家庄园，感受

大自然的气息，有的人说去市里面高档的酒吧，你一言、我一语地争个没完。

这时候，段海又站了出来说："这样吧，我知道一个既能吃好，又能玩好的地方，而且那里也非常适合开派对，环境也非常好。你们跟我走吧。我一定让大家玩开心。"

于是大家跟着段海，来到了一个叫做"黄金海岸"的高级会所。这一次，他没有再征求大伙的意见，而是悄悄地和王兵商量了一下，在进行什么样的娱乐节目以及时间的把握上做了决定，由于段海的强大气场，就连当事人王兵在心里也默认了，在决策上听他的安排。

当天的派对开得相当成功，大家玩得非常开心，王兵也在被大家送来的满脸蛋糕祝福中笑得合不拢嘴。大家在黄金海岸出来，意犹未尽，于是按照段海之前的提议，去郊区爬山，尽管天气非常炎热，大家个个大汗淋漓，但是却非常开心。

段海说："咱们包了个大巴，大家一块坐车去，到了之后分成两组，进行爬山比赛。当然比赛的目的不是看谁先到山顶，而是看哪一组没有落队的人。"

这一路的行程，都是段海在一一安排和打理。事实上，大家在心里已经默认了段海的领导和安排。有什么疑问也在向他询问，有什么想法也会向他反映。

故事中的段海，在大家没有主意的时候，站出来，以自己强大的气场充当了团队的领袖。由此可见，要想提高别人对你的欣赏能力，那么就要营造自己强大的气场，进而展现出自己的领袖才能，让他人无怨无悔地追随你。那么，如何增强自己的气场，成为领袖式的人物呢？

1.说话时要理直气壮

在和别人的接触当中，只要是正确的，就要对自己有绝对的信心，在这样的心理暗示之下，你说话时会理直气壮。这样自然而然会形成强大的气场，客观上对他人形成一定的震慑。如果你缺乏足够的自信，说话的时候势必会底气不足，这势必给对方传达了负面的信息。这样一来，你没有了强大的气场，对方的气场逐渐盖过你，你就会处于劣势。因此，在与人交往的时候，要坚信自己是正确的，这样你才能理直气壮，营造强大的气场。

2.语言表达简洁干练

很难想象，一个言不搭调、语无伦次的人能营造出强大的气场，来震慑别人。因此，在与人交谈的时候，语言表达一定要简洁干练，用简单的语句将你的意思、你的情感表达得清楚明了。这样一来，别人根本没有思考的空间，你所说的话，你的情感和意见会迅速占领别人的心，这样才能带来震慑的效果。平日里说话要尽量简洁干练，给人雷厉风行的感觉。时间久了，你的气场自然会强大起来。

3.语气肯定不容置疑

在表达的时候，语气要肯定，给别人不容置疑的感觉。这样，即使别人想要反驳，也会照顾到你的情绪。如果你说话没有力度，软绵绵的，别人就会觉得你好对付，继而用他的气场来控制你。在和别人交往的时候，说话一定要语气肯定，斩钉截铁。事实上，也只有这样，才能让对方顺着你的想法，最终你才能领导他人。

4.说话时要逻辑性强

如果你说的话逻辑性很强，无可辩驳，那么别人想不顺从你都难，因为你的话进入了对方的心。相反，如果你所说的话前后矛盾，逻辑性很差，这样别人很容易找到辩驳的理由，自然不会听你的号召，你也就成不了别人的领袖。因此，要想营造强大的气场，就要在说话的时候，有很强的逻辑性，用客观存在的逻辑关系征服别人的心。

❤ 适时制造一些小噱头，引起他人注意

生活中，往往有些人在不经意间说一些特别有意思的话，或者是开一个小玩笑，大家的注意力迅速被吸引到了他的身上。这样，别人对他的印象便

会深刻得多，对他的了解也会比另外的人多，实际上这样，增加了自己的受关注度，增加了别人对你的欣赏和认可度，这在人际交往当中能起到非常重要的作用。

杨奇是个心直口快的男生，在与人聊天中，总能语出惊人，把大伙儿逗得哈哈大笑。因此，大伙儿都非常喜欢他。喜欢跟他说话，喜欢跟他交往。

有一次，政治老师上完课，离下课还有还几分钟，为了和同学们拉近关系，政治老师鼓励同学们讲笑话，演节目，轻松一下。等几个同学表演完之后，有同学提议："老师来一个！"

政治老师是个典型的老古板，平日里不苟言笑，在这种场合自然是找各种理由百般推辞。什么"不会唱歌"，"不喜欢唱歌"等等。这时候只听见杨奇喊道："来段秦腔！"

顿时，同学们哈哈大笑了起来。

老师为了圆场，笑着说："那是国粹，我哪会呢！"

杨奇接着说道："那就来首国歌，要 DJ 版本。"

想到政治老师那胖胖的身体，再来段 DJ 的国歌，要多滑稽有多滑稽。同学们个个笑得前俯后仰。

故事中的杨奇在政治课上提出让老师来段秦腔或者 DJ 版国歌的建议，制造了一些小噱头，吸引了大家的注意力，从而让大家更加喜欢他、欣赏他。由此可见，要想让别人对你有更深的印象，更加欣赏你、喜欢你，那么就要制造一些引人注意的惊喜，把大家的注意力聚焦在自己的身上。那么，究竟如何制造一些小噱头，吸引他人的注意力呢？

1.有积极乐观的心态

通常，会说小噱头的人往往有乐观的心态。事实上，只有开心快乐的人，才能发现生活的快乐，才能在人际交往当中，把你的这种快乐情绪表达出来，吸引别人的注意力。很难想象，一个整天唉声叹气，悲观失望的人，会说出什么有意思的话来，引起别人的关注和欣赏。所以，要想说一些小噱头，来增加别人对你的印象，那么拥有积极乐观的心态是前提。只有你是快乐的，才能发现生活的乐趣。

2.多和幽默的人交往

俗话说“近朱者赤，近墨者黑”，要想让自己所说的话被人关注，那么就要丰富自己的语言平日里多接触一些比较幽默的人，时间长了，耳濡目染，你会在不经意间发现，你也很有幽默感。当然，在这个过程中，别只顾着咧着嘴笑，在表达你快乐的情绪时，要注意留意和观察别人的言语和动作，要思考，同样一句话，别人为什么说出来惹人发笑，而你说出来却没有那个效果。这样时间久了，你说出来的话就有幽默感了，别人也喜欢听了。

3.要懂得玩文字游戏

人类情感的表达往往是通过语言和文字。所以，只有懂得玩文字游戏的人才能说出一些惊人的话，才能将大家的注意力集中在自己的身上。很多话，换个说法，换个表达方式，效果会完全不一样。只有你学会玩文字游戏之后，很多看似平淡无奇的语言经你的口说出来，可能就会引起大家的关注。

4.要掌握丰富的知识

很多人说话之所以很有意思，是因为这样的人有丰厚的知识。因此，要想让自己的语言有趣一些，那么就要掌握来自于书本和生活的丰富知识。你肚子里有墨水，才能随机应变，将话讲得生动有趣。否则你所讲出来的话就会显得空洞和苍白，没有实际的意义，时间久了，大家也就不再被你吸引了。

❤ 巧妙自夸，学会抬高自己的身份

由于在谦虚的教导之下，很多人喜欢做默默无闻的“金子”，等待着让自己发出光来，被别人发现和认可。事实上，这个世界上的“千里马”很多，懂得欣赏的“伯乐”却很少，要想被别人重视和认可，那么就要适当表现自己，

对自己进行夸奖，往自己的脸上贴金子，这样才能更快地把自己推销出去，获得更多的机会。但是夸奖自己的话一定要说得真实，切不可胡编乱造，让人觉得你很浮夸。

大学毕业之后，赵辉拿着简历四处奔波着找工作。由于他是学中文的，在市场上对应的岗位相对来说较少。因而，奔波了整整一个月之后，没有任何的进展。就在他心灰意冷之际，无意之中发现了一家国有企业在招聘秘书。

他为此而暗自高兴，但是很快，他发现对方要求的是硕士学历，而他只是本科毕业。但是他并没有放弃，而是主动给对方打了电话，在电话中，赵辉被拒绝了，但是他从对方说话的态度中，看到了很大的余地。

于是这天，他带着自己的简历以及大学时候取得的所有证书，来到了招聘企业。前来应聘的人不是很多，但是都是硕士学历，赵辉也谎称自己是硕士学历，因而获得了与面试官面谈的机会。

当面试官得知他只有本科学历时，明显感到不悦，赵辉急忙做了解释，并对面试官说："我的学历低一些，但是我相信贵企业需要的是人才，而不是学历。"面试官略加思考之后，给了他这个面试的机会。

赵辉抓住机会，将自己详细地介绍了一番，在介绍当中，他除了说自己的基本信息之外，大多数的话都是在夸奖自己。他说："我的写作能力很强，在我高中的时候，就在当地的期刊上发表过小说，上大学的时候，在著名的半月刊《十月》上发表中篇小说，引起了不小的轰动。"

"除此之外，我处理人际关系的能力也很强，在大学期间，长期担任校学生会主席，协助校领导完成学生的管理工作，并多次得到了校领导的肯定和同学们的认可。"

"我做事也非常认真，在大学期间，多次组织了学校的各类活动，为全国大学生运动会的举办出过不少的力，因而获得了学校颁发的优秀学生干部的证书。"说着，赵辉将随身带来的证书放到了面试官的面前。

面试官拿起证书，看了起来。

赵辉接着说:“我在学习上也努力,成绩一直是全年级第一,多次拿了国家级奖学金。”说着赵辉又将成绩单和奖学金的证书放到了面试官的面前。

整个面试,都是赵辉在不断夸奖自己,面试官频频点头。面试结束之后的第三天,赵辉接到了国有企业的电话通知,让他去报到。就这样,赵辉在不利的条件之下,发挥了自己的优势,获得了国有企业秘书的这个职位。

故事中的赵辉在介绍自己的时候,不断地展现自我,推销自我,让面试官了解了他的实际能力,最终在众多的面试者当中脱颖而出。试想,如果当时他不对自己进行夸奖,那么他给面试官留下的印象便会很淡,最终很有可能与之无缘。由此可见,在适当的时候,要学会自夸,往自己的脸上贴金,以增强别人对你的认可度和欣赏度。那么,如何才能做到既自夸,而又不浮夸呢?

1.要自信一些,敢于对自己进行夸奖

如果你一再谦虚,等着别人来发现你,那么你注定会失去很多的机会。因为被人发现是需要一定的时间的。所以,抓住机会,及时地自我推荐显得尤为重要。对自己进行夸奖的时候,要有勇气,自信一些,要知道你在为自己争取机会。如果你连站起来夸奖自己的勇气都没有,那么既使你能力再强,别人也不知道啊。再说了,敢于推荐自己本身就是一种能力。

2.要坦诚一些,自夸的话一定要属实

在向别人推荐自己时,自我夸奖是很有必要的。但是在夸奖的过程中,你所说的一定要属实,如果你说假话来欺骗和糊弄别人,对方一定能感觉得出来,因为人在说谎的时候,表情和动作会出卖自己。试想,如果对方发现你在说谎,对你的印象能好起来吗?所以,要想别人对你有更好的印象,更加欣赏你,那么不妨坦诚一些。

3.态度谦虚些,自夸时不要眉飞色舞

有些人在夸奖自己的时候,一个劲地炫耀自己多么伟大,多么有本事。恃才傲物之情油然而生,这样你说话的态度便会发生很大的变化,言语间流露出骄傲自满,甚至是眉飞色舞的情绪。别忘了,你是为了给别人留下好印

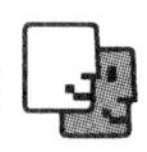

象，是为了让别人更加欣赏你，态度不谦虚，别人怎么可能欣赏你呢？

4.用语准确些，切忌表达得天马行空

即使是对自己的实际情况的自夸，说话时，用语也要准确，切忌让自己的表达天马行空，诚然你是为了给别人留下好印象，是为了让别人更加欣赏你，但是你夸大了你所取得的成就，则让别人感觉到不真实，对你产生怀疑。尽管你没有说谎，但是别人对你产生不信任的情绪，跟你说谎是一样的效果。

❤ 明星效应，焦点式人物能带来更多关注

通常情况下，当你在别人的眼里因为你的某一方面的卓越表现而被广泛认可的时候，你的别的方面自然也会引起别人的关注。或许不是很优秀，但是大家仍会乐此不疲地谈论和了解。这就是所谓的明星效应。因此，在人际交往当中，要将你的某一方面的才华发挥到极致，从而促使大家更多地关注你和了解你。

黄磊今年不到 30 岁，可是写一手好毛笔字，这在年轻人中间实在不多见。这次书法大赛，他挥洒自如地写了一手行书，夺得了青年组比赛的总冠军，因而一时之间在单位出了名。单位的大小领导以及同事在闲聊的时候，谈论的都是他。

这天下班后，黄磊刚走出单位的大门，只见大门边一位 50 岁左右的知识女性迎了上来，见了黄磊便问："请问你是黄磊吗？"

黄磊莫名其妙地看了一眼，说："是的，我就是黄磊。"

知识女性接着说："就是那个得了书法比赛一等奖的黄磊吗？"

黄磊点点头，说："是我，请问您是？"

知识女性笑着说："我总算找到你了，小伙子一表人才啊！"

看着黄磊一脸的茫然，知识女性接着说："噢，忘了介绍了，我是市戏剧

学院的副校长，我姓林。”

黄磊微笑着说：“噢，是林校长啊，失敬！失敬！请问您找我有什么事情吗？”

林校长面露难色地说：“是一些私人事情，你看，这会儿时间方便吗？我想跟你好好聊聊。”

黄磊说：“当然方便了。”

于是林校长和黄磊来到了街角处的咖啡屋，当然一路上两人聊的话题自然是黄磊的书法。

入座之后，他们接着聊了一会黄磊取得书法比赛总冠军的事，言谈中，黄磊感觉到林校长非常喜欢和欣赏他。

几分钟之后，林校长微笑着和蔼地说：“小黄啊，我有件私人的事情想打听一下，如果问得有什么不合适的地方，你千万别往心里去。”

黄磊微笑着说：“林校长，有什么事您就问吧，我一定如实回答。”

林校长思索了几秒钟之后，说：“小黄今年多大岁数了啊？”

黄磊看着林校长，认真地说：“今年 28 岁了。”

林校长接着问：“找对象了吗？”

黄磊：“一直忙于工作，没有遇到合适的人啊。”

林校长难为情地说：“我女儿比你小一岁，特别喜欢你，所以我冒昧地约你出来，打听一下，要是你有兴趣的话，和她试着交往一下，你看……”

黄磊不好意思地说：“难得深得林校长千金的亲睐，一切听从林校长的安排。”

林校长有些不好意思地说：“我知道这样说，实在有些冒昧，但是我女儿就是喜欢上你了，而且除了你谁也不找。你知道，我就这么一个女儿，所以今天豁出这张老脸来找你了。”说着林校长难为情地扶了扶眼镜，喝了一口咖啡。

黄磊说：“没事，林校长，真的没事，我理解一个母亲的心。全听林校长安排。”

林校长笑着说："那太好了，改天到我们家去做客，你们两个见个面吧，你看行吗？"

黄磊点了点头，爽快地说："行，没问题。"

故事里的黄磊因为在书法比赛中，获得了第一名，一时之间出了名，大家在关注他这个总冠军的同时，也开始关注他的工作和生活。林校长关注他的婚恋，所以主动前来推荐女儿。由此可见，在明星效应下，一个人在某方面取得成就之后，会引得别人关注他的其余的方面。那么，如何利用明星效应，吸引更多人的关注呢？

1.前提是你足够优秀，成为"明星"

要想有"明星"效应，吸引别人更多的关注，前提是你在某一方面足够优秀，成为大家眼中的"明星"。因此，要审视自己，看自己有哪方面的爱好和天赋，然后将你的爱好发展为极致，成为大家眼中的佼佼者。如果你没有爱好，那么不妨把你手头的工作做到最好，一样可以赢得别人的欣赏和认可，一样可以成为大家眼中的"明星"。

2.注意自己的言行，维护"明星"效果

既然成为了大家眼中的"明星"，那么你的一言一行，都会受到更多人的关注。因此，一定要注意自己的言行，不要做一些负面的事情，说一些负面的话，伤害别人心目中的美好形象。俗话说"好事不出门，坏事传千里。"对于你的优秀来说，你的不良信息传播得将更为迅速。因此，要想让更多的人关注你，那么你就要注意自己的言行，不要破坏自己的形象。

3.要再接再厉，为"明星"效应保鲜

一个人成为大家眼中的"明星"之后，如果你只沉浸在明星的光环之下，不知道再接再厉，那么时间久了，你就会慢慢从大家的视线中淡化掉。因此，当你成为大家关注的"明星"之后，一定要再接再厉，让你的优秀持续下去。事实上，也只有这样，大家才能保持对你足够的兴趣。否则，别人对你的关注度自然会慢慢减弱。

❤ 延迟满足：关键时刻再出击

一般情况下，人内心的欲望越得不到满足，越想得到满足的欲望会越强。这也就是为什么生活中越容易得到的东西，往往不会珍惜的道理。同样，要想增加别人对你的欣赏和重视，那么就不要随便站出来，要延迟满足，增加别人内心对你的渴望，当你觉得这种渴望达到顶峰的时候，再挺身而出，那么你在别人心目中的地位会陡然提升。

小李是名牌大学的研究生，而且他对自己的金融策划专业一直很有信心。他曾经为几家公司做过策划，人家对他的作品也都很满意。正是由于这一系列的原因，使得小李觉得自己的策划水平很高，于是他就总是以自信满满的姿态出现在不同的场合。

这一次，小李来到这家公司打算大展拳脚，他想把自己的优势发挥到极致，总想着借助自己的专长飞黄腾达。可是在公司的会议上，小李总是抢先发言，把他的策划方案说给领导们听，希望得到他们的肯定和认可。可是每次都被否决了，小李心里很不是滋味。更让小李觉得郁闷的是，他们公司新来的一个大学生，每次都是最后一个发言，但他的策划方案每次都会引起老板的注意。

对此，小李百思不得其解，后来无意中听到公司同事们都在议论最后发言的策划案，因为他们记得这个策划，之前小李的策划早已被忘在了九霄云外。小李顿时明白了，原来这就是所谓的末尾效应。

从那以后，小李似乎谦逊了很多，每次公司开会，他总是最后一个发言，他想借此来显示自己说话的重要性。有时候老总主动询问他的想法，他也只是谦虚地笑一笑，把机会让给别人。奇迹发生了，慢慢地小李的策划引起了老总的重视。久而久之，小李在策划这一方面就成了公司名副其实的元老。

故事中的小李之前之所以不被别人欣赏和肯定，是因为他站出来的时候过早，大家的心理期待很弱，因此对他的感觉便会弱化很多，后来，他在关键时候再站出来，延迟了满足，在别人最期待的时候出现，从而提升了别人对他的欣赏度。由此可见，在展现自己的时候一定要把握好时机，在别人最期待的时候出现，以提升他人对你的欣赏度。那么，在延迟满足，把握时机挺身而出的时候，要注意哪些因素呢？

1.不妨等到最后再发言

我们发现，不管是在工作还是在生活中，一些重要的发言都留在最后，因为基于人们的这种心理，便觉得最后发言的是最重要的，因此对最后发言者也比较关注和期待。由此可见，人们对最后发言者的心理期待也最强烈。这样，你的发言就能引起更多人的关注，大家对你的欣赏度自然就会增加。所以，不要急着出风头，不妨等到最后一个发言。

2.一定要学会卖点关子

往往很多时候，对方想知道什么，你就迅速地给予回答，觉得这样会给别人留下好印象。其实不然，因为别人对想知道的东西的心理期待很小，很容易得到满足，对太容易得到的东西往往不在乎。同样，你轻易满足了对方的心理，对方对你的印象不深刻。这时候，不妨学学卖点关子，增加别人的心理期待。

3.把简单的道理复杂化

一般，人们会认为，简单容易的东西没有多少分量，因而对此不会有足够的重视。因此，在阐述你的想法的时候，不要说得过于简单，要适当地将它复杂化一些，这样，对方觉得没那么简单，便会在心理上认真一些，多了份期待和重视。这样，对你的好感便会增加很多，对你的欣赏度也会大大增强。

4.吊胃口时要适可而止

通常情况下，你越吊别人的胃口，对方的好奇心被调动了起来，对你的心理期待便会越强，你所说的话也越能引起对方的重视。但是，吊胃口一定要适可而止,如果对方的心理期待一直得不到满足,别人就会对你失望,心理期待会迅速减弱。当出现这种情况的时候,就适得其反了。

5.要学会应用逆反心理

很多时候,越得不到的东西越想得到,越不想让别人知道的事情,他越想知道,这就是心理学上所说的逆反心理。在提高别人对你的欣赏力的时候,不妨应用逆反心理,来增加对方的心理渴望,在你激起对方的心理需求之后,故意冷却淡化,让对方心里着急,这样,对方便会越加关注和期待你。

第6章
因地制宜，在任何场合下都让他人亲近你

在人际交往当中，我们都会自然地去接近那些自己喜欢和欣赏的人。如果你能在初次见面的时候，给对方留下好印象，那么无疑对方会被你吸引，进一步和你接触。当然，要想做到这样，光凭外在的气质是不够的，还需要你在与人接触当中，运用一些与人交往的技巧和方法，赢得对方的青睐。这些技巧和方法并不是僵化的条条款款，而是需要因地制宜、随机应变的。如果你觉得不错，那么不妨参考一下，或许对你的交际真有帮助。

❤ 私人聚会上，放下架子融入谈话中

每个人在社会上都扮演着各种各样不同的角色。有的人能迅速从角色中走出来，融入到生活中，有的人则“入戏”太深，一时半会走不出角色。即使在很轻松的私人派对上，也摆着架子，让别人觉得你拒人于千里之外，事实上你是没有办法和大家打成一片。你被自己的“角色”束缚着，你放松不下来，也开心不起来。

王大虎今年刚刚30岁出头，却已经当上了某职业学院的党委书记。自从他当上这个党委书记之后，朋友们觉得他就像变了个人似的。以前活泼开朗、说话非常幽默，时不时地把身边的朋友和同事们逗得哈哈大笑，可是打那以后，他总是很少说话，而且板着一张脸，昔日的好友跟他开个玩笑，他总是阴着脸说：“严肃点。”这让很多人常常尴尬万分。

就这样，身边的朋友一个个离他越来越远了。

闫磊是王大虎非常要好的铁哥们，这些年一直在外面打拼，他只知道王大虎现在是有身份的人，但是却不知道王大虎已经不是之前的那个王大虎了。所以，这次回到老家后，叫了一大帮子朋友来放松和娱乐，当然也包括王大虎在内。

朋友们聚到一起，自然是分外开心，大家又是唱歌，又是跳舞，气氛非常活跃。每个人脸上都带着满足的微笑，只有王大虎一个人紧绷着脸，坐在一边抽烟。有朋友过去拉他一起玩，他反倒阴着脸，以批评的口吻说：“注意点形象，这里是公众场合。”

这真是让人扫兴，因此大家都不再搭理他，而是尽情去玩乐了。

王大虎总是板着一张领导的脸，坐在一边独自抽烟喝酒去了。闫磊好几次过去跟他套近乎，也被他谨慎的言谈给默然拒绝了。因为他总是点点头，或者是微笑着打哈哈，不愿意深聊，以保持自己领导的威严。

那晚，当大家兴高采烈地从娱乐场所出来的时候，王大虎一个人悄悄地背着手，消失在了夜色中。事实上，他也很想高高兴兴地唱一首歌，跳一支舞，他也想肆无忌惮地和朋友们聊一些不着边际的话题。他的内心之中渴望这种快乐，但是，他却没有从扮演的角色中走出来，被自己的身份绑架了。

这天，闫磊要离开了，他语重心长地对王大虎说："大虎，我知道你现在是领导，是有身份的人，但是我只是你的朋友。"说完，拍了拍王大虎的肩膀，离开了。

那天，王大虎回去后，认认真真地想了一个晚上。第二天，他主动给以前的好朋友打电话，主动去关心他们，问候他们。渐渐的他身边的朋友又多了起来。

故事中的王大虎由于当上了党委书记，而成为了有身份的人，也正是他的这种身份，让他被"角色"牢牢地束缚住了，进而在社会生活中无法回归正常。在私人派对上拉一张党委书记的脸，将自己高高地架了起来，结果使得让别人远离他，不想再跟他接触。由此可见，当你回归到生活中的时候，就要放下架子，这样你和别人没有任何的差别，只有平等了才能相处和交流。在私人派对上，如何做才能放下身份和他人打成一片呢？

1.参与朋友们玩的游戏

一般情况下，朋友们聚在一起就是图个开心，如果你总是连朋友们之间玩的游戏都不参加，无异于把自己孤立在朋友们之外。这样你越加感觉和别人不一样，会让你所扮演的"角色"更加束缚你。如果你感觉自己从角色中出不来，那么不妨多参加朋友们之间的娱乐游戏，在游戏的轻松氛围中，你的角色会慢慢淡化，再加上娱乐中的互动，你和朋友们的情感会慢慢增加。

2.勿谈与工作相关的事

和朋友们在一起的时候，除非对方关心你的工作，一般情况下，不要谈及与工作有关的事宜。事实上，你的社会身份很大程度上是由你的工作给你加上去的。谈及工作，会让你更加注重自己的身份，注重自己的地位，从而没有办法跟别人站在平等的地位上交流和沟通，这样一来，你永远也不可能和别人打成一片。

3.不妨直呼彼此的名字

由于彼此之间身份地位的悬殊，所以别人对你总是毕恭毕敬，即使在私人场合也是如此，这就要求你主动告诉对方，可以直呼你的名字，你也应直接称呼对方的名字。事实上，这样无形之中把自己和他人放到了一个同等的水平上来沟通和交流，当大家把你当成自己人的时候，你自然和他们打成了一片。

4.允许自己犯点儿错误

因为你地位高，别人地位低，所以即使是朋友们，和你接触的时候，也会有所顾忌。这时候，你不妨故意在他们面前犯一点错误，这样让他们觉得你也是个和他们一样的人，而不是高高在上的领导或名流。当别人心里有这样的感觉时，自然对你会随意些，称兄道弟，把酒言欢。

❤ 商务晚宴上，看重场合也要轻松交谈

在职场中，为了应酬，免不了要参加很多商务晚宴。但是与会者不是领导就是客户，对于一般人来说，都需要非常尊重他们。因而免不了毕恭毕敬地去恭维他们。这样，在商务晚宴上，你几乎紧绷着神经，轻松不起来。

参加这样的晚宴，如果你一味紧张别人也会因为你的表情僵滞而对你不满。因而，在商务晚宴上，让别人感受到被尊敬固然重要，但是也一定要放松自己，只有真正地放松自己，你才会有迷人的微笑，才会让别人感觉到你满面春风而愿意接近你。

谢娜是某著名化妆品销售公司的销售员，她来公司刚刚只有半年，但是在她的努力之下，业绩不菲，在年度评选中被评为了最出色的销售员，获得了参加公司年度商务晚宴的机会。因为出席这次宴会的是公司的高层领导

和有一定实力的大客户。这对于处于基层的销售员谢娜来说，确实是莫大的荣耀。

这天晚上，她穿上了自己刚刚新买的高档连衣裙，认认真真地化了一个淡妆，穿上了水晶高跟鞋，看起来别有一番风味。到了晚宴开始的时候，她准时来到了现场。看着恢弘的场面，谢娜心里别提有多激动了，这可是她第一次出席这样的宴会。

突然，谢娜看到了总公司的董事长从远处走了过来，事实上他之前并没有见过，只是在公司的宣传材料上见过他的照片。她激动得手舞足蹈，董事长走到她的身边，彬彬有礼地说："你好，请问你是谢娜小姐吗？"

谢娜紧张地看着董事长，半天说不出话来。这时候，一边的董事长助理解释说："这是我们公司的董事长乔羽，待人非常和蔼，你放松一下，不要紧张。"

谢娜的心跳得不那么快了，她看着乔羽，木讷地点了点头。

乔羽温和地笑了笑，拍了拍她的肩膀，对她说："别紧张，我们会相处很好的。"

谢娜紧张的心再度平静了很多，她谨慎小心地说："乔董，我是第一次见您，您看起来比照片上更加和蔼可亲，更加魅力无穷。"此话一出，她就感觉说得不合适，因为董事长脸上的表情微微起了变化。

董事长转过神来，对她说："走吧，我去那边给你介绍一些公司的大客户，这对你以后的工作有很大的帮助。"

谢娜紧紧地跟着董事长，没再敢说话，几秒钟之后，董事长转过头来说："怎么不说话了啊，刚才聊得挺好的。"

谢娜有些不安，她看了董事长一眼说："乔董，我要是有什么话说得不合适的，您千万不要往心里去啊。"

董事长转过神来，微笑着说："放轻松一些，你想说什么就说什么，我不会计较的。"

听到董事长这么说，谢娜才放松了自己，和董事长天南海北地聊了

起来。

故事中的谢娜由于第一次参加这么正式的商务晚宴，也是第一次见到总公司的董事长乔羽，因而显得非常紧张，表现得毕恭毕敬。事实上，这在一定程度上阻碍了她和董事长的正常交流。后来，在董事长一再强调下，她才将自己放松，和对方进行了正常的交流和沟通。那么，在商务晚宴上，如何让自己既大方得体，又放松自己呢？

1.要自信，让自己表现得大气一些

由于商务晚宴一般都比较正式，而且都是有一定身份和地位的人参加，对于一般的公司员工来说，并不常参加。因此参加之后，往往非常紧张，甚至表现出一些小家子气。这样，会给别人留下不好的印象。所以，即使你是公司最普通的一个，也要有些自信，让自己表现得大气一些。因为你既然能参加这个聚会，说明你是得到公司认可的。

2.见了大人物，完全没有必要自卑

一般情况下，参加商务宴会的都是有头有脸的大人物。这对于基层的员工来说，平日里基本上见不到他们，更别说跟他们交流和沟通了。因此见了他们会非常激动，也非常紧张，不敢跟他们多说话，生怕自己哪句话说得不合适，引起对方的不满。事实上，大可没有必要。既然对方和你一起参加这个宴会，和你来进行沟通和交流，那说明对方降低了身份，把你当朋友一样。

3.保持微笑，用快乐获得别人赏识

在商务宴会中，如果你过于紧张，那么你的表情会将你的内心出卖掉。别人生怕让你尴尬，也不敢随便接近你。这样，你就失去了很多和公司高层接触的机会。所以，不管遇到多么有地位、有身份的人，都不要紧张，让自己放松一些，用你的快乐情绪来吸引别人接近你，这样你在职场上的机会才能更多一些。

❤ 应酬场合，酒在尽兴

说到应酬酒席，这让很多人痛苦不堪。因为在酒桌上应酬的时候，别人会三番五次地找各种各样的理由来给你敬酒、劝酒。觉得没把你灌醉，就是心不诚。在这种情况下，尽管你已经酒醉八分了，还是得不停地喝。

事实上，别人给你敬酒，敬的是这份情。因此，在你挡酒的时候，也要明白，你可以不喝，甚至少喝，但是却不能拒绝别人对你的这份尊敬，挡酒不挡情，让对方尽兴，自己高兴便可。

赵华最近刚刚复员，回家后准备自己创业。他有个非常要好的朋友叫邓金凯，得知赵华回到老家后，他联系了很多之前的好朋友为赵华接风洗尘。那晚他们在附近不远的酒楼里见了面。好朋友久别重逢，自然聊的话特别多。

大家你一言，我一语聊得非常投机。期间不时有朋友站起来，为赵华敬酒，由于之前都是铁哥们，感情特别深，于是赵华只好来者不拒，半个多小时，就感觉有一些招架不住了，可是朋友们的热情高涨，不断说出各种说辞来给他敬酒。

赵华依旧是来者不拒，但是他接过酒杯之后，将酒杯里的酒倒在了酒盘一些，这样他在一定程度上少喝了不少酒。可是，朋友们的热情似乎依旧在不断高涨。这让赵华有些招架不住，他站起来说："这么多年，我一直在外面，疏于跟哥几个好好地沟通感情，实在对不住啊。现在我自罚三杯，以表达我的歉意。"说完，满满的喝了三杯酒。

接着，赵华继续说："哥几个对我的情意，让我非常感动，来日方长，我们好好地处，我要用我的实际行动来报答兄弟们的这份热情。"

邓金凯一听，明白了赵华的意思，他笑着说："怎么着，赵华，喝了这么点酒就想溜啊，太驳我们的面子了吧，我们可都是准备好了，今晚上不醉不归的。”说着，端着酒盘走到了赵华面前，说道：“来啊，华哥，别给兄弟们丢人，咱俩响一个。”

赵华瞪了邓金凯一眼，端起酒杯，在嘴上抿了一下，悄悄地放在了酒盘里。邓金凯见赵华确实有几分醉了，也会意地笑了笑，没有说什么。

紧接着，朋友们一个个地接着来碰杯，邓金凯端着酒盘，负责倒酒。赵华每次都端着酒杯，在嘴上抿一下，事实上，朋友们都看在眼里了，但是谁也没有说破，而是继续在不断地给他敬酒。就这样，大家的感情在不断敬酒和碰杯当中增强了很多。

故事中的赵华，在深知自己已经有八分醉的时候，由于无法拒绝朋友们的盛情，只好采用了措施，既少喝了酒，又照顾了朋友们的面子。挡酒不挡情，让大家尽兴而归。由此可见，酒有时候不仅仅是酒，更是别人的一份真情。拒绝酒可以，但是拒绝别人的真诚却怎么也说不过去。那么，如何做才能挡酒不挡情，让别人尽兴呢？

1.别人的敬酒，要端起但不喝

别人给你敬酒，那么代表的是别人对你的尊敬。一般情况下，这样的酒是必须要喝的，而且无论如何也是要喝的，否则就是心里不喜欢敬酒者，对敬酒者有意见，所以敬酒一般是最难拒绝的。但是如果你真的喝不了了，可以将别人敬的酒端起来，意思一下，这样既接受了别人的这份情感，又少喝了酒。当然除非在万不得已的情况下才可以这样，要是平常，别人会觉得你不懂得尊重别人。

2.别人的干杯，相碰可少喝些

一般情况下，碰杯代表着友好和平等，是朋友们喝酒时候的一种方式，因此要求满杯喝，表达着朋友们之间坦诚相待。但是如果你真的喝不了了，也可以适当地征求对方的意见，在对方允许的情况下，可以适当地喝半杯。这样，既接受了对方的友善，又少喝了酒。当然，这要事先征求对方的意见。

3.适当的时候，可以以茶代酒

有些人对酒精过敏，天生喝不了酒，但是很多时候，朋友们之间的情意

就是靠酒来传递的。这样的情况下，你完全不必非要冒着生命危险去喝酒，可以向朋友们说明情况，以茶代酒，这样既联络了和朋友们之间的感情，又挡了酒。当然，这种情况在朋友们都确认真实的情况下才行，如果弄虚作假，逃避喝酒，则会惹起朋友们的愤怒。

4.对于劝酒的话，要灵机回敬

有些人特别会劝酒，在他们劝酒的时候，如果你不喝，似乎对不起大家，但是如果你一直喝下去，势必会大醉。他们的话中往往带着深情厚谊，这时候，你就要学会在言语上和对方过招，既能维护和增强彼此之间的情意，又能少喝酒。当然，具体的话还要临场发挥。

❤ 公司聚餐时，与同事多联络感情

同事之间，由于存在着竞争，所以彼此之间或多或少都存在着各种矛盾，这在工作当中都不利于团结一致。因此公司为了改善同事之间的关系，总会时不时地举行公司聚餐，通过聚餐加强同事之间的情感沟通，增加同事之间相互配合的默契度。

但是也不可否认，同事之间的很多是非也源于公司聚餐，由于吃饭的时候，寒暄客套的话说得不入耳，让同事记恨在心。或者是在恭维领导、拍马屁的时候，无意中伤害了同事的心，这样的事情比比皆是。

黄艾是某房地产公司的销售员。她来到这家公司差不多整整有一年的时间了，尽管她销售额是公司内最高的，可是没有得到过任何的奖励或者是表扬，就连公司每年一次的提升机会也被别人给抢走了。为此，黄艾内心深处有些不满。

后来，她明白了。所有的好处都与自己无缘，那是因为自己的性格太倔强，不会和领导搞好关系。于是，在这次总公司组织的员工聚餐时，她想趁此机会，好好地把自己的领导恭维一番，为下次的升迁早做准备。

因此，在入座的时候，黄艾故意坐到了销售经理的边上。开餐之后，黄艾不断地给经理夹菜倒酒，尽献殷勤，这引起了别的同事们内心的不悦。但碍于经理在场，也不好说什么，所以，大家都很少说话，只顾着吃饭。

黄艾一边为经理夹菜，一边恭维道："经理，您人长得漂亮，再配上精致典雅的小西服，实在是太有气质了。您是怎么打扮自己的，给我们也说说嘛。"

经理听得心花怒放，笑着说："也没什么，你只要按着自己喜欢的模式去打扮就行了。"

黄艾给经理倒了酒，又恭维道："是吗？您按着自己喜欢的方式打扮自己，就如此超凡脱俗，那说明您的品位和涵养真是我们无法企及的，怪不得我们怎么收拾也看起来土了吧唧的。"

……

黄艾的话让经理听着非常舒服，可是让别的女同事听着就特别别扭，因为她在恭维经理的时候，连带着把同事们全部贬斥了一通。

从那以后，黄艾虽然得到了经理的重视，但是却因此而得罪了同事们，在此后的工作中，大家对她都很敌对和排斥，有好几次，由于大家都不帮助她，导致丢失了客户。她再也不是公司里的销售天才了。

后来，她如愿以偿地获得了提升的机会，但是她却不得不辞职，因为大家根本就容不了她，总是找各种各样的理由来和她作对。这使得她根本没有办法正常展开工作，每天生活在大家的哀怨之下，非常痛苦。

故事中的黄艾在公司聚餐的时候，为了讨好和恭维经理，说话的时候得罪了同事们，导致了最终她不得不离开公司的结果。由此可见，公司聚餐是个增进彼此之间情感的机会，但也是个产生矛盾的端口。因此，说话的时候要注意措辞，把话说到同事们的心坎上，增进彼此之间的情感。切不可因为口无遮拦，得罪同事，给你之后的工作和生活带来麻烦。那么，如何才能把话说到同事的心坎上呢？

1.多强调集体的利益

在公司聚餐的时候，不管是平日里关系好的人，还是关系不好的人，都要坐在一张桌子旁。这时说话的时候，一定要格外小心，一定要避开彼此之间的矛盾和冲突，多强调维护集体的利益，这样，同事们之间就会暂时放下隔阂和不满，大家的共同欲望被调动了起来，凝聚力就会增强。

2.表达互相帮助意愿

任何一个岗位，都需要大家的帮助，才能更好地开展工作，这一点你明白，大家也都明白。因而，完全可以借着这个机会，向同事们发出倡议，互相帮助，共同发展。在这个美好愿望之下，大家一般都不会反对，因为对自己来说也是有好处的。这样一来，集体的凝聚力便会增强，内耗可减少到最小。

3.将功劳和大家分享

在公司里，任何一个人取得的成就都少不了大家的帮忙。因此，在公司聚餐中，领导表扬你的时候，不要把功劳一个人全揽，要感谢领导的指导，感谢同事的帮助。这样你把功劳和大家分享了，同事们自然会记着你的好，继而增强对你的帮助，即使没有帮助过你的人，也因感到内心有愧，而在日后帮助你。

4.说话顾及大家感受

在公司聚餐的时候，公司的领导全在，同事们也都在，所以场面相对来说较为正式，在这样的场合之下，说每一句话的时候都要多考虑一下，顾及到大家的感受。或许你说话的时候并没有所指，但是别人听了或许会有别的想法和看法。这样，就会增加同事们之间的矛盾和隔阂，不利于公司内部的团结。

❤ 与客户会谈，多从客户角度说展现贴心服务

身在职场，跟客户打交道是在所难免的事情。但是有些人和客户接触的时候，非常受客户的欢迎，也很快地能取得跟客户的合作。有些人却让客户非常反感，致使和客户的合作一度受阻，给公司带来巨大的损失。

之所以会出现这样的情况，不是因为他们适合或者不适合跟客户打交道，而是因为他们会或者不会和客户打交道。前者之所以受客户的欢迎，那是因为他们懂得倾听，他们习惯了微笑，他们总是在替客户着想。试想这样的职员，怎么不招客户喜欢呢？

一次，张婷去拜访一个装修公司的经理，想要给他推销地板。据说这个客户非常难缠，很多销售员都在他面前灰溜溜地被赶出来了。

所以，张婷这次去也没有抱太大的希望。当她微笑着敲开了这位经理的办公室大门之后，经理对她非常热情，又是端茶倒水，又是嘘寒问暖。这反倒让张婷有些不习惯。但是毕竟客户是真心关心她，因此张婷内心还是非常感动的。

随后，张婷表明了来意，经理笑了笑，说："我们已经有了合作的厂家了。"

张婷从经理的话里听出来，他在撒谎。于是张婷说："据我了解，你们公司多装修的是一些高档居民楼，所以我觉得你们更需要一些高档的木质地板。"

经理说："为什么这么说啊？现在的 PVC 地板不是也很流行吗？"

张婷知道这是经理在考自己，于是她笑着说："PVC 地板一般都在一些公众场合用，家庭用户一般都很少用的。"

还没等张婷继续往下说，客户就开始说了，说自己的家庭生活，妻子多么贤惠，孩子多么懂事。说到高兴处，客户眉飞色舞，手舞足蹈。而张婷只

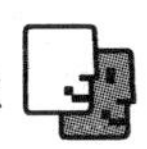

是静静地听着，偶尔点点头微笑一下，表示认可和肯定。

一个小时过去了，两个小时过去了，客户说完了家庭，说事业。说这些年自己如何一步步地走来，经历了多少的艰难和困苦，如何将公司一步步地做起来。说到难过处，客户黯然泪下，张婷适当地说了几句安慰话。

整整三个多小时，客户一直都在不停地说，张婷只是静静地听着，偶尔问几个简单的问题。最后，客户说不动了，该倾诉的都倾诉了。张婷微笑着接过话头，说："经理，你看我们之间的合作……"

客户转过头来，二话没说，就签下了一笔不小的木地板的订单。

故事中的销售员张婷在拜访客户的时候，总是面带微笑，让客户感觉到她很友善，总是能替客户着想，温暖客户的心；总是能认真倾听客户，让客户觉得受到了尊重。由此可见，很多时候，客户需要的或许不是产品有多么好，合作的利润有多么大，他们需要的只是一份尊重，一份温暖。那么，销售员在和客户接触的时候，到底该如何让客户感受到那份尊重呢？

1.保持微笑，向客户传达你的友善

一般情况下，当你面带微笑的时候，你向别人传达的是你的友善。尤其是初次见面的人，你的友善直接会换来对方的友善。对于和客户打交道的销售员来说，你的一个真诚的微笑，可以迅速地拉近和客户的心理距离。没有人会拒绝一个友善的人，客户也不例外。所以，从一定程度上讲，你的真诚微笑就是打开客户心灵之门的金钥匙。

2.认真聆听，让客户满足表达欲望

客户需要产品，更需要朋友，更准确一点说应该是像朋友一样的倾听者。事实上生活在这个世界上的人，谁没有故事呢？遭遇了太多生活的磨难，总希望能够说出来，有人分担，获得了成功的喜悦，总希望有人来分享。客户也是人，也需要情感上的慰藉。因此，作为和客户打交道最多的销售员，不妨做个倾听者，满足客户的表达欲，说不定你的单子就在这个过程中悄悄地做成了呢。

3.换位思考,站在客户立场想问题

往往在销售当中,客户想要物美价廉的商品,而销售员想要客户口袋里的钞票,结果客户和销售员之间形成了一种博弈的态势。如果这个时候,你站在客户的立场上,真正急客户所急,想客户所想,那么无形之中就和客户站在了一条线上,将这种博弈的态势变成服务合作的态势。客户自然愿意和你接触和交往了。

4.表达关怀,用你的热情温暖人心

客户就是上帝。实际上,说白了,客户需要的就是销售人员的这份热情,这份尊重。销售人员热情一些,在客户的心里,就收到了礼遇,受到了尊重,从而愿意和销售人员继续谈下去,愿意合作。事实上,这只是客户的一个本能的需求。谁又喜欢跟一个板着脸,问话爱答不理的人合作呢?所以,作为一个销售人员,对待客户要有足够的热情,用你的热情去感化客户。

❤ 朋友聚会上,多说贴心话加深关系

在社会上生存,人是少不了朋友的。因而平日里我们总会隔三差五地将朋友约出来,聊聊天,谈谈心、沟通感情等等。但是,在和朋友聚会的时候,如果你还是藏着掖着,戴着面具生活,那么势必会引起朋友的不满。在为朋友出谋划策的时候,总是敷衍塞责,不说实在话,那么时间久了,朋友也会变得陌生。

代善、刘永以及王晓是非常要好的朋友。他们从小学,一直到大学,从来没有分开过,所以感情非常深厚。用刘永的话说,代善和王晓就是他的左膀右臂,只要他们两个有事情,他会第一时间赶到他们身边。

当然,对于代善和王晓来说,他们对刘永也有着同样的情感。但就是这样一种刀割不断的兄弟情义,最近却出了问题。

原来那天,代善工作中出了不小的纰漏,导致同事受伤住了医院,巧的

是，这位同事的血非常特殊，医院一时半会找不到同类血型者，眼看着同事生命垂危，代善怎么也坐不住了，要是真出了什么事，那他肯定是难辞其咎了。

这天傍晚，他将刘永和王晓约了出来，将自己的烦恼一股脑地说了出来，征求他们两个的意见。王晓想了想说："现在唯一的办法就是尽快找到同类血型者，我想我们可以发动身边更多的人去寻找，也要在网上发布同类的帖子，寻求网友的帮助。我们尽最大的努力去救人。"

刘永半天没有说话，在代善的一再催问下，他说："这种事情就是天灾人祸，怎么就那么巧啊，刚好碰上个另类，我看你这个坎是迈不过去了。"

代善的脸色变了。他没有想到自己的好兄弟竟然会说出这样的话来。王晓也听着不入耳，指责刘永说："你这人怎么这么说话呢，遇到这种事情谁愿意啊！咱们三个是最好的兄弟，现在代善出了事情，我们应该齐心协力想办法去帮助他，而你竟然在这里讽刺挖苦他。"

刘永辩解道："我心里也在着急呢，不是这没办法可想嘛。"

这时候，王晓突然眼睛一亮，叫道："刘永，我记得你女朋友好像就是特殊血型啊，你说会不会和这个人的血型相似啊？"

代善也来了精神，急忙说："刘永，赶紧打个电话问问呗，要是同类血型的话，那可真是老天有眼啊。"

刘永很不情愿地说："哪能那么巧啊，再说了即使是同类血型者，她也不能献血，她最近在准备考研呢，抽了血，耽误了学习，谁来负责啊。"

代善一听，什么话也没有说，悄悄地离开了。王晓狠狠地瞪了刘永一眼，紧跟着代善走了。从那以后，他们再也没有和刘永联系过。

故事中的刘永在好朋友代善遇到麻烦时，向他征求意见和建议的时候，不但没有提出实在的建议，反而说一些不咸不淡的话，在他能尽自己的力量帮助朋友的时候，却百般推辞。这样的朋友交往下去也确实没有意义。由此可见，当你和朋友聚会的时候，贴心窝子的话一定要说得真诚，实实在在地为对方着想。这样才能增进友情。那么，如何做到这一点呢？

1.坦诚的心是说实在话的前提

朋友之所以经常聚会,是因为彼此重视这份友情,愿意花一定的时间来经营。既然是为了增加友情的分量,那么在一起的时候,就要彼此坦诚,这是最起码的前提和必备的条件。如果你和朋友在一起的时候,总是戴着面具,对于朋友的事情,总是敷衍塞责,那么友谊也就失去了营养和水分,大家也就没有必要待在一起增进感情了。

2.设身处地地体会朋友的感受

既然是要好的朋友,那么在朋友聚会的时候,就要设身处地地体会朋友的感受,理解你的朋友。这样,你所说出来的话才够实在,才能在一定程度上温暖朋友的心。要不然你总是以你的感受和观点来生搬硬套到你的朋友的身上,让你的朋友感觉到心灵很孤单,你所说的话在他面前也会失去作用。

3.站在朋友的立场上出谋划策

每个人所处的位置不一样,看到的东西也不一样。同样,朋友们聚会的时候,对方所站的立场和角度不一样,所需要的建议和意见也不一样。这就需要你站在朋友的立场上来提一些切实可行的方法和策略。如果你站在自己的立场上,说一些天马行空的话,可能对你来说有用,对你的朋友来说,未必有用。

4.对待朋友要像对待自己一样

这个世界上,人最爱的人还是自己。如果你对待朋友像对待自己一样、那么你在对朋友说贴心话的时候,自然会真诚,够实在。因此,在和朋友聚会的时候,要把你的朋友当成你自己一样去爱,即使你提的建议和意见,不被朋友所采纳,但是你的真诚一样会被朋友所欣赏和喜欢。

❤ 外出郊游时,多寻求一些娱乐轻松的话题

生活中,免不了时不时地出去郊游一番。但是,在郊游中,如果总是说

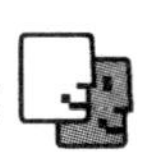

一些非常严肃的话题，那么大家的心情一样会很沉重，郊游也就失去了意义。所以，外出郊游的时候，不妨放松一下，多聊一些吃喝玩乐等轻松一些的话题，让自己的心彻底放松放松。

这个周末，黄玉约了几个姐妹一起去郊外放松心情。当然，黄玉的男朋友杨军也在其中。一伙人嘻嘻哈哈，好不热闹。

由于一大群人中，只有杨军一个男的，再加上他不爱说话，尽管和黄玉的姐妹已经非常熟悉了，但是有他的存在，依然感觉有些沉闷。黄玉有个叫邓婕的朋友，脾气非常直，说话也很直接，她对杨军说："帅哥，讲个笑话呗，你这样傻坐着，让我们几个女孩子看你，你不觉得吃亏啊？"

大家嘻嘻哈哈一阵玩笑。杨军被说得多少有点不好意思。于是他想了想说："我天生最笨，不大爱讲笑话，我给大家说说我身边发生的一些有趣的事吧。"

难得杨军有想要多说话的时候，因此大家都非常期待。

杨军清了清嗓子说："我们单位有个小伙子，非常喜欢炒股，前个阶段看他炒股赚了一大把，所以我也心痒痒了，在他的建议之下买了一万多块钱的股票。结果刚买了之后不到两个星期，股票大跌，我那一万多块钱的股票，顿时变成了两千多块，被死死地套在了里面。卖了吧觉得太亏了，不卖吧，一直套死在里面，觉得挺可惜的。我那个同事还一个劲地笑话我运气背呢……"

杨军一个劲地说着，黄玉和她的一些姐妹早已听得昏昏欲睡了。她们本来高涨的热情也被杨军的一番话浇灭了。杨军的话说完了，大家没有任何的表情。杨军觉得很没趣，也自觉地闭了嘴。

很快，他们到了郊外，郊外的空气很清新，可是大家都没有了尽情玩耍的心情，本想着去吃自助烤肉呢，肉考上了，谁也没有兴趣吃了。他们待在那里你看看我，我看看你，谁也不说话。

那天，他们的郊游在沉闷的气氛中结束了。回去之后，黄玉狠狠地骂了杨军一顿。

故事中的杨军在郊游的时候，由于谈及的话题过于无聊和乏味，从而影响了大家的游玩心情，结果让一次本来很放松的郊游，在沉闷的气氛中结束。由此可见，在外出旅游的时候，最好多准备一些轻松快乐的话题，这样可以在一定程度上激发大家的游玩兴致。那么，在游玩之前，要通过怎样的途径多准备一些轻松愉快的话题呢？

1.多关注身边发生的有意思的事

生活中，每天都会发生很多有意思的事情，只要你足够的敏感，多加留意，你会发现你的周围有很多事情都能让你捧腹大笑。平日里多留意一些身边有意思的事情。这样，在你出去游玩的过程中，如果不知道聊什么话题，不妨说出来逗乐取笑。这样，大家的心情会因此而更加高兴。

2.多看幽默和搞笑的书籍和电影

一般情况下，幽默的话和幽默的事情，往往能瞬间让大家的情绪迅速地放松下来。因此，在出去旅游的时候，不妨多看一些幽默和搞笑的书籍或电影，以增加自己的幽默的情绪，当然，幽默不是一时半会所能培养出来的，但是却能在一定程度上缓解你呆板和枯燥的情绪，在给不了大家轻松愉快的感觉的同时，也不会给大家增加压力。

3.要多记住几个经典的搞笑段子

生活中，一些比较经典的搞笑段子，往往是家喻户晓，非常经典，在出去游玩之前，不妨花点心思，记住几个比较经典的搞笑段子。这样，当你和别人之间没有话题可聊的时候，不妨说出来，缓解彼此之间的情绪。尽管这些段子已经是家喻户晓了，但是说出来的时候，一样具有可笑的成分，一样可以让彼此之间的情绪得到高涨。

4.不妨多准备几个轻松些的游戏

如果你实在没有什么好玩逗乐的东西可以准备，那么不妨准备几个轻松愉快的小游戏，比如打扑克牌。这样，当你和别人感觉没话可说的时候，不妨玩这个游戏，在游戏当中一样可以激发对方的玩乐情绪。这与郊游的目的一样，当然，玩的游戏一定要有意思，如果是动脑子的游戏趁早别准备。

❤“识时务者为俊杰”，交际场合别只顾自己喜好

生活中的每一个人都有自己的个性和喜好，但是有时候你的这些特点却成了人际交往中的障碍。不可能生活都能顺从你的意愿，要想被别人欣赏，被别人接纳，那么我们就要委屈自己，适当地妥协，抛下你的个人喜好，主动去迎合别人，让别人喜欢你。正所谓“识时务者为俊杰”说的就是这个道理。

段春和狄英是经过别人介绍认识的，一见面，两人就被彼此身上的气质深深吸引住了。段春才华横溢，谈吐不俗，而狄英生性洒脱，不拘形式。两人可谓是臭味相投，一拍即合。在见面后的第二天，两人便很快地确立了恋爱关系。

像所有恋爱的人一样，他们开始频繁地约会。两人常常腻在一起，手牵手逛街，在公园里卿卿我我。时间一晃，两个多月过去了。两人约定，如果他们能坚持到第三个月，那么他们便踏上婚姻的红地毯，毕竟两人的年龄已经不小了。

可是，就在段春期盼着的第三个月马上结束的时候，事情却悄悄地发生了改变。他约了好几次，狄英都以各种理由拒绝和他继续约会，在段春的再三追问之下，狄英才告诉了他自己的真实想法。

原来，段春平日里随心所欲惯了，不大爱收拾自己，而狄英却是个非常爱面子的人，很多次，狄英带着段春见了自己的朋友，朋友们在后面指指点点地说了一些不中听的话，这让狄英很没面子。

除此之外，段春喜欢无拘无束的生活，而狄英却喜欢按部就班地过循规蹈矩的生活，因此，狄英觉得和段春之间可能有不可调和的因素。因此有了想分手的念头，这对段春来说是个不小的打击。

得知这个情况之后，段春刻意将自己精心地收拾和打扮了一番，来到狄英经常路过的地方耐心等待着。狄英下班回来的时候,看到了面貌全然一新的段春,知道他愿意为了自己改变,感到非常的欣慰。

从那以后,段春每次出去和狄英约会的时候,都会刻意将自己收拾得非常精神。尽管他感觉到特别的不舒服,但是他还是愿意为了狄英而改变自己。而且在狄英的强烈要求下,段春也过上了按部就班的生活。

很快,三个月的时间过去了,段春和狄英牵手走上了红地毯。

故事中的段春,为了获得狄英的爱情,终究放下了自己返璞归真、随心所欲的生活模式,主动向狄英迎合,最终成功地和狄英牵手走进了婚姻的围城。由此可见,生活中适当地妥协才能赢得生活的和谐,毕竟每一个人能有自己的思维方式,会妥协的人才能更好地生活。那么,在抛弃个人喜好,适度妥协时要注意哪些方面的问题呢?

1.妥协的同时也要坚持原则

对于一些基本的生活习惯、爱好,完全可以更改,以妥协的姿态来迎合别人,因为习惯可以变换,喜好可以培养,但是,对于一些做人做事的原则问题,则不能随便妥协,因为这关系着你的人品和道德,这是做人最起码要坚持的东西。如果连做人做事的原则都能随便更改和妥协,那么也就失去了一个人最起码的尊严。即使妥协了,对方也不会尊重你。

2.即使要妥协也要摸清底线

正所谓"识时务者为俊杰",适当地妥协,可以让你更好地被别人所接受,但是即便是妥协,也要识"时务",也就是要摸清对方的底线。否则,一旦妥协过了度,那么受伤害的自然是你自己。因此,在采用妥协的策略来迎合别人的时候,不妨先摸清楚对方的底线,妥协得恰到好处,才能在人际关系的交往中游刃有余。

3.妥协的同时追求最大回报

既然是要妥协,那么说明双方是在博弈。你不能白白作出妥协,在你作出妥协的同时,要追求最大的回报。这样,在你受到委屈时,也能获得相应的补偿,事实上,对你来说,也是最后的赢家。因此,在你准备以妥协的姿态

来迎合别人的同时，也要向对方提出适当的要求。

4.即使是妥协也不一步到位

当对方向你提出意见和想法的时候，即使要妥协，也不要一步到位，要一步一步来。这样，在这个过程中，你可以最大化地采用迂回的策略坚持自己。否则一步到位地妥协了，让别人觉得你被对方所征服了，很有可能对你变本加厉地提出更大的要求。这样，你的妥协也就失去了最终的意义。

第7章

贴心交际，多维护他人面子能赢来朋友

通常，我们都会去帮助自己的朋友，为他们圆场子，让他们避免陷入尴尬的境地。同样，如果在与陌生人接触的过程中，你也能为他们维护面子，那么，无疑你在对方心里便是值得信赖的人，靠得住的人。试想，遇到这样的人，谁又不去主动和你结交呢？所以，在人际交往中，要学会照顾他人的面子，学会理解别人的情感。这样，你一样会被别人所接受和欣赏。你会慢慢地发现，你的人际关系会越来越广。

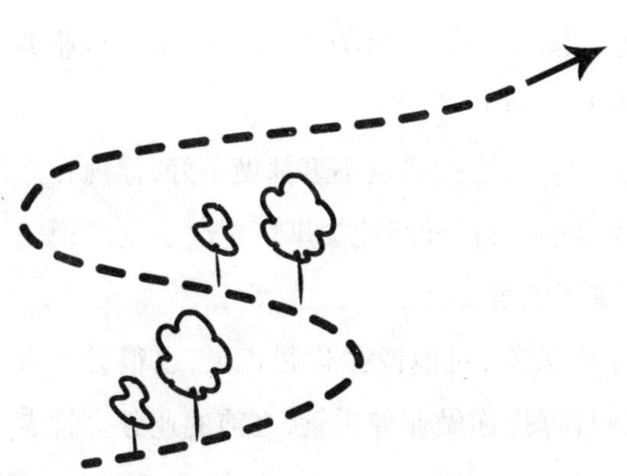

❤ 顾全他人的面子，让人感受到你的贴心

很多时候，在生活中我们都会因为这样那样的原因，在人多处犯一些低级的错误，从而陷入尴尬的境地，如果这时候没有人来及时为自己解围，那么无疑会让自己颜面尽失，威信扫地。而往往这时候，及时站出来为你化解危机的人，将会被你当做心腹和最信赖的朋友对待。

阿旺是某食品销售公司的销售员，他来到公司仅仅三个月的时间，就当上了销售主管。这确实让人羡慕。比起业绩来，阿旺做得并不好，而且相对于别的销售员来说，有点差，但是他却很懂事。或许这就是他得到提升的原因吧。

有一天早上，公司按照惯例要给销售员开晨会。会上经理要对前一天销售员的业务状况作分析和讲评。当经理对阿旺的情况作分析的时候，却将阿旺两个客户遇到的不同情况混淆了起来，事实上，阿旺前天晚上提交的业务总结单上已经写得非常清楚了，经理也不是真的迷糊了，而是一时口误给说错了。

经理也意识到了自己的失误，停顿了下来不知道该如何是好，继续说下去吧，无异于掩耳盗铃，让下属笑话，不说吧又没法合理结束，因而站在那里不知如何是好。这时候阿旺迅速站起来，说："对不起，经理，我昨天写业务总结单的时候，将两个客户的情况写颠倒了。"

经理顺势说："你怎么不小心一些啊，连这么点小事都做不好，你现在立即给我重新填一份表，并写一份深刻的检讨，杜绝此类事情再次发生。"说完这话，经理望了阿旺一眼，眼里充满了感激。

当天下午，经理将阿旺叫进了办公室，对他说："你很机灵，也很会办事情，业务也做得不错，好好表现，我打算提你做业务主管，之前的业务主管表现不佳，我打算撤掉他。"

阿旺明白经理所说的是什么，高兴地点了点头说："谢谢经理的栽培，我一定好好表现，不辜负经理的厚望。"

没过多久，阿旺真的被提升当了业务主管，所有的销售员都归他管理，一下子当上了领导，这让阿旺还真有点不习惯。当别的同事们向阿旺询问如何当上这个业务主管的时候，阿旺露出了诡秘的微笑。

故事中的阿旺在经理无意间犯了低级错误，陷入尴尬之后，迅速站出来，承担了责任，化解了经理的尴尬，为经理铺下了台阶，从而维护了经理的颜面。或许这就是他能够被提升的原因。由此可见，在别人陷入尴尬之后，为别人顾全面子，才能赢得对方的感激和信任。那么，究竟如何做才能顾全别人的面子呢？

1.积极站出来承担责任

当一个人由于不小心犯了低级错误之后，陷入尴尬，这时候要不让别人说你水平低，只能是从源头上找错误。尤其是自己的领导犯了错误之后，作为下属的你要及时出现承认错误，承担责任。就如同故事中的阿旺一样，将领导的错误归咎在自己的身上，成功地为领导化解了尴尬，领导自然会信任他、重用他。

2.为别人的错误找理由

事实上，当一个人犯了错误之后，最想做的就是为自己找一个合理的理由，让别人觉得犯错误也是合情合理的。当然，这时候对方解释往往会遭到别人的质疑。如果是当事人之外的人说出一个合乎情理的理由，那么大家便不会再计较于此。因此，当对方犯了错误陷入尴尬之后，要及时地找个合情合理的理由为他人开脱。

3.制造混乱转移注意力

人之所以陷入尴尬，是因为你犯了错误，而大家又都明白和洞悉，这时候不妨制造一些混乱，转移大家的注意力，当别人不注意你的时候，你的错误事实上也就不是错误了。所以，当你发现别人出现了错误，陷入了尴尬之后，不妨制造一些混乱，转移大家的注意力。

4.混淆对错为别人开脱

当一个人犯了一个不该犯的错误之后，有时会遭到别人的嘲笑，这时候，如果能将这个错误由特殊化变为普遍化，那么显而易见，对方犯的错误也就得不那么显眼了，别人也会原谅对方了。所以，当你发现有人犯了一些不该犯的错误而陷入尴尬的时候，迅速地作出回应，将这种错误常态化，为对方化解危机和尴尬。

❤ 他人遭遇尴尬，如何巧设台阶

谁也不想自己陷入窘境。但是很多时候，人没有办法预知未来。生活中的人们，随时随地都有陷入窘境的可能。在关键时候，要站出来为对方圆场，因为善待别人的人也是在善待自己。当你在对方陷入尴尬的时候，挺身而出，帮助别人，那么对方没有理由不把你当朋友。而且对方因此而信赖你，觉得你是个靠得住的人。

莉莉和阳阳是同学，两个人的学习都很好，考试中全班考试成绩第一、第二总是在她俩中产生。由于她们之间存在着竞争，所以她们常常把对方定格为对手，平日里很少说话，就连吃饭的时候也一样，要是万一碰在一起，她们也会迅速分开。可是莉莉天生善良，不想和别人成为对手，对待阳阳，她表现出分外的友善，可是阳阳始终对莉莉横眉冷对。

这天，大家都在教室里学习，不一会儿，阳阳慢慢地推开门走了进来，莉莉抬头看了看她，友善地笑了笑，可是阳阳假装没看见，径直走到了自己的座位上。很快，莉莉发现阳阳的裤子后面似乎好像有什么东西，仔细一想，顿时明白了，可能是阳阳的月经来了，她自己不知道，弄到裤子上了。

想到这，莉莉悄悄给阳阳写了个纸条：下课别走，你裤子上有东西。阳阳看到这个纸条后，先是一愣，很快明白了过来，原来月经提前来了，自己不知道，弄到了裤子上。一向很要面子的阳阳陷入了尴尬，不知道究竟该怎么

做，那节课老师讲了什么，她都没有听进去。

下课后，莉莉走了过来，把自己的外套给了阳阳，说："把这个围在腰上，别人就看不见了。"阳阳感激地望着莉莉，说了声："谢谢。"

就这样，阳阳围着莉莉的外套，把屁股裹得严严实实的，自然弄到裤子外面的经血也被藏在了里面。大家看到阳阳都觉得她很新潮，并不知道她这样做的真实目的。回到宿舍之后，阳阳迅速做了处理，之后把外套还给了莉莉。

从那以后，阳阳和莉莉成了无话不谈的朋友，尽管大学毕业已经很多年了，好些昔日的朋友也都淡化了关系，但是阳阳和莉莉一直都在联系着，因为在她们心里，对方是自己最要好的朋友，这份友情是无论如何也不能丢掉的。

故事中的莉莉，在发现了阳阳将经血弄到裤了上之后，迅速通知了阳阳，并且及时帮助她化解了尴尬，因此，两人不但化解了矛盾，而且成了最要好的朋友。由此可见，在别人遇到尴尬的时候，及时站出来帮助对方，才能赢得对方的信任，赢得他们的感激。那么，在他人遇到尴尬的时候，如何巧妙给人台阶下化解矛盾呢？

1.站在他人的立场上去理解别人

很多事情，你不是当事人，当然没有办法理解对方的感受，当对方陷入窘境后，一定要理解对方的那份难堪和尴尬，当你明白和理解了对方的感受后，你就会有了想要帮助别人的念头，因为换个角色，如果对方是你，你一样希望能得到别人的帮助，希望能尽快走出窘境。只有这样理解别人，才能让别人信任你。

2.想尽一切办法来给予对方帮助

当你发现对方陷入尴尬之后，要尽快替对方想办法化解危机。多一个人就多一份力量，就如故事中的莉莉一样，把自己的外套脱下来让阳阳裹在屁股上，避免尴尬。或许正是因为你的办法或者主意帮助了对方。即使你一时半会想不出好办法，但是别人也会因为你为他着急而心存感激，继而信任你、接纳你。

3.千万不要将对方的窘境扩大化

当一个人陷入尴尬之后，最不希望的就是被人发现。当你发现了之后，在积极想办法替别人解决问题的同时，尽量帮助对方保守秘密，将尴尬的程度减小到最低。这样，即使你没有帮任何的忙，别人也会感激你、信任你，因为你替他保守秘密，实质上就是在化解尴尬，是在变相帮助他。

4.真诚地给予对方语言上的安慰

任何人都不想遭遇尴尬，但是生活有太多的不可预见。当陷入尴尬之后，人往往比较紧张，六神无主，这时候最希望得到别人的帮助和安慰。因此，在别人陷入尴尬之后，除了积极地寻求解决问题的办法之外，还要给予对方语言上的安慰，稳定对方的情绪。事实上，这也是在帮助别人。

❤ 对方犯错，直接批评不如委婉暗示

人都不愿意承认自己比别人弱，即使是自己真的做错了，也不希望别人说。毕竟被人否定是一件让人难受的事。所以，很多时候，对方犯了错误，不好意思直接指出来，不说又很为难。这时候，不妨用巧妙的方式和方法暗示对方，让他明白自己的错误，这远比直接指出要高明得多，同样也不会伤害别人的感情，引起别人的不满和抱怨。

宇峰和妻子是大学同学，两个人在大学里谈了三年的恋爱，毕业后，为了爱情都留在了上海。宇峰的妻子叫做袁芳，以前在大学的时候，袁芳就是个很爱美的女孩，每个月的生活费，她总是会把一多半花在穿衣打扮上，宇峰追求她的时候，也总喜欢让宇峰给自己买这买那，那时候宇峰虽然不是很宽裕，但也还是会竭尽所能地满足袁芳的要求。

结婚以后，小两口的生活仍不是很宽裕。当初结婚时，宇峰自己在这座城市按揭买了一套一室两厅的房子，不但要还房贷，还要维持日常生计。而

袁芳虽然收入不是很高，可非常爱花钱。买衣服买零食，家里的开销一分不出。有时候，宇峰希望袁芳能够节省一点，可是袁芳不但不愿意，还会冲宇峰大吼："你一个大男人，连我都养不起，你还有什么用！"这话把宇峰气得够呛，宇峰也只好作罢。

有时候，宇峰就将这些事情告诉袁芳的好姐妹，希望她们可以劝说一下袁芳，结果她们反而会把宇峰嘲弄一番，而且还会告诉宇峰："女人就爱买点衣服，吃点零食。这是女人的天性！"因为这个事情，宇峰和袁芳发生过好几次争吵，可是每次也都会以宇峰的道歉结束。

宇峰觉得这种方式不能够解决问题，于是就决定换一种方式来暗示自己的妻子，希望她可以节省一点。自此之后，宇峰总会在袁芳面前提到，什么什么东西又涨价了，什么什么费用又该交了。有一次，宇峰和袁芳来到了超市买日用品，无意间走到了卖婴儿用品的专柜。

这时候，宇峰就故意指着上面的奶粉说："袁芳，你看现在小孩的奶粉都这么贵了，以后我们的小孩都可能会吃不起呀！"听完宇峰的话，袁芳抬起头看了看，然后陷入了沉思，其实，对于袁芳来说，孩子一直都是她梦寐以求的，宇峰的一句话算是戳到了她的痛处。

袁芳沉思一会儿后，将自己购物篮中的很多自己很喜欢吃的小零食，统统放到了商品架上。这一举动让宇峰大吃一惊，宇峰忙问袁芳怎么了，袁芳很干脆地回答说："我要为我们以后的小孩攒奶粉钱！"

故事中的宇峰面对妻子大手大脚的情况，也曾通过沟通，试图让自己的妻子改变，可是最终都是以失败告终。后来，宇峰通过提及物价高，生活压力大，以此暗示袁芳，从而成功地使自己的妻子接受了自己的意见。由此可见，在对方犯了错误的时候，如果直接指出来，势必会带来争吵，那么这时不妨采用一些巧妙的暗示方法，让对方自己意识到错误。那么，究竟有哪些巧妙的暗示方法呢？

1.夸赞对方还没形成的优点，暗示对方去培养

夸奖对方还没有形成的优点，是一种表达不满情绪的方法，是一种赞扬

性的批评。因为你在这方面没有优点，甚至是严重的失误，是不可弥补的，本应该受到批评，但是却得到了表扬，而且缺点成了优点。乍一听是在赞扬，实际上传递的却是不满。别人只是在强调这些方面，希望能引起你的注意。

2.夸赞对方表现过度的优点，暗示对方要节制

人在表现自己优点的时候，希望得到别人的肯定和认可，可是如果这种认可已经演变为人人皆知的事实的时候，你再表扬，无疑带有讽刺的意味了。尤其是对方一个劲地展现个没完没了的时候，你的赞扬无疑给对方传递这样一种信息："我很反感，你赶快停止。"这样的赞美，对方没有理由生气，但实际上却是批评，对方不得不接受。

3.自言自语，不经意地说出对对方的小不满

人们都不太容易接受直接的指责，但是只要你在表达自己不满情绪时，以一种无意的心态说出，更容易让对方接受。比如，你自己觉得这件事对方做得不对，但要学会对自己讲，让对方听。因为没有针对性，所以没有攻击性，自然就不会有反击，但是却有暗指对象，对方也愿意接受。

4.语言诙谐，搭幽默的顺风车暗示对方的缺点

幽默是人们相互交往时的一种情趣表现，是人与人交流中情感的润滑剂。因此，在向对方提意见的时候，不妨用形象化的比喻幽默地将对方的缺点表达出来，这样可以避免过于严肃的指责和埋怨，也避免了彼此之间的尴尬，以致伤害感情。在这种愉悦的气氛中，对方意识到自己的缺点，而且愉悦地接受，从而加以注意和改正。

5.用批评同类错误影射对方的错误

生活中，如果别人犯了错误，又不好意思直接指责和批评的时候，不妨批评与对方犯有同类性质的错误，把你的不满和指责委婉地传递给别人。因为没有所指，所以没有针对性，即使对方不愿意听，或者有想法，也不会有直接的反击。而同时，由于所批评的错误和对方有同类性，所以即使是最笨的白痴，也能感受到这份责备。

❤ 拒绝他人，巧妙打趣才不伤面子

很多人人缘好，总觉得拒绝对方的要求是一件令双方都很尴尬的事情。若将“不可以、不行”这样的字眼放在对方面前，总觉得不合适，会伤害彼此之间的感情，会疏远彼此之间的关系。但是承诺下来又做不到，陷入深深的自责当中无法自拔。那么这时候，不妨用打趣的方式来拒绝对方，把你的拒绝之情暗示给对方，从而保全对方的面子。

小张是上海财经大学的一名高材生，毕业后没有选择回家乡，而是留在了上海。他觉得好男儿志在四方，觉得自己应该多闯荡闯荡。

留下后，他每天都东奔西走地参加招聘会，有时甚至拿着简历到那些人公司推销自己，可总是石沉大海，杳无音信。一转眼大半个月过去了，看着自己口袋里的钱越来越少，小张很着急。

就在小张一筹莫展的时候，一个偶然的机会，他碰到了自己的师哥。在两个人的交谈中，小张得知对方现在在一家大公司做行政助理，于是小张就试探性问：“你现在是行政助理，帮我推荐一下吧。我现在快要睡大街了。”

听了小张的要求，师哥笑着说：“你是堂堂的学生会主席，口才好，领导能力强，我一个无名小卒，哪里配给你推荐工作啊。”

小张一本正经地说：“哪里哪里，我说的是实话，我现在真的需要一份工作。”

师哥一听，笑着说：“你就别逗了，以你的才能都找不到合适的工作，我能给你推荐什么工作啊，我现在也是泥菩萨过河自身难保呢。”

小张接着说：“你现在好歹也是行政助理啊，说话有分量啊，怎么可能帮不上我啊？是不是不愿意帮助老同学啊？”

师哥听了，哈哈大笑，说：“我这个行政助理不过是干些公司里的杂事，是最没有说话权的，公司里的大小员工都不正眼瞧我，你让我怎么给你介绍工作,你真是太逗了。”

小张也笑了笑说:“你也太夸张了吧,你是行政助理,怎么可能没人正眼瞧你呢,好歹你也是公司的管理层呢,他们不正眼瞧你,给他们记考勤的时候动动手脚,他们就老实了,要是换了我,一定得让他们老老实实的。”

师哥笑着说:“这是大公司,根本不兴这一套,要不我把这个工作让给你,你来试试?”

小张尴尬地笑了笑说:“那怎么能行呢,我再找不到工作,也不能抢了师哥你的饭碗啊。再说了,真让我干,我还真不一定能干好。”

说到这里,小张不再提推荐工作的事情了。和师哥留了个联系方式,就匆匆地告别了。

故事中的师哥,在遇到小张让他帮助介绍工作的时候,将对方的请求玩笑化,继而让对方知难而退,打消了这个念头,又顾全了对方的面子。由此可见,在你遇到别人的请求,不愿意帮,或者是帮不了的时候,不要直接去拒绝对方,以免伤害别人的面子,而要巧妙用各种方式暗示他,以此来拒绝对方。那么,在具体的交际之中,到底该如何做到这一点呢?

1.吹捧对方,暗示想要拒绝对方的请求

按照惯例,能力强的人是不可能请求能力弱的人帮忙的。正是基于这种基本的心理定势,所以,在拒绝别人的时候,不妨用一些夸张的词语来吹捧对方的能力,让对方也承认自己的能力比你的强,那么既然能力强,就没有必要向能力弱的人请求帮忙了。这样一来,将自己锁定为弱者,需要别人的帮助,那么自然没有能力帮助别人了。

2.说客气话,暗示想和对方拉开距离

客气话一般都是在较陌生的人之间说,一旦对方突然和你客气起来,那么无疑将你摆到了陌生人的位置上,既然是陌生人,就没有理由要求对方答应什么。当然说客气话的时候态度要严肃一些,让对方感觉到你是很认真地在跟他说话,而不是开玩笑。关键时候,不妨将你的话重复两遍,让对方明白你的态度。你在言语上是没有拒绝,但是在态度上拒绝了对方。

3.要故意贬低自己，降低对方期望值

生活中，别人有求于我们，那是因为对我们有良好的内心期望，觉得我们应该能够帮助他。故意贬低自己，多说自己的缺点和不足，多强调自己的问题，可暗示对方我没有能力帮助你。以此来破坏对方心目中自己的形象，进而降低对方的期望值，并达到拒绝对方的目的。这样，避免了直接拒绝的尴尬。

4.先说对方爱听的话，暗示可能拒绝

如果在拒绝别人的时候，以最直接的方式向对方传递不满意的真实心理，那对方在收到拒绝的讯息的时候肯定会觉得尴尬。如果在拒绝之前，先说对方爱听的话，那效果一定会大不一样。先说一些对方喜欢听的话，比如可以先称赞对方或表扬对方，以此来暗示对方可能要被拒绝，这样的方式对方更容易接受，而且也比较含蓄，不至于伤害对方的颜面。

5.假装糊涂，用暗示来拒绝回答问题

有些人在你问他事情的时候，总是顾左右而言他，你向他提问的时候，他也总是答非所问，在你说“东”的时候，他总是纠缠在“西”上。这样的人其实不是真糊涂，而是在装糊涂。只要他不想回答你的问题，他就会“答非所问”。其实，这种装糊涂的状态，暗示他不想回答你的问题。以此来表达自己拒绝的意愿，不想说出来，是避免让你难堪和尴尬。

❤ 看破不说破，让对方感受到你的善良

生活中，每个人都有不想让别人提及的事，或许是身体上的缺陷和不足，或许是内心中无以言表的伤痛，在人际交往当中会刻意伪装自己，但是人的表情和身体往往会在不经意间出卖他们。当我们看破了别人的伪装之后，不要说出来，为别人保存颜面，别人因此而觉得你很懂事，懂得理解别人，进而信任你、欣赏你。

王宇是公司的一位非常优秀的职员，人长得漂亮，心眼也好，而且非常活泼，常常是大家的开心果。但是，如此端庄大方的她最近却总挨老板的批评，这让她非常郁闷。

前不久有一天，王宇加了整整一个夜班，第二天，她早早地就来到了公司，在进门的时候，正好碰到了老板。老板二话没说，把她叫到办公室里劈头盖脸就是一顿狠批，无论王宇怎么解释，老板就是不领情。她只能怀着满肚子的委屈低头认错。之后她请教了公司的一些老员工，别人悄悄地给她说："你是不是以前对老板言语上有什么不恰当的地方啊？"

这时，王宇才如梦初醒，平日里她看着老板脾气非常好，说话又和蔼，她经常想说什么就说什么，老板也很欣赏王宇的坦诚和实在。可是她的口无遮拦却给她带来了麻烦。

记得有一次，老板来公司的时候，穿了一套非常笔挺的西装，大家都在一边不断地称赞老板穿西服多么好看，只有王宇在一边笑着说："样子不错，不过好像是去年的款式啊。"当时，把老板弄得非常尴尬。

就在前天，一个客户和老板在谈生意，签完合同后，客户不断地称赞老板的签名非常漂亮，这时，正好王宇进来了，笑着说："能不好吗，我们老板为此整整刻苦训练了三个多月呢。"当时老板的脸色特别难看。

现在想起这些来，王宇真是后悔莫及啊。由于平日里自己口无遮拦，让老板尴尬、难受，怪不得自己工作做得最好，却总得不到提拔，还经常挨批。

故事中的王宇在看出老板的西服是旧款式的时候，一下子说了出来，让老板很没面子，在客户夸奖老板字写得好的时候，也爆料了老板练字的事情，驳了老板的面子，让老板觉得她不懂事，继而在工作中给她穿小鞋。由此可见，当你发现别人的伪装之后，不要随便说出来，要懂得维护别人的面子，照顾别人的感情，别人才会因此而感激你，觉得你靠得住。那么，究竟该如何做到这一点呢？

1.改掉口无遮拦的坏习惯

很多人平日里见到什么就说什么，觉得自己很坦诚，可是有些时候，别

人并不需要你的坦诚，你直言不讳往往会让别人很没面子，从而伤害了别人的情感。所以，要想让你的人际关系良性发展，那么就要改掉口无遮拦的坏习惯，说话的时候多想一想，多思考一下，不要什么都往外说。

2.多考虑考虑别人的感受

试想一下，如果你是对方，你内心的隐情和秘密被人在大庭广众之下处抖搂了出来，你会是什么样的感受？你会恨不得跟别人拼命，因为他伤害了你。同样，别人的秘密被你看穿后，抖搂出来，别人一样很生气。当你明白了别人的感受之后，你就会照顾对方的情感，为别人保守秘密。

3.适当时候帮助别人掩饰

当然，既然你能看出对方的秘密，别人也能看出来，当有人想要让对方难堪的时候，你要及时出现，帮助对方掩饰，这样你帮助别人维护了他的面子，对方定会对你心存感激，觉得你值得信赖。这样，你可以为自己赢得良好的人际关系。因此，在你看穿了别人的伪装之后，不但不要揭穿，还要想办法为他掩饰。当然，前提是你发现的伪装是善良之事。

4.对此事表现出一无所知

当你发现了对方不愿意让人洞察的伪饰之后，不要说出来让对方难堪，还要表现得自然一些，让对方毫无觉察。如果别人都没看出来，只有你一个人知道，那么，对于对方来说，你就是他不安全的因素，继而会加强了对你的防备，甚至会加大了对你的敌视情绪。这样，不但不能赢得对方的心，还会因此而结下仇怨。

❤ 多为他人着想，适时放下自己的面子

很多时候，两人之间剑拔弩张，并不是他们之间有深仇大恨，而是因为面子问题，觉得如果让对方占了上风，面子上过不去。于是乎，即使和对方拼个鱼死网破，也要顾全自己的面子。事实上，大可不必如此，否则双方都

会因此而受到伤害。适当的时候，放下自己的面子，维护别人的面子，你会发现，别人因此而信任你、依靠你。

美琪家在农村，一个不大的小四合院。最近邻居家要盖房子，占用了本该属于美琪家的一些空闲地方。为此，美琪的丈夫余石忍无可忍，在她婆婆的怂恿下，叫上了本家的一些青壮年，准备用武力解决问题。对方也纠集了一群人，顿时双方剑拔弩张，一场流血事件在所难免。

这天，余石拿着准备好的棍棒前去拼命，美琪吼道："你给我站住！"

余石正在火气头上，吼道："男人之间的事情，女人别掺和。"

美琪三步并作两步，走上去，狠狠地抽了余石一记耳光。

美琪说："不就是点地方嘛，咱们也没有用，占了就占了呗，值得让你拼命吗？"

余石："这不是地方大小的问题，这有关于咱们脸面的问题，要是我就这么让给他了，以后我在村里还怎么立足啊。好歹我也是热血男儿。"

美琪："你的脸面就那么重要吗？你是个热血男儿，我看你就是孬种，没一点男人的度量。"丈夫气呼呼地站在那里。很显然他并不服气。

美琪语重心长地说："我给你讲个故事吧！"

余石："都啥时候了，你还给我讲故事，等我把这事解决了，再听你讲吧。"说着就要往外走。

美琪吼道："你给我站住！"

"你知道吗？据说明朝有个宰相，非常清廉。一次，他老家的邻居扩建宅子，占用了走道的三尺。宰相的家人不依不饶。在交涉无果的情况下，给宰相写了信，希望他能出面解决此事。宰相给家人的回信中写道："'让他三尺又何妨'。家人随后不再追究，邻居得知后，主动让了三尺。"

余石："人家是宰相，能做到，我一小老百姓，怎么能跟宰相比呢？"

美琪："他是宰相不假，但他同样也是个男人，你也是个男人，为什么他能做的事，你却做不了呢？是他的面子大，还是你的面子大？"

余石不再言语了。随后他解散了众人，邻居得知后，也解散了聚集起来

准备械斗的众人。没过几天，对方拆了强占的空地，从此两家和好如初。

故事中的余石因为邻居占了自己家的一些空闲的地方，觉得受到了别人的欺压，面子上过不去，要跟别人去拼命，后来在妻子美琪的劝说下，放下了面子，成全了对方，结果对方知道后，主动让出了地方，两家和好如初。由此可见，很多时候，面子问题成为矛盾的焦点，人之所以要强，是因为要面子，如果能放下面子，你会发现，许多矛盾也会随之解决。那么，如何放下自己的面子，成全对方呢？

1.要明白忍耐并不是软弱

很多时候，人都会觉得软弱的人经常受别人的欺负，如果别人欺负了自己，不去争斗，就是软弱无能。为了证明自己也很强大，便会与别人争个高下。事实上，如果你足够强大，又何须向别人证明呢？所以，忍耐并不是软弱，而是宽容。你所争取的利益或许对你来说并没有多大的意义，但是你宽容对方，则会让对方自惭形秽。你因此而赢得了对方，更赢得了对方的心。

2.把心放宽不要与人计较

一般情况下，人与人之间都是因为面子问题，觉得别人占了便宜，使自己颜面上过不去。实际上，你所争斗的面子问题只不过是你给自己设置了一个心理陷阱，当你掉到这个陷阱里的时候，便不顾一切地去维护自己的面子。当你明白了面子后面的实际意义之后，你就会把心放宽，不去和别人计较。事实上，当你不去和别人计较了之后，别人也会相应地作出让步。

3.站在别人的角度上去想

生活中，很多矛盾的产生，是因为你和对方都站在自己的角度上去想问题，觉得自己应该怎么样。如果你能转换个角色，站在别人的角度上去想问题，你会发现，对方想的也有一定的道理，这样，你就不会为了所谓的面子而和别人争个高下了。因此，当你觉得自己受了委屈，面子上过不去的时候，不妨站在别人的角度上去想，这样你的心就放宽了。

4.谦卑令你的姿态更高

试想，当别人歇斯底里地伤害你的时候，你只给他一个真诚的微笑，对方会是什么样的感受？事实上，表面上看，对方好像很强大，占据了优势，实际上正是因为他的强大，让他在你面前变得渺小，因为你的涵养比他高，在姿态上你已经处于高位了。你放弃了面子，却为自己挣足了面子。

❤ 学会“打圆场”，适时说些善意的谎言

很多时候，人们由于站立的角度不同，所以对问题的认识不同。由此而产生的矛盾和分歧让双方针锋相对，水火不容。看起来似乎根本没有缓和的余地。但是如果你能从中协调好，事情并不是看上去那么难处理。

为了打好这个“圆场”，就需要你适当的时候说几句谎言来缓和彼此的激烈情绪。尽管你所说的话完全是无中生有，是你编造的，但是目的却是为了缓和彼此的紧张关系，化解矛盾，所以是善意的，是值得肯定的。

阿勇和阿芳相恋已经整整有四年的时间了，最近在双方家长的一再催促之下，踏上了婚姻的红地毯，小两口甜甜蜜蜜地开始了崭新的生活。

可是，婚后的生活并非想象中那么好。由于和老人一起住，所以阿勇的妈妈总是两只眼睛死死地盯着阿芳，不是说她太懒了，就是抱怨她不会烧菜。一开始阿芳觉得自己是新人，也没有跟婆婆计较，可是时间一长，她就受不了了。

这天一大早，小两口还在睡梦中呢，婆婆的谩骂声就把他们吵醒来了。原来昨晚上，阿勇的很多朋友前来玩，又是吃肉，又是喝酒，一直玩到了凌晨2点多才退去。屋子里一片狼藉，当时因时间已经很晚，所以阿芳决定第二天早上再收拾。这不，婆婆又在那里开始谩骂了。

阿芳忍无可忍，从房内走出来，说道：“大清早的，你在骂谁呢？”

婆婆没想到阿芳会和自己顶嘴，生气地说：“我就在骂你呢，你为什么昨晚上不收拾？懒得像猪一样？”

阿芳也越听越生气，她愤怒地吼道：“怎么着了，你不也有手有脚吗？凭

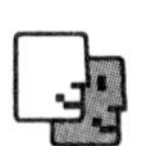

什么你不收拾啊？我又没有嫁给你，你有啥不满意的啊？！”

……

阿勇赶紧将妻子拉到了自己的房里，将她紧紧地揽在了怀里，几分钟之后，阿芳的情绪渐渐地好转了很多，阿勇对她说：“老婆，其实我妈妈并没有你想的那样讨厌你，相反，她非常疼你呢，上次我跟她说你最近身体有些不舒服，妈拿出了积攒多年的私房钱，给你买了一只人参，安顿我好好地给你补一补身体呢。说着，阿勇将自己前几天买回来孝敬母亲的人参拿给了阿芳。”阿芳不再说话了，低下了头。

阿勇安顿好妻子之后，又来到了母亲的房内，对母亲说：“妈，您说您跟她计较什么啊，她就是一小孩，不懂事，您老就大人不计小人过，别和她计较了呗。”

母亲愤恨地说：“我们家怎么娶了这么个懒婆娘，真是倒了八辈子霉了。”

阿勇缓缓地说：“妈，你别这么说阿芳，其实她很尊敬你的，听说你最近腿有点疼，昨天可拉着我跑了好多药店，为您买了药，这些药在市里根本没有卖的，是她托在北京的朋友买的。说完，把自己托朋友买回来的药递给了母亲，母亲也不再抱怨了。”

至此，一场纷争总算化解了。

故事中的阿勇对老婆撒了谎，对母亲也撒了谎，但是他却巧妙地打了圆场，将矛盾化解开来。由此可见，有时候生活需要一些谎言，因为这样的谎言能让彼此的心柔化很多，能传递更多的爱和温暖。因此，当你发现自己周围的人际关系出现恶化的时候，不妨打好圆场，说一些善意的谎言。那么，如何将善意的谎言说得更加出色呢？

1.谎话要说得合乎情理

虽说是善意的谎言，目的是为了缓解彼此之间的矛盾，但是也要把话说得符合逻辑，没有破绽，要让对方觉得是真的，否则，这样的谎言也就失去了意义。大家都是成年人，都会去思考，如果你的话牵强附会，别人自然心生怀疑,觉得你是在和稀泥。事实上,这样,你就没有打好圆场,因为你并没有化解彼此之间的矛盾。

2.说谎话时带点人情味

不管是多大的矛盾,双方之间不能没有人情味,但是因为对方都处在气头上,所以说起话来难免会很冲,这时候,作为打圆场的你,就要替彼此说一些有人情味的话,这在一定程度上可以抑制对方心中的愤怒。当然这样的话,双方谁也没有讲过,而从你的嘴里出来,在双方的耳朵里听到的,便是对方讲过这样的话了。

3.说谎话时要隔开双方

你的目的是打圆场,说善意的谎言,一定要把双方隔开,要不然当他们听到你在对方面前替自己说没有说过的话,立即便会跳出来揭穿你,这样,你缓解双方关系、解决矛盾的目的便以失败告终。所以,一定要记住,在说善意的谎言的时候,要把双方隔开。

4.不妨替对方表达爱心

当别人真心对自己好的时候,自己便也能接受别人的缺点。事实上,当双方发生矛盾,你说善意谎言的时候,不妨替双方表达一下爱心。比如,彼此为对方做过什么,彼此为对方买过什么东西等等。尽管他们没有做过,但是你要代替他们做,还要说是他们心甘情愿这么做的,这样才能代替他们传达彼此的爱。

第8章

悦耳动听，说动人的话让他人对你“心悦诚服”

在与人交往和接触的时候，我们会通过和对方的交谈来进行判断。那些说话温和，语气柔和的人往往让我们感觉到很温暖，从而打心眼里喜欢他。相反，那些说话横冲直撞的人，则让我们难以接受。所以，在人际交往当中，一定要注意说话的方式方法，让别人感受到你的温暖和爱，从内心深处喜欢你。那么，究竟如何说话才能让人对你心悦诚服呢？这一章所探讨的一些方面，值得你借鉴和学习。

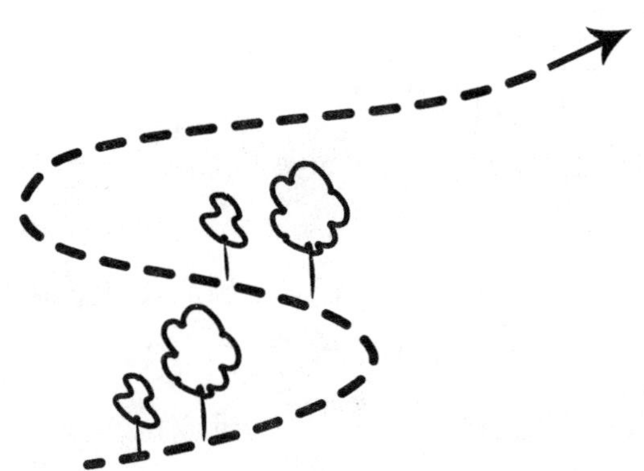

❤ 轻柔细语，在言语间尽显你的涵养

生活中，有涵养、有素质的人对待别人总是很和蔼，他们和别人说话的时候，语气柔和，语调温和，这样让别人觉得他们在尊重自己，而不是用强势的语气来征服你，他们在不知不觉中占据了别人的心。基于这种情况，人们总是从对方的说话态度中判断是否懂得尊重别人，是否有素质、有涵养。

所以，在与人沟通和交流的时候，一定要注意自己的说话方式，说话的速度放慢一些，说话的语调平和一些，把你的友善和尊重传达给别人，从而给别人留下好感，实际上这样已经征服了对方的心。

段海和赵小琴是通过相亲的方式认识的。由于双方的年龄都很大了，所以在父母的压力之下，他们认识不到一个月就订了婚。为此，段海不但为赵小琴买了很多时尚的衣服，还买了金银首饰。

可是就在他们准备领结婚证的时候，赵小琴突然反悔了。这让段海和他的家人有些措手不及。为此，两家闹得很不愉快。

段海上大学时的一个教授，最近刚好来到了段海所在的城市旅游，段海热情地接待了老师，在闲聊期间谈到了此事，伤心和痛苦之情溢于言表，教授答应帮助和解此事。

于是这天，段海将赵小琴约了出来。并把教授介绍了一番。

教授温和地对赵小琴说："你们之间的事情，段海跟我大概聊了一下，你是怎么考虑的，能给我说一下吗？"

赵小琴望了教授一眼，有些不安和忐忑，教授捕捉到了她的这个眼神，点了点头给以肯定。于是赵小琴把自己内心的疑虑说了出来。她说："老师，其实段海对我挺好的，可我就是不知道为什么，没有一点儿安全感，总觉得嫁给他就跳进了火坑一样。"

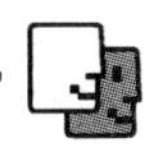

教授微笑着说："为什么会有这样的想法呢？"

赵小琴抬起头，看着老师说："他现在没有房子，结婚后一点保障也没有，而且他的工作也没有大的发展前途，我嫁给她看不到一点儿希望。"

教授想了想，对赵小琴说："其实，我倒是觉得，房子和婚姻没有直接的关联。只要这个男人对你好，走到哪里你都是幸福的；如果他对你不好，就算你住进了皇宫里，你一样不会幸福。"

赵小琴低下头，不说话了。

教授微笑着拍了拍她的肩膀，缓缓地说："当然，我并不是说服你要嫁给他，每个人对幸福的理解都不一样，你要想清楚自己究竟要什么。"

那次谈话过去不长时间，赵小琴和段海携手走进了婚姻的殿堂。

故事中的教授和赵小琴谈话的时候，非常温和，这在一定程度上缓和了赵小琴的对抗情绪，从而打开心扉慢慢地接纳了教授，因而教授所说的话对她也起了一定的作用。由此可见，在人际沟通中，说话温柔一些，会让别人觉得你很有涵养，从而让别人为你倾心，欣赏你、接纳你。那么，如何才能让自己温柔一些呢？

1.说话的声调要平和一些

一般情况下，说话的声调高，表明态度强烈，这样对方觉得受到了压抑和逼迫，因而心里产生的反抗情绪就会强烈。相反，如果说话的声调相对平和一些，别人觉得你是在和他商量，而不是在逼迫他，对你的对抗情绪也会相应地减弱很多。这样，对方会感受到你很尊重他，你很有修养。进而对你产生好感，才能打开心扉。

2.说话的语速要放慢一些

说话急躁的人，内心也很急躁。如果你在和别人沟通和交流的时候，总是把话说得那么快，那么别人觉得你内心非常急躁，你的急躁情绪会影响别人，让别人跟着你一样急。事实上，很多矛盾和问题就是这样产生的。如果你能把语速放慢一些，让别人感觉到你很沉稳，感觉你很有修养，这样别人内心自然就不会跟你急，你反而会赢得他的心。

3.说话的口气要温和一些

说话的口气表明内心的态度。如果你总是口气生硬，那么别人会觉得你态度很强硬，因此你遭到的对抗便会越强。事实上，这恰恰反映了你没有涵养，不懂得尊重别人。只有你把说话的口气放缓和一些，才能更好地交流，别人对你也才会刮目相看。否则，你得到的只能是别人的厌恶和对抗。

4.不要把你的情绪带进来

如果你想要和对方沟通，那么最好在说话的时候不要把你的情绪带进来，因为对方是在和你交流，不是来看你的脸色的。事实上，一个总是带着情绪和别人说话的人很难让别人相信他的涵养很高。因此，要想赢得别人的倾心，除了注意说话时的一些细节之外，还要注意不要把你的情绪带进来。

❤ 套套近乎，让对方感受到你们关系很近

很多时候，你觉着周围的陌生人似乎跟你都非常遥远，没有任何的关系。觉得跟他们交流和沟通非常困难。但是，只要你仔细去观察和了解，他们身上其实与你有很多的联系。因而，要想在人际交往当中，获得别人的喜爱和欣赏，那么就要多套点“关系”，让别人觉得离你并不是很遥远。

大学毕业之后，海明在一家报社找到了一份专业对口的工作，因此她感到非常满足。但是很快她就发现，她的领导，也就是编辑部的主任吴华似乎不太好相处。她来单位只有两个多星期，就已经被吴华叫去批评了好几次了。

因此，海明觉得她有必要跟吴主任好好套套近乎。可是吴华平日里总是拉着脸，不苟言笑，这让海明觉得无从下手。这天中午，大家伙都出去吃饭了，海明由于手头一点活耽误了半个多小时，这时候，吴华突然把她叫进了办公室。这让海明多少有些紧张。

吴主任依旧拉着脸，只是这次并没有聊工作，而是对她说：“我今天身体有些不舒服，不想下去了，你能帮我带一份盒饭吗？”

海明一听，立即意识到机会来了，于是她连忙点头：“没问题，你想吃什么菜啊？”

吴主任想了想说：“那就家常豆腐和鱼香茄子吧。”

海明微笑着说：“真的啊？我也非常喜欢吃这两个菜，上大学的时候经常和同学一起吃呢，时间一长不吃觉得总少点什么。”

吴主任听了，笑着点了点头。

实际上，海明根本不喜欢吃家常豆腐和鱼香茄子。

不一会儿，盒饭买回来了。海明拿到吴主任的办公室里，对她说：“吴主任，只有最后一份家常豆腐和鱼香茄子的盒饭了，我给您买了。我想和您一起吃饭，顺便分享一点，可以吗？”

吴主任一愣，半天没缓过神来。海明故意表现得不好意思，她低着头说：“本来我也想买的，可是只有最后一份了，所以……”

吴主任点了点头，说：“好啊，当然可以。”

就这样，海明又一次获得了和吴主任接触的机会。实际上，她并没有去吃吴主任的菜，而是抓住机会和她聊了起来。她说：“吴主任，我听您说话，好像有点河南的口音，您是河南人吗？”

吴主任微笑了一下，说：“是的，我老家是河南焦作的。”

海明故作惊讶地说：“真的还是假的啊？我男朋友也是河南焦作的。”

吴主任听了，也顿时来了兴趣，笑着说：“是吗？那就是说以后我和你就是老乡了？”

海明见吴主任的情绪高涨了起来，高兴地说：“吴主任啊，咱们还真是有缘啊，喜欢一样的菜，还是未来的老乡。”

吴主任笑着说：“你以后别再叫我吴主任了，多生份啊，你叫我吴姐就可以了。”

故事中的海明抓住给领导买饭的机会，主动向对方靠拢，以喜欢同样的菜和未来的老乡等的方式，和吴主任套了多层关系，拉近了和吴主任的距离。由此可见，不管是生活中还是职场中，人都喜欢和自己有些关系的人，觉得他们才是自己的人。因此，要学会向别人靠拢，利用各种条件和对方套近乎，这样才会让别人觉得和你并不遥远。那么，如何才能和别人多套关系呢？

1.多去迎合对方的喜好

每个人都有自己的喜好，当别人也有和自己同样的喜好时，你会觉得两人之间的心理距离会迅速拉近很多，即使是两个陌生的人，也会有这样的反应。因此，要想让别人感觉到你并不遥远，那么就要主动去迎合对方的喜好。当别人发现你和他有相同的爱好时，自然跟你近乎起来了，相互之间也有了更多的聊天话题。

2.寻找和对方的共同点

尽管人与人之间有太多的不相同，但是只要你细心观察，即使和你的喜好截然相反的人，也会和你有些许共同点。比如年龄相仿，老家接近，或者是穿的衣服类型相似等等，只要你想找，都能找到共同点，当你和对方有了共同点的时候，事实上双方的心里也就有了交点。这对两人心理距离的拉近有很大的帮助。

3.谈及双方都认识的人

每个人都有自己的社交圈子，当双方有了共同的朋友之后，你会发现你和他的心理距离也会慢慢靠近。所以，如果你想迅速地和别人改善关系，那么不妨找找你和他是否有共同认识的朋友，或者是共同认识的人，这在一定程度上能拉近彼此之间的心理距离。

4.制造一些偶遇的缘分

如果你在同一个时间，同一个地点，一而再地遇到对方的时候，你会觉得这是缘分。当别人心里有了缘分这个概念的时候，便会开始接近你，了解你。因为他觉得或许这是天意。但是你不能当做天意，你要人为地去制造这些缘分，并利用你的这些小“手段”，拉近和对方之间的距离。

❤ 轻声细语的话也能展现震慑人心的力量

并不是把话说得越重，越能征服别人的心，相反会激起对方内心强烈的抵触情绪。因为别人觉得你在压迫他，你在逼他顺从你。即使你说的话是正确的，是有一定道理的，对方也不会去接受。相反，如果你能换个说话的方式，轻言轻语，或许对方的心因此而被你所震撼，即使你说得不够全面，对方也会接纳你。

耿佳今年已经是 24 岁的大姑娘了，按理说早到了谈对象的年龄了，可是耿佳好像一点动静也没有，这让父母担心起来了。但是，当爸爸妈妈对她提及此事的时候，耿佳不耐烦地说：“这事，根本用不着你们操心。”

爸爸听出话里面的意思了，笑着说：“原来我们闺女早就在搞地下活动呢。哪天带回来给我和你妈瞧瞧啊。”

耿佳笑着说：“行，没问题。”

可是，当耿佳带着男朋友，前来拜见父母的时候，却遭到了父母的反对，原来对方是一个盲人。父亲非常生气，他训斥道：“你好端端的一个大姑娘，怎么就找了个瞎子呢？你的水准就这么低吗？”

耿佳反驳道：“瞎子怎么了，他对我好。”

父亲恼羞成怒，骂道：“好个屁，你知道什么是对你好吗？人家三言两语就把你给说转了。”

耿佳哭着跑进了自己的房间，狠狠地摔上了门。

妈妈一直坐在一旁没有说话。过了一会儿，她来到耿佳的房门前，敲了敲门，房门打开了，她走了进去。

看着女儿委屈地哭着，她心里非常难受。她一边安慰女儿，一边问道：“佳佳啊，你说你这么优秀的一个女孩子，怎么可能看得上他呢，究竟发生了什么事情，你跟妈妈说说。”

耿佳趴在妈妈的肩膀上说："上次我下班回家，路上遇到了危险，是他大喊了一声，才吓跑了坏蛋，他救了我。"

妈妈听了，语重心长地说："乖女儿，他对你有恩，你报答他是对的，但是你不能拿自己一辈子的幸福作赌注啊。难道你真的喜欢他吗？你要是真的喜欢他，妈妈也不反对你，问题是你真的打心眼里喜欢他吗？"

耿佳陷入了深思。后来，她告诉了爸爸妈妈，她已经和对方分手了。

故事中的父亲愤怒地责骂了女儿，不但没有让女儿屈服，还让她因此有了强烈的反抗心理，而母亲的轻言轻语却深深地震撼了耿佳的心，最终作出了和对方分手的决定。由此可见，有时候要想说服对方，让别人顺从你的意愿，训斥和责骂往往会使情况更糟，相反，用一些轻言轻语的话，却能俘获人心。那么如何用轻言轻语来震撼人心呢？

1.把话说到对方的心坎上

很多时候，人在面对抉择的时候，往往很矛盾。这样的决定觉得有顾虑，那样的决定觉得不甘心。尽管对方作了决定，但是他内心依然会很纠结，只不过因为作了决定暂时被掩饰了起来。你在跟对方沟通的时候，用温和的口气，用朋友的身份将对方内心中隐藏的纠结挑起来，将他的顾虑说出来，这样，对方的心会被震撼，已作出的决定也会动摇。

2.让对方自己去认真思考

毕竟是你在试图说服对方，让对方顺从你，但是任何人都不是小孩子，都要权衡利弊而作决定，都要认真去思考。所以，这时候你不要再多说什么，多说话反而会引起对方的反感，导致让事情向相反的方向发展。给对方充足的空间，让他安安静静地去想，因为你的话已经震撼了他的心。

3.给对方留最充分的时间

如果你觉得你所说的话触动了别人的心弦，那么不要再来催促他，也不要用时间来给他设置限定。否则，一再地催促他，在没有想清楚的情况下，对方会因为受到逼迫而重走旧路，当对方重走旧路之后，你再去劝说就会变得难上加难。因此，要给对方充足的时间去考虑，当他考虑明白的时候，实

际上也就是向你屈服的时候。

4.表达出你对别人的尊重

在你用轻言轻语震撼了别人的心之后，一定要对他有足够的尊重，并对他充满希望。比如，你可以对别人这样说：“你好好地去想一想，等你想明白之后……”这样，让对方明白，你并不是完全不管他，而是在耐心地等他。这样，对方内心之中有了这个期望之后，会更快地向你倾斜。

❤“说”与“做”同样重要，向对方展现你的好意

生活中，很多人心地善良，可是却拙口笨舌，一心想着去帮助别人，可是却遭到了别人的误会和伤害，并因此结下了很多没有必要的矛盾。因而在帮助别人的同时，还要会在言语上下工夫，让对方能理解你的好意，事实上，也是在增大你所做的好事的作用。做一件小的事情，取得别人的认可和肯定，比做一件大的事情，遭到别人的误会和伤害更有意义。

大棚和麦海一直在热恋，感情一直都非常好。可是最近，也不知道怎么了，麦海执意要和大棚分手，而且态度非常坚决。这让大棚多少有些接受不了。他们的分手是麦海在深夜时分在网络上提的。

大棚觉得恋爱是一件非常严肃的事情，因此分手也应该慎重一些，多考虑一下，就这么一句话就分了，多少有些儿戏。于是这天一大早，他去麦海上班必经的地方等，从七点等到了八点，终于将麦海等来了。

他对麦海说：“我想跟你好好谈一谈。”

麦海生气地说：“有什么好谈的？我不想跟你谈。”

麦海的态度让大棚多少有些生气，他觉得就算分手，也应该尊重自己，认认真真再沟通和交流一下，这是对自己的尊重，也是对别人的尊重。

可是他一张嘴，麦海就把他死死地堵回去了。于是大棚一直跟着麦海，寻找一个说话的机会。他只想着尽可能地挽回一下。可是在麦海看来，大

棚却是在耍无赖。因此，两人剑拔弩张，不可调和。

于是这天下午，大棚带着礼物，去拜访了麦海的父母，他觉得有必要从麦海的父母那里下手，让他们做做女儿的工作，再努力挽回一下。可是他没有想到的是，麦海得知这个情况之后，风风火火地赶回了家，狠狠地骂了大棚一顿。

大棚的心凉到了极点。他只是想尽力挽回一下，至少也是对两个人这么长时间来的一个交代，可是却遭到了麦海的误会和伤害。那时候他真的觉得再继续挽回下去已经没有了意义。或许，这段感情真的不值得他去挽回吧。

故事中的大棚本着对恋爱和婚姻负责任的态度，本着一颗为双方好的心去做最后的努力，可是却被麦海所误解。她不理解大棚的这份好心，或许是大鹏的嘴太笨，不善于表达，导致了这场误会的不断深化。由此可见，当你怀着一颗善良的心去做事情的时候，还要及时向对方表达你的善意，从而避免误会的产生。那么，如何做到这一点呢？

1.要学会善于表达自己的情感

生活中，很多人内心热情似火，可是却不善于把这种情感表达出来，因此很多时候容易遭到别人的误会和伤害。当你怀揣着一份善良想要对对方好的时候，不妨把你的这份善良用语言表达出来，跟对方取得沟通和交流。这样，对方才能理解你的好意，否则，你一个劲地在那里低头做事，谁知道你没有害人之心呢？

2.平日说话要加强表达的逻辑性

3.重点表达你对他的那份好

同样是表达，如果语言的侧重点不同，效果也不会相同。如果你在向别人解释你的善意，却重点放在自己的身上，说你如何努力地去做事情，那么别人觉得你与他没有多大的关系，你的好意并没有传达过去。如果你表达的时候，重点放在对对方的好上，别人因此而对你给以同样善意的回报。这样才能避免误会和矛盾。

4.要用一些手势语来辅助表达

如果你觉得语言表达不清楚的时候，不妨加一些手势语来辅助表达，比如你想表达接受对方，可以张开双臂，你想表达对对方的好，不妨对他鞠个躬，或者是用双手拍拍自己的胸膛，然后伸向对方。这样，别人自然会明白你的好意，你的友善。有了手语，别人更能清晰地了解你所表达的意思。

5.说话的时候一定要态度缓和

既然是想向对方表达你的友善，那么和对方进行沟通和交流的时候，一定要态度缓和。如果你言辞激烈地和对方争论，对方怎么会感受到你的真诚，你的友善呢？因此，如果你是真的想对对方友善，对别人好，那么说话的时候不要带情绪，声调低一些，说话时缓慢一些。这样别人自然会感受到你内心的那份好了。

❤ 主动亲近对方，让对方心生愉悦

在人际交往过程中，如果你表现出对对方的热情，那么对方也会给予同样的热情来回报你，如果你表现得非常愿意和对方接触和亲近，那么对方内心会非常高兴，也会表现出和你接触和亲近的热情。因此，要想让别人喜欢你、欣赏你，那么你就要表现出乐于与对方亲近，这样，别人自然会非常开心。

华语是电动车销售公司的业务员，说实话他的业务能力并不强，但是往往很多时候，别人拿不下来的订单，他却能顺利拿到。因此，单位里的销售员都很佩服他的机灵和聪明。

这天，公司让他和同事小陈一起去拜访一家大型市场的老总蔡某，希望能说服他在市场内开设他们这个牌子的电动车专售。第一次是小陈前去的，结果没说上几句话，就灰溜溜地回来了。他说蔡总根本不给他说话的机会。

这一次，是华语前往的。他来到了蔡总的办公室门口，轻轻地敲了敲，进了蔡总的门之后，还没来得及说话呢，蔡总就暴跳如雷地吼道："你怎么又来了，刚才不是给你说了吗？不行！赶紧走吧，我还忙着呢！"

华语微笑着说："蔡总，我不是来说服您在市场里开设电动车销售专柜的。"

蔡总抬起头，说："那你是来做什么的啊？"言语中少了些许拒绝之意。

华语依旧微笑着说："我是来向您学习的。"

蔡总诧异地问："向我学习的？学习什么啊？"

华语谦虚地说："您不接受我的建议，那肯定是我哪里做得让您不满意了，您看，您是前辈，给我们晚辈指点指点吧，让我们在这条路上少栽跟头。"

蔡总笑呵呵地说："哪里，哪里，你刚才表现挺好的，真的，只是我们真的没有想要开设你们电动车销售的专区的想法。"

没等蔡总招呼，华语已经悄悄地坐在了蔡总的边上，说："如果我真的表现可以，您也不会开口赶我出去啊。蔡总，我真的是想向您学习学习的，您就给我指点一下吧。麻烦您了。"

蔡总微笑着说："要是有什么不合适的话，就是你们来的时间太突然了，因为这个时候我刚刚午睡起来，没精神。根本没有兴趣听你们说话……"

那天，当华语走出蔡总的办公室的时候，手里已经拿着蔡总同意开设电动车销售专区的合同。

故事中的华语在拜访蔡总的时候，遭到了对方的驱赶，但是他并没有因此而退去，而是摇身一变，由销售员变成了对蔡总的仰慕者，由于转换了身份，对方的拒绝情绪明显缓和了，再加上他表现出对蔡总的仰慕和亲近，让蔡总顿时心花怒放。由此可见，在人际交往中，如果你想让对方对你倾心，那么不妨表现出喜欢他、仰慕他的一面，让对方心生喜悦，他自然会对你产生好感。如何向对方表达你想要亲近的意愿呢？

1.谦虚地向对方请教

一般情况下，当你向别人谦虚请教的时候，你向对方所传达的意思是你

很欣赏他，你想向他学习。实际上也是向对方传达他身上有你喜欢的东西，你想与他接近。这样，对方的虚荣心被调动了起来，给你当上了老师，自然会心花怒放。因为从你身上证明了他的能力。

2.要赞美对方的成就

要想和别人拉近关系，让别人喜欢你，那么适当的恭维和赞美还是必不可少的。因此，要适当地赞美对方的丰功伟绩，恭维他本事大，能力强。当对方听到这些恭维话和赞美词的时候，会沉浸在自己的回忆中，内心自然非常愉悦。那么，你在对方眼中也就有了意义，有了价值，对方对你自然是喜欢又加了。

3.表达你的仰慕之情

人对于自己敬仰的人往往才会心生仰慕。因为你仰慕对方，说明对方在你的心里高高在上，非常伟大。因此，当你想要让别人喜欢你的时候，不妨表达对他的仰慕之情，这样，对方的形象被放大了很多，自然愿意和你多接触、多交往了，因为你让他很兴奋、很开心。

4.寻找和对方的共同处

除此之外，要想表达你想和对方亲近的意愿，不妨寻找你和他的共同点。这样能在短时间内迅速拉近彼此之间的心理距离。事实上，这在一定程度上也能让对方的心情愉快。因为遇到和自己相似的人，遇到一个“知音”，对于很多人来说，是一件值得庆贺的喜事。

❤ 用对语调和语气，自然话语生香

生活中，我们发现，有些人在向别人表达友善时，却被别人误会，以为他们在寻衅滋事；有的时候在表达请求，别人见了却逃之夭夭。之所以出现这种情况，是因为你在表达情感的时候，语气和语调错位了，让别人产生了误会。

不同的语调和语气及语速表达着不同的情感和意愿。说话的速度快，则表明对方的情绪激烈，内心很烦躁，相反，如果说话的速度慢，则表明说话者内心很平静，性格很沉稳。表达情感的时候，如果语气、语调及语速使用正确了，那么你的表达才会更传情。

虞翊和开辉是在相恋五年之后结的婚。婚后他们并没有和老人住在一起，所以小两口的日子过得还很甜蜜。可是过了仅仅一年，开辉的父亲去世了，只有老母亲一个人孤苦伶仃地在乡下生活，所以开辉和虞翊沟通之后，决定将母亲接到城里。

紧接着矛盾就出现了。因为开辉的母亲一直生活在农村，不会讲普通话，而虞翊又是外地人，所以听不懂婆婆说话。一次，婆婆上厕所的时候，虞翊想用洗手间，她原本不知道婆婆在里面，于是敲了敲门，婆婆没有吱声，虞翊以为厕所里没人，就准备找钥匙开厕所门，可是刚找到钥匙，婆婆从里面出来了。虞翊有些哭笑不得。

她有些不高兴地说："妈，你怎么也不吱声呢，我还以为里面没有人呢。"

婆婆说："我一直在里面嘛。"

由于婆婆说话后音重，再加上虞翊听不懂土话，本来是一句简单的对话，可是虞翊感觉到好像在骂自己。于是转过身来，很不高兴地说："怎么了，妈？你不高兴了啊？"

婆婆见状，立马解释道："没有啊，我只是给你说我一直在里面呢。"

虞翊听不懂婆婆的话，但是她从婆婆的发音和表情上感觉到婆婆骂了自己一句很恶毒的话，这一下可惹恼了虞翊，她凤目圆睁，一副不依不饶的架势，将婆婆狠狠地数落了一顿。虞翊听不懂婆婆说的家乡话，可是婆婆能听懂虞翊说的普通话，为此，婆婆伤心难过了一个下午。

当开辉下班回家后，这一下家里炸开了锅，两人都向他告状。当开辉向虞翊解释清楚之后，虞翊才觉得自己做错了事情，主动到婆婆面前道歉。

故事中的婆婆由于说的是方言，语气和语调不好把握，导致儿媳虞翊产生了误会。由此可见，说话的时候，如果语气、语调不搭配，则很容易表达错

你的意思，很容易给别人造成误会。因此，要想让别人喜欢你，那么就要注意说话时的语气和语调，让你的表达更加有情义。那么，如何做到这一点呢？

1.提建议时，要放慢语速，压低声调

当你向别人提建议的时候，由于表达的是商量的意愿，所以要尽量表现得平和一些，这样对方才会考虑你的意见和建议。这时候，说话的语速要慢一些，声调要稳一些，以此向别人传达你的诚意。另外，不管对方是否采纳，都要表现得沉稳一些，这样，别人也会更好地考虑你的建议。

2.表示疑问时，勿随便提高声调

如果你对别人表示疑问，那么用平和的声调将你的想法说出来就可以，这样对方也会给你适当的解释。这个过程中千万不要随便提高声调，因为在表示疑问的时候，声调过高就会变成质疑，就会产生对别人不满和抱怨的情绪。这样容易引起对方的误会，而你的疑问也得不到解决。

3.表示反对时，控制好语气勿激化矛盾

当你不同意别人的意见时，你只需告诉他你的想法，在这个过程中要控制好自己的语气，不要随便加强或者减弱。如果你加强语气，那么别人会感觉到你很愤怒，别人因此会对你有不好的看法。如果你语气减弱，别人则会感觉到你的软弱，因此也不会重视你的反对意见。

4.表示肯定时，情绪勿过于激动

有时候，当你对别人肯定的时候，往往会有情绪激动的表现。或者舞动双手，或者是狂跳喊叫。这样情绪激动地表达，很容易让别人误会。因此，当你向别人表达你的肯定的时候，除了注意语言上和语气上的表达以外，还有就是微笑和点头。因为这些表情和身体语言更能准确地表达你的态度。

第 9 章

见机行事，小小举动获得他人的好感

在人际交往当中，彼此间的好感是进一步接触和交往的前提。如果你能在短时间之内迅速获得别人的好感，那么无疑你掌握了交往中绝对的主动权。相反，如果对方对你的感觉不好，那么想要和他进一步接触就会有很大的障碍。但是，要想让陌生人对你产生好感，并不是一件容易的事情，这需要一定的技巧和方法。这也是这一章我们要阐述的问题。

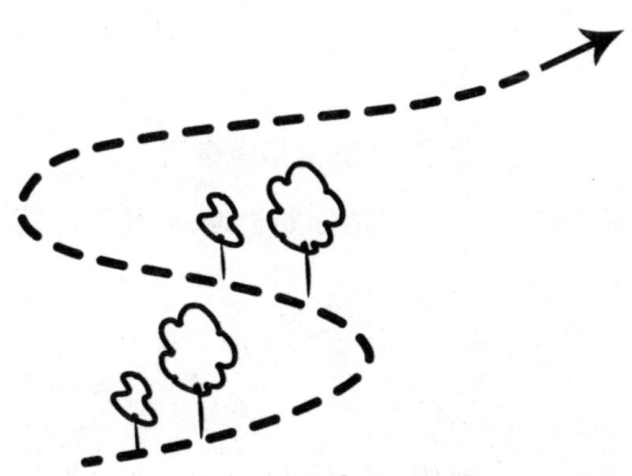

❤ 了解他人的得意之事,巧妙为其“传播”

人往往在遇到得意之事的时候,希望更多的人知道,从而让更多的人来分享自己的快乐。但是又不可能逐一告诉他们。这时候,你要想获得对方的好感,不妨悄悄地做一次“传话筒”,当对方突然间被更多的人祝贺的时候,自然不会忘了你为他所做的贡献,自然会对你表示友善和好感。

小海的妈妈去世早,所以从小小海就缺失母亲的爱和温暖。最近爸爸重新恋爱了,对象是一个非常漂亮的女人。可是自打小海第一眼见她,就非常讨厌她。为此,爸爸跟小海沟通过几次,可是小海见了她就是不高兴。

漂亮的女人叫做鲁梅,是小海爸爸的同事。她之前也是见过小海的。可是自打她和小海的爸爸谈起了恋爱之后,小海就开始讨厌她了。她心里明白,要想跟小海的爸爸结婚,就必须要获得小海的好感才行。

在她和小海爸爸交往的过程中得知,小海最近参加了高考,获得了全校第一的好成绩。于是她在和小海爸爸的朋友们接触的时候,有意无意地把这个振奋人心的消息告诉了他们。人人都夸小海的爸爸有一个争气的儿子。

这天,爸爸的一个叫文鹏的朋友来家里做客,见了小海,高兴地说:“小海啊,你真不错,拿到了全校高考第一名的好成绩,叔叔打心眼里替你高兴,祝贺你。”

小海不好意思地说:“叔叔,您可真是过奖了,我那也是侥幸。”

文叔叔说:“你文叔叔我可从来没佩服过谁,包括你的爸爸,但是我却真佩服你,你小子真有你的。”说完,拍了拍小海的肩膀。

小海说:“对了,文叔叔,你怎么知道我考了全校第一名啊?是不是我爸爸告诉你的。”

文叔叔:“不是,不是,你爸爸忙着工作呢,根本没时间跟我聊你的

 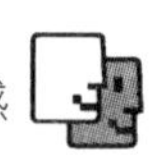

事情。”

小海不解地问:“那会是谁呢?”

文叔叔:“就是和你爸爸现在交往的那个鲁梅啊? 你应该叫鲁阿姨,难道你一点也不知道吗?”

小海嘟囔着说:“怎么会是她呢?”

文叔叔刚要走,听到小海的嘟囔声,转过身来说:“你鲁阿姨对你可上心了,跟我们那天聊起你的时候,眉飞色舞的,比聊她自己的喜事还高兴呢。”

小海低下了头,没再说话。

当天傍晚,鲁阿姨跟着爸爸一起回来做客,小海主动迎上去,叫了声:“鲁阿姨好!”这正是鲁梅期盼很久的,但是突然之间来临,却使她大为错愕,她狠狠地揪了一下耳朵,却看到小海客气地将她拉到了沙发上,说:“阿姨请坐,我给你倒水。”

故事中的鲁梅,为了获得小海的好感,所以将小孩考了全校第一名的好消息告诉了小海爸爸的朋友,这样,在他们见到小海的时候便会夸奖他,让他获得极大的满足感。当小海得知了是自己一直不待见的鲁阿姨这么关心她,以他为骄傲之后,觉得对不起鲁阿姨,继而改变了对鲁梅的态度。由此可见,要想让别人对你有好感,那么就要让他明白,你对他好,心里装着他。所以,适当的时候巧做他人的“传话筒”,把他的得意事让大家分享。那么,究竟如何才能做到这一点呢?

1.留心观察,揣摩好对方的心思

在做“传声筒”来博得他人好感的时候,首先要做的就是要看准对方的得意之事,揣摩好对方的心思。比如有些事情对方希望别人知道,知道得越多越好,而有些事情,对方则不希望别人知道,就算是希望别人知道,也有个时间,什么时候合适。这些都是你要通过观察和揣摩而掌握的。否则你的好心很有可能被对方误解,加深对你的成见。

2.传播“得意事”时要热情洋溢

既然是你在传播别人的得意事,那么就要表现得热情洋溢,让别人觉得你是在替他人高兴。如果你情绪不高，或者是拉着脸，那么对方可能会觉得你得知他人的得意之事，很不高兴。这样做适得其反，万一被别人转述给对方你妒忌他，反而引起对方的不满。

3.把你的恭维和赞美之词加进去

要明白你是在传播别人的“得意事”，目的是为了博得他人的好感。那么在做“传声筒”的时候，就要把你的恭维和赞美的话加进去，不要认为对方不在就没必要讲，你说出来，让另外的人听着，最后也会传到当事人的耳朵里。这样一来，当事人得知你所做的一切，心里对你便有了好感。

4.传播的人群是对方亲近的或熟悉的亲戚朋友

做好“传话筒”，让大家分享他人的得意事，有个必要的条件，那就是一定要选择好这个人群，如果你对一些毫无干系的人说，那么对方顶多是笑一笑，因为与他们无关，他们也兴奋不起来，自然也不可能把你的这份好意回馈回来。所以，要选择对方的亲戚朋友。当然，也要甄别清楚他们之间是否友善。

❤ 关心那些处于悲伤中的人

生活中，我们都是有血有肉的普通人，当我们经受不住生活的打击时，便会伤心难过，这个时候是我们最脆弱的时候，也是最需要别人的拥抱，最需要别人的安慰的时候。如果你想获得对方的好感，那么就要在这个时候给他一份温暖，让他感受到你一直都在默默地关心着他，温暖着他。

卫兵和朱婧是经过朋友介绍认识的，他们第一次见面的时候，就对彼此有好感。用朱婧的话说：“她相信自己的感觉。”也正是这种感觉，让他们两个人对未来的生活充满了憧憬和希望。

可是仅仅接触了一个月，朱婧就有了想要分手的念头。原来她和卫兵接触当中，感觉卫兵对自己缺少信任感，他总是时不时地问她，是不是喜欢

上别人了。事实上，卫兵这么问不是没有原因的，因为最近一个星期内，朱婧突然对他很冷淡，打电话也不接，短信也很少回。可是朱婧觉得，两个人相处最起码的便是互相信任，她因此对卫兵有了很深的成见。

分手之后，卫兵并没有就此放弃，而是在默默地关心着朱婧。朱婧高兴了，他也在替她高兴，朱婧不高兴了，他也在悄悄地替她伤心。

这天，卫兵从朋友那里得知，朱婧的姥姥去世了，她的情绪非常低落。卫兵的心被提到嗓子眼上，他没有再给朱婧打电话，而是在朱婧家门口等她。整整等了一个下午，他终于见到了朱婧。朱婧精神很差，两眼深陷，感觉像变了个人一样。

见到朱婧这个样子，卫兵心疼得流下了眼泪，他走上前去，抱着朱婧，哭了起来。他哭着看着朱婧说："你怎么不照顾好自个儿呢，你怎么这么傻。我知道你姥姥去世了，对你的打击很大，但是你也不能这么作践自己啊。你不爱惜你自己了，也要替我爱着你自己啊。"

听到这个曾经让自己厌恶的男人说的这些话，朱婧感动得流下了眼泪。她悄悄地把手放在了卫兵的脸上，把头靠在了他的肩膀上。这个时候，她觉得自己有了一个依靠，她的心并不孤单，而且感受到了久违的那份温暖。

故事中的卫兵，在朱婧最伤心、最难过的时候出现在了她的身边，给了她温暖。事实上，卫兵一直都在默默地关心着朱婧，尽管朱婧对他的误会和成见很深。但是他让朱婧感受到了他的关怀，从而再次赢得了朱婧的好感，把爱情继续下去。那么，在别人情绪低落的时候，如何默默地让其感受到你的关怀呢？

1.要静静地陪着他

当一个人伤心难过、情绪低落的时候，可能不想说话。这时候，你不妨静静地陪在他的身边，让他感觉到自己并不孤独。这样，尽管你没有表达，但是对方心里明白，你一直在关心他，否则你也不会一直陪在他的身边。这样，你在对方的心里就有了位置，对方也会为你的付出而感到温暖。

2.要关注他的生活

当一个人情绪不好的时候，往往内心的情感很脆弱，这时候最容易感动，也最容易将别人装在心里。因此，此时你要将你的关心和问候及时地传达给对方。即使不方便对对方讲，也要讲给对方贴身的朋友听。这样，他内心之中会记着你的好，对你有好感也是自然而然的事情。

3.想办法哄他开心

当一个人情绪不好的时候，会感到非常抑郁，即使自己想高兴，也高兴不起来。这时候，你就要想办法哄她开心。比如讲一个笑话，或者做一些滑稽的表演，让对方笑出声来，只要开口笑了，对方内心的抑郁也就会迅速被赶走。试想，当有人一心一意地想要让你开心，你会不受感动么？

4.和他谈心解疑惑

人在情绪低落的时候，可能会不爱说话，也有可能特别想倾诉。所以，你不妨和他好好谈谈心，让他把不开心的事统统说出来，这样对方内心之中没有了压力，很快便会从悲伤中走出来。同时，你的这次谈心，也走到了对方的心里，别人对你有好感也就自然而然了。

❤ 当对方有所失误，也要表达你的尊重

没有人保证自己一辈子不会犯错误，当一个人犯了错误之后，内心之中会特别愧疚，如果这时候你能忽略他的失误，则会让别人对你感激涕零，因为他觉得你很尊重他。相反，你如果揪住他的错误不放，则会让别人觉得你在羞辱他，在践踏他。同时，允许别人犯错误也是一个人涵养的体现。

郝娟的妈妈从国外回来了，给她带了很多非常漂亮的衣服，郝娟当做珍宝一样舍不得穿。这天，刚好遇上了好朋友娜娜的生日，于是郝娟精心挑选了自己最喜欢的一件，将自己打扮得漂漂亮亮的，去参加生日派对了。

昔日的好姐妹从来没有见过郝娟这么漂亮过，于是纷纷围过来，看她的

新衣服，看到好朋友羡慕的样子，郝娟别提有多高兴了。就在这时候，平日里关系不错的男生海冰端着红酒走了过来，老远就吆喝道："我当是哪位神仙姐姐下凡了，原来是郝娟啊。今天可真漂亮啊！"

郝娟笑着说："什么话么，你姐姐我哪天不漂亮啊。"

这时候，有姐妹开玩笑说："八成是海冰看上你了，你还不赶紧表个态啊。"

郝娟脸一红，转身去打说话的那个姐妹。由于转得太快，一下子撞在海冰手里的红酒杯子上，此时海冰刚好仰头在喝红酒，顿时海冰一下子被撞倒了，红酒洒了他一脸，而且将他刚刚新买的昂贵西服也给弄脏了。

热闹的人群一下子安静了下来，郝娟也给吓傻了，站在那里说不出话来。海冰从地上爬起来，掏出纸巾，擦掉了脸上的红酒，笑着说："今天看来我是赚大了，中了'头奖'，谢谢郝娟，看来我将来大红大紫了。"说完，笑呵呵地走出了派对现场。

那天派对结束之后，郝娟在门口一直等着，等海冰出来的时候，她迎上前去，说："刚才真的对不起，让你糗大了。希望你不要介意。"

海冰笑着说："不会的，我怎么会介意呢。"

郝娟低着头，不好意思地说："你现在时间方便吗？一起走走啊。"

海冰心头一亮，憨厚地笑着说："好啊。"

……

没过多久，韩娟和海冰正式确定了恋爱关系。

故事中的海冰，在郝娟不小心撞翻了自己拿的红酒，让自己出了丑的情况下，并没有因此而责怪她，而是以开玩笑的姿态巧妙地处理了此事，让郝娟感觉到了他对自己的尊重。当一个人出现失误的时候，最担心的就是别人的指责和为难，最渴望的是别人不介意，而若做到这一点，无疑能给对方留下良好的印象。那么，当对方出现失误的时候，如何体现你的尊重呢？

1.安慰别人，免得对方有心理压力

当一个人不小心出现失误的时候，内心深处会对自己产生自我否定，觉得自己很没用。如果伤害了别人,则更加有愧疚感。这时候,一定要记得安慰他,宽他的心,尽管你说的话是一些客套话,但是对方这个时候听了,内心会平静很多,压力也会小很多。所以,应及时安慰他,让他感受到你很在意他的感受,很尊重他。

2.轻描淡写,迅速转移别人注意力

人总是在不小心的时候出现失误,陷入窘境,此时往往觉得自己很没面子,很丢人。没法下台。这时候,你要迅速想办法转移别人的注意力,让对方及时做出补救的措施。你照顾了别人的感受,帮助他走出了窘境,对方自然会感谢你,对你有好的印象也就可想而知了。

3.一笑而过,体现出对犯错方的原谅

有时候,可能是对方的一个无意间的动作,给你带来了伤害。正如故事中的郝娟,一个转身将海冰撞倒了,弄得红酒洒了一脸。这时候,事实上,郝娟的内心充满了愧疚。海冰却一笑而过,说明他并没有因此而计较。对于郝娟来说,内心充满了感激。可见,不计较别人的伤害,就是对他犯错的原谅,别人自然对你有好感了。

4.接受道歉,肯定别人的认错心理

别人失误伤害了你,自然会想办法给你道歉,这样才能平息他内心的愧疚和不安。当对方提出给你道歉的时候,你要接受。很多人觉得没什么,自己已经原谅他了,觉得没有必要再接受他人的道歉。但是你不接受,对方心里仍没法原谅自己。他可能觉得你还在生气拒绝接受他的道歉呢。事实上,接受别人的道歉也是对他的尊重。

❤ 面对愤怒中的人,不妨做点为其降火的事

生活中,总有很多不尽如人意的事,常常让我们非常生气。人在生气的时候,内心的火气非常大,对周围的人或者事的抑制情绪也很强烈。这时

候,如果你想获得他的好感,不妨为对方做一些事情,让他感觉到你和他是同一战线的战友。

叶裴在外面漂泊了好些年,今年回到老家后,开了一家服装店。说来也是小有成就。可是生意场上的尔虞我诈,让她防不胜防。

这不,刚刚给服装厂付了 3 万块钱的款子,可是对方的服装迟迟不到,好不容易到了,质量却是相当的次,完全不是之前她要的那批货。几次找对方退货,可是人家就是不领情。你说这能不让人上火吗?

为此,叶裴气得几天吃不下饭。这件事情不知道怎么传到了叶裴之前的一个同事王云的耳朵里。王云不但是叶裴的同事,也是她非常要好的朋友,可是之前因为一些误会,让两人的关系一度降到了最低。几年来,尽管有时候联系一下,但是却回不到从前了,为此,王云很是纠结。

得知这个情况后,王云主动找到了叶裴,把自己所有的积蓄 5 万块钱放到了叶裴面前,叶裴没有任何的表情,她抬起头认真地看着王云说:"你这是什么意思?"

王云微笑着说:"我就是想帮助你,我知道遇到这种事情,要是没有资金注入,你的店就没有办法开下去了。作为老朋友,我有这个责任帮助你。"

叶裴冷冷地说:"谢谢你的好意。"尽管态度很冷淡,但是王云从她的眼睛里已经看到了一些温暖。

随后王云关切地问道:"这件事情你打算怎么处理啊?"

叶裴气愤地说:"肯定不能就这么算了,这帮王八蛋,算怎么回事情,竟然赤裸裸地欺诈我。"

王云也生气地说:"是啊,他们这么弄,以后谁还愿意跟他们做生意啊。这事,咱们得跟他们打官司,你不能吃这个哑巴亏。"

叶裴也跟着说:"肯定不行,我非要讨个说法不可。"

王云:"你忙你的生意,我有个专门做律师的朋友,把这事完全委托给他吧。你回去后把相应的材料准备一下,比如发货的单子、发票和之前的合同等等,我明天让我朋友过来找你,你和他详细聊聊。"

当她们两分手的时候，叶裴表达了对王云的关心："路上小心点，早点回家。"这让王云非常兴奋，因为自从她们两有了误会之后，叶裴已经很久没有表达对她的关心了。

故事中的王云，在好朋友叶裴遭遇生意上的挫折，生气愤怒的时候，及时出现，为她提供了东山再起的资金，并且积极联系律师为她解决问题。这让叶裴冷却的心又开始温暖了起来，正是因为这些小事，重新让叶裴对王云产生了好感。在别人愤怒的时候，为他做一点小事，帮助他消消火气，往往能让别人把你当做知己，因为你能急他所急，和他站在同一战线上。那么，看到别人愤怒后，如何帮助他做一点小事呢？

1.对症下药，找到解决问题的方法

对方之所以愤怒，一定发生了不平的事情，或者是遭到了别人的伤害。这时候，你不妨对症下药，找到解决问题的方法。如果是遭遇了不平，受到了委屈，那么一定要帮助对方，寻找解决问题的办法。如果是受到了别人的伤害，那么要积极和对方沟通，解决他和对方之间的矛盾和隔阂。总之，要让他觉得，你是为了维护他的利益在活动着。

2.问明情况，提供他最需要的帮助

就像故事中的叶裴一样，当她遭遇了不公平之后，最需要的可能不是去维护公平，而是重新找资金，将生意继续做下去。这时候，她的好朋友王云出现了，提供了她所需要的帮助。这在一定程度上减小了她内心的不安和狂躁。所以，当别人出现愤怒情绪的时候，要及时地问明情况，提供他最需要的帮助，让他的愤怒情绪得到适当的缓解。

3.积极行动，将伤害和损失最小化

当一个人被别人伤害之后，觉得受了委屈，情绪自然很激动。这时候作为他身边的你，要积极行动起来，设法将伤害和损失减小到最少。事实上，伤害越大，损失越大，别人的愤怒也会越大。你帮他减少了损失和伤害，实际上就是降低了对方的愤怒，对方知道了，自然会对你另眼相看，对你有好印象。

4.宽对方心，让他人觉得并不孤独

人在愤怒的时候，往往自我封闭，这时候，如果你要想让对方对你有好感，留下好印象，不妨劝解劝解，当然劝解的时候不能灭对方的威风，否则他会同你敌对起来。你劝解他的目的是和他站得更紧，让他对你产生好感，如果敌对起来，那么就与你的目的和愿望背道而驰了。

❤ 遇到他人秘密被揭开，不妨装装糊涂，谢绝八卦

生活中，每个人都有不想让别人知道的秘密，可是很多时候，这些秘密在不经意间就会被揭穿，这让别人尴尬万分。在这种情况之下，你一定要学会装“糊涂”，就当什么也没有看到，什么也没有听到，把别人的秘密烂在肚子里，绝对不要随便八卦。这样，别人会觉得你值得信赖，从而对你产生好感。

张明和段奕是一个车间的工友。他们同时进的工厂，又分配在了同一车间内，但是两人很少说话，关系也很冷淡。段奕性格比较开朗一些，朋友也相对比较多，所以，下了班没事做的时候，通常都是约了朋友们一起去玩。

这天下班后，段奕觉得有点不舒服就没有出去，而是拉上了帘子，一个人闷头睡起觉来。

不一会儿，张明的女朋友找到了同样在宿舍睡觉的张明，坐在一边哭了起来，在张明的再三追问下，女朋友才道出了实情。原来，昨天晚上，下班回宿舍的时候，她被路边窜出的流氓给非礼了。张明听后，脑袋“嗡”的一下，愤怒地打了女朋友一个耳光，开始训斥起来。扬言要和她分手，女友一个劲地在一边哭泣。

段奕本来睡着呢，张明的责骂声把他吵醒了。张明和女友之间的对话完全被他听到了，他想这也不是自己故意的，就装作自己不在吧。可是偏偏这个时候，他一下子咳嗽了出来。这让睡在下铺的张明非常尴尬。

段奕也尴尬地笑了笑说，说："不好意思，今天有点不舒服，所以没有出去，我现在就出去，你们继续。"

张明狠狠地瞪了段奕一眼，没好气地说："用不着。"说完，拉着女朋友走了出去。段奕待在原地，好不尴尬。

从那之后，张明见了段奕都是躲着，不管是在上班期间，还是在宿舍里，只要有他在，张明都会躲得远远的。

这件事情过去整整两个月了，张明担心的流言飞语并没有流传开来，而且段奕见了他总是一如既往的，没有任何的变化。渐渐地，张明也不再躲着段奕了。这天下班后，他见段奕闲着呢，于是过去说："段哥，走，我请你喝酒去。"

段奕明白，从那时候起，张明已经把他当做自己的好朋友了。

故事中的段奕在无意间听到了张明的隐私，但是他并没有将它传出去，而是假装糊涂，守口如瓶，最终赢得了张明的好感，两人成了非常要好的朋友。当一个人的秘密被别人得知之后，内心之中会非常恐惧，总是觉得自己不安全，但是只要你为对方守口如瓶，对方会觉得你值得信赖，自然会对你产生好感。那么，当你无意之中听到了别人的秘密之后，如何做才能做到守口如瓶呢？

1.找个没有人的地方，悄悄地说出去

替别人保守秘密本身就是一件非常不容易的事情，因为你知道了，但是又不能说，越是不能说，你内心越是憋得慌。你不妨找个没有人的地方，悄悄地说出来。这样，既不会泄露别人的隐私，也不会因为憋在心里而难受。时间久了，你也就慢慢地忘掉了。这样，别人觉得你能为他守秘密，自然会把你当做可信赖的朋友一样去相处了。

2.养成不论人是非、不八卦别人的习惯

俗话说"习惯成自然"，如果平日里总是喜欢论人是非，八卦别人。那么当你无意间得知对方的秘密之后，在防不胜防的情况下就会说漏嘴，让别人对你产生反感。所以，平日里要养成不论人是非、不八卦别人的好习惯，这

样，你的嘴巴就比较紧，也不会轻易把你无意间听来的秘密泄露出去了。你对别人好，别人自然会对你有好感。

3.时刻提醒自己不要去伤害别人感情

任何人的秘密被别人爆料出来，身心都会受到严重的伤害。因为周围的人一再传播，会影响他的正常生活。因此，当你无意中听到了别人的秘密之后，要时刻提醒自己，不要去伤害别人的感情。这样，一旦你有想说出来的欲望和冲动的时候，你就会受到自己良心的责备，这样，你也就不会轻易地爆料别人的秘密了。

4.潜意识里淡化掉，多关注自己事情

当一个人听到了别人的秘密之后，你的注意力会不自觉地集中在这个秘密上，如果不说出来，或许你会寝食难安。但是说出去就会伤害别人的情感。在这种情况下，你不妨在潜意识里淡化这个秘密，将更多的注意力放在自己的身上，放在那些让人兴奋和喜乐的事情上，这样时间久了，你也就会慢慢地淡忘了。

❤ 他人无助时，主动伸手帮助他

生活中，人往往会遭遇很多的迷茫和徘徊，这个时候，人往往表现得无所适从，不知道究竟该怎么办。如果你能在对方无所适从的时候站出来，及时地给予他一些意见和建议，帮助他，作对抉择，那么无疑对方会把你当做知己，对你有好印象，欣赏你。

霞霞今年已经 28 岁了，可是对于自己的婚姻表现得非常茫然。在亲戚朋友们的不断介绍下，她接触了很多的男生，可是最终由于这样那样的原因而没有结果。在父母和社会的压力之下，她认识了现在的男朋友海。

海是个非常有才华的男生。不但生性洒脱，而且阳光帅气。更主要的是他对霞霞非常好，平日里对她关怀备至不说，还很包容她。按理说，这样

的男生对于霞霞来说，是最好的归宿。可是就在他们商量着筹办婚事的时候，意外发生了。

原来，霞霞所在的单位刚好安排了外出旅游，在旅游的途中，她结识了一个新的朋友怀玉。当她和怀玉聊起了自己的近况时，怀玉的一些话让她有了想法。因为尽管海对她特别的好，但是海的家庭并不是很好，没有楼房，而且海喜欢随心所欲的生活，这让霞霞感觉到没有安全感。更让她动心的是，怀玉承诺给她介绍一个条件更好的男生。

于是旅游回来之后，她便非常纠结。她知道，像海这样的男生，是值得一辈子托付的人，但是怀玉说的情况也让她很动心，她常常在左和右之间徘徊不定。由于想法总是不确定，所以在和海的关系上，出现了摇摆不定。

振丽是霞霞的同事，可是由于她和霞霞性格有些不合，所以两人并没有太多的深交。当她从霞霞最近的一些反常表现中，看出了一些端倪。这天，霞霞接电话时，和对方争吵了起来，事实上，那个电话正是海打的。

当霞霞接完电话之后，振丽走过去对霞霞说："我之前也经历过你的问题，作为一个过来人，想不想听听我的想法？"

霞霞点了点头说："你说。"

振丽说："我觉得婚姻是两个人经营的，更主要是看两个人之间的感情，如果太注重物质的生活，你的婚姻可能会走进死胡同。与钱有关，那么就与感情无关了。事实上钱能解决的问题，都不是问题。"

霞霞说："可是我们都是生活在现实中，不考虑物质有可能降低婚姻的质量，毕竟婚姻不是甜言蜜语，更多的是柴米油盐。"

振丽说："实话说，我对你的情况了解不多，但是我想你应该明白，婚姻是以感情为主的，没有了感情，再丰盛的物质也弥补不了精神的贫瘠。我当初就选择了物质，结果错过了真正爱我的那个人。尽管现在生活衣食无忧，但是还是很空虚，很孤独。我现在幸福吗？我不这么认为。如果能重新选择的话，我宁愿跟爱我的男人在一起。可是生活往往无法回头。"

听了振丽的话，霞霞点了点头，她给海打了电话，化解了彼此之间的误

会。从那之后，振丽成为了霞霞非常要好的朋友。

故事中的霞霞在面对婚姻的时候，陷入了迷茫和徘徊，她不知道该做如何选择。在这个时候，和她并不熟悉的振丽，从自身的情况说起，给迷茫中的霞霞指出了出路。从而赢得了霞霞的好感，两人成为了非常要好的朋友。人的一生，面对的抉择太多，难免会迷茫和彷徨，这时候，最渴望的是能得到别人的指点和帮助。如果你主动站出来，给别人指点迷津，那么你在对方的心里自然就有了位置。当别人无所适从的时候，究竟该如何为他指点迷津呢？

1.要记得尊重对方

给对方指点迷津的时候，一定要记得尊重对方。在说出你的想法和看法的时候，要先征求对方同意才行。一般情况下，一个人在无所适从的时候，是不会拒绝别人的意见和建议的。要是对方不同意，那么你最好不要多说什么，因为这毕竟是对方的事。

2.态度一定要坦诚

既然是你给对方提建议和意见，那么你的态度一定要坦诚，所说的话都是掏心窝子的话，这样对方才会感觉到你的真诚，才会考虑你的意见和建议。对方在那里迷茫呢，你却在一边说一些风凉话，试想，别人怎么可能对你友善、对你有好感呢？相反，还会觉得你是在看他笑话，从而对你有了更深的成见。

3.要有一定的理由

对方在迷茫和彷徨时，你所提的意见和建议，一定要有充分的理由，因为对方要想采用你的意见或者是建议，至少让他感觉到你所说的是正确的。如果你没有理由，只是一个劲地表达你的态度，那么对方会认为没有多大的帮助，反而会让他心烦意乱，觉得你是在给他添堵。所以，你的建议和意见要有充分的理由，要有逻辑性，让对方信服。

4.不要和别人争执

如果对方不接纳你的想法和建议，那么千万不要和他进行争执。说白了，这是别人的事情，你是出于好心给予帮助的。如果别人愿意接受你的想法,接受你的价值取向,那么对你来说是一件好事,对方也会记着你的好。如果不接受,应立即打住,不要再往下说,因为既然对方不接纳,说了也是白说,还会引起别人的反感。

❤ 当他人胆怯时,为其加油打气

并不是每个人都有勇气面对所遭遇的挫折。很多时候,我们都会软弱,都会胆怯,都会恐惧。这时候,我们都会从心底里渴望得到别人的鼓励,得到别人的支持,这样才会勇敢地面对所遭遇的痛苦和伤害以及无法预料的灾难。如果你想走进别人的心,让别人对你有好感,那么不妨在这个时候,主动伸出你的双臂,给予别人鼓励和安慰。

华华今年已经 15 岁了。可是她性格非常软弱,再加上爸爸对她的管教非常严,所以特别害怕爸爸。华华是个懂事的女孩子,她从来没有让爸爸失望过。每次当她拿着全班第一名的成绩走进家门的时候,爸爸都会送给她一份精美的礼品,往往能给她带来惊喜。

可是,这次的考试出了意外,华华由于考试的当天得了严重的感冒,所以不在状态,很多道题都答错了。成绩一下子由第一名落到了十多名。当成绩出来的时候,她哭得非常伤心。下午放学后,她一个人在校门口徘徊,不敢回家。她害怕爸爸会责骂她。

这时候,班长刚好走出了校门,看到华华在校门口徘徊,于是走上前去问:“华华,你怎么不回家,一个人在这儿瞎逛啊?”

班长的学习也非常好,平日里经常和华华争第一,可是每次都输给华华,这次华华出了意外,她如愿以偿地得了第一名。因此,华华心里对她多少有点气。面对她的关心,华华没有理睬。

班长见华华不理睬,觉得有问题。于是她走上前去,对华华说:“你是不是这次考试没有考好,不敢回家去啊?”

班长的话说到了华华的心坎上，她委屈地看了班长一眼，点了点头，眼泪顺着脸颊流了下来。一边哭一边说："我怕爸爸骂我，我不敢回家去。"

看着有些发抖的华华，班长走上前去，抱住了她，不断地安慰道："没事的，没事的。你爸爸那么爱你，怎么会骂你呢。你这次没有考好，我知道你心里委屈，可是还要担心被爸爸训，你可真不容易啊。"

听到班长这么说，华华靠在班长的肩膀上哭了起来。

那天，是班长陪着华华回的家。班长把实际的情况跟华华的爸爸说了一遍。爸爸并没有发火，而是安慰华华说："孩子，爸爸相信你。你永远是最棒的。"听到爸爸的话后，华华心里的石头终于落地了。

那晚，她留班长在家里吃饭。从那之后，她和班长再也没有因为名次的问题有过隔阂，而且，两人的关系特别好。

故事中的班长，在华华因为成绩没考好害怕回家的时候，及时地给了她安慰，温暖了她的心，并帮助她对其爸爸做了解释。最终赢得了华华的好感，两人成为了非常要好的朋友。由此可见，当一个人产生恐惧感时，最渴望的是别人的安慰和理解。如果这时候我们及时出现，给对方及时的帮助，那么对方的心自然就会向我们打开。那么，当别人产生恐惧感时，究竟怎么做才能给他安慰呢？

1.及时给对方一个拥抱

通常情况下，一个人在恐惧和害怕的时候，会觉得自己被抛弃了。因此，当你发现别人恐惧和害怕的时候，不妨给他一个拥抱，让对方感受到你在接纳他。这样对方恐惧的心就得到稍许的平静。同时，拥抱给别人传达的是对他的绝对的信任。因为这份信任，对方也会信任你，对你产生好感。

2.适时拍拍对方的肩膀

我们发现，孩子不睡觉的时候，拍拍他的身体，孩子就会很快睡着。由此可见，轻拍对方的身体，会让别人觉得有安全感，也是对他人的安慰。因此，当你看到别人因为恐惧和害怕发抖的时候，不妨轻轻拍拍他的肩膀，这样，对方惊恐的心会稍稍得到平静，因为你给他传递了安全感。

3.宽慰的话要说到心坎上

当然,宽慰的话是绝对不能少的。因为说宽慰的话才能告诉对方“不必惊慌”,“没什么大不了的”。但是宽慰的话一定要说到对方的心坎上,如果你说的话不着边际,跟对方的恐惧没有任何的关系,那么对方不会对你产生信任和依赖。因为他感觉,你不懂他的心,你帮不了他。

4.告诉对方你会在他身旁

人在惊恐当中,最害怕一个人独自面对,这样会使得他的惊恐加剧。所以,当你发现别人害怕和担心的时候,要暗示对方,你不会离开他,你会一直陪着他,这样,有人和他一起分担恐惧,他便觉得没有那么害怕了。如此一来,对方对你便有了心理依赖,自然愿意接纳你,对你有好感也是自然而然的事情。

第 10 章

蜜语甜言，谁都爱听真诚到位的赞美之言

赞美不是阿谀奉承，赞美要想达到预期的效果，就要怀着一颗真诚的心，发自内心的赞美才能被人们接受。另外，这种赞美要精确到位，足够细腻，让被赞美的对象找不出破绽，从而用赞美的话抓住对方的心。赞美的话是每个人都喜欢听的，但是要注意自己的语言有轻重缓急之分，用词越朴素越好，太花哨就会失真，反而不中听。如果还是感觉这样的赞美会被别人说成奉承，那么不妨借他人之口说出自己的赞美之意，这样效果会更好。

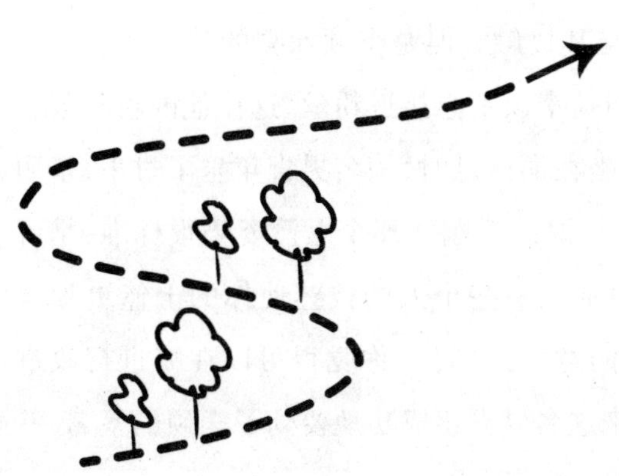

❤ 巧说一句赞美的话就能迅速抓住人心

在谈话中能抓住对方的心是一件非常能体现一个人能力的事情，因为不是每个人都会对对方所说的话感兴趣，很多时候人们都在忙碌，谈话经常会被忽视，不被重视的谈话又怎么能吸引对方呢？所以想办法用一句话就能抓住对方的心，这种好的办法就是赞美。赞美是一种能够让人心情愉快的语言方式，一种非常巧妙的表达方法，适当真诚的赞美能够一句话就抓住对方的心，这对建立一种愉快的成功的交流是非常有益的。那么如何用一句话就能抓住对方的心呢？可以从以下几个方面入手：

1.寻找对方兴趣点

如果一个人十分擅长做某事，或者对某事十分感兴趣，那么你对他在这件事情上的认可一般都会使其有一种成就感，这样的认可无疑会给对方内心带来一种喜悦。每个人都需要别人的肯定，因为这样才能有动力去做一些事情，才能实现自己的人生价值。所以当你能够找到谈话对象的兴趣点，并且能给以恰当的赞美时，对方一定会被你的真诚打动，愿意从心里接纳你，和你交谈。

李硕是一名篮球运动员，平时喜欢钻研篮球技艺，但是不善言谈，除了几个熟识的朋友外，其他人很难与其接触。但是李硕漂亮的球技还是吸引了很多粉丝向他要签名和照片，但是李硕不愿接近粉丝，这让他的粉丝很着急。一天，李硕在球馆练球，当他坐在那休息时，一名男青年坐了过来，李硕以为是粉丝，刚要离开，这名男青年说："你刚才那个上篮姿势很标准，是可以上教科书的。但是不是可以再加入一些个人的技艺使你的上篮更加实用？"李硕一听，立刻没有了离开的意思，便问："你觉得可以在哪进行改进呢？"两个人就这样聊了起来，后来这名男青年成功地要到了李硕的签名，并与其合影留念，这让李硕的粉丝们羡慕不已。

这个男青年是李硕的一名粉丝，但是他与其他粉丝不同的是他要到了不愿意和粉丝接近的李硕的签名。从例子中不难看出这个男青年用一句很中性的赞美之言抓住了刚刚起身要离开的李硕，从而成功地与李硕进行了交谈，并获得了签名和合影的机会。其实，这名男粉丝的方式很简单：一句赞美的话抓住对方的心，之后获得深入交谈的机会。

2.发现对方的得意之处

很多时候，对一个人的得意之处进行赞美，可以瞬间引起对方的好感。比如，对一名女性最漂亮的地方进行赞美，对一名男士最为成功的地方进行夸赞，对一个人最看好的一件事情进行认同等等，都可以获得对方的好感，从而抓住对方的心。

例如赞美女性。女性是美的，但是实际生活中，集所有的漂亮于一身的人的情况很少。这时候，你就需要学会发现美。法国艺术家罗丹说的话很值得我们三思："不是生活中缺少美，而是我们缺少发现美的眼睛。"诚如斯言，我们在赞美女人之前还是要观察一番"生活"的。比如说，一个女人很可能没有漂亮的脸蛋，但是如果她的气质很好，同样可以纳入我们进行赞美的主题。如果面前的这名女性确实不漂亮，那么就不要费尽心思去找一个非常牵强的地方去赞美其漂亮，否则会弄巧成拙。比如，对身材不好的女性也不可随便赞美她的苗条，因为明眼人都能看出这是一种奉承，说的是假话。结果，人家会以为你是在讽刺她。对于相貌平平、身材一般的女性，我们可以转换方向，从她的修养上找话题。

小玲是一家化妆品公司的员工，她对时尚略懂一二。她的上司是一名曾经从事过服装设计的中年女性，平时也都是打扮得很入时，这让小玲每次都对上司注目良久。一次，上司因为业务的事情找小玲谈话，在工作谈完后，小玲对上司说："您的衬衣是不是范思哲的新款，给人一种清新靓丽又不乏硬朗洒脱的感觉，真的很适合您。"小玲的话让上司出乎意料，她没想到自己有一名懂时尚的下属，并且正好说中了自己最得意的这件衬衣，上司心中非常高兴，拉着小玲又说了一些最近的流行趋势。小玲之后成为了上司的助理，前途更加广阔了。

小玲也是一句话就将自己的上司吸引住了，之所以能够抓住上司的心，就是因为小玲夸赞的衬衣正是上司最为得意的一件，对上司最关注的东西进行赞美，自然会让上司感到无比开心。

在赞美时，不要只是说一些好听的话，这样做的结果只能是太过死板，效果自然不会好。所以，要能够发现对方的兴趣点和得意之处，有针对性地进行赞美，从而能够使对方的心瞬间被抓住。

❤ 初次见面的陌生人，也能找到赞美的点

和陌生人交谈本来就是一件比较困难的事情，因为对对方不是很了解，不知道哪句话会说错，也不知道对方喜欢听什么样的话。这时如果十分冒昧地去赞美是不是会出现弄巧成拙的现象呢？答案是有可能的，但是我们可以通过一些技巧避免这种现象的发生，例如可以通过初步的交谈了解一下这个人的性情，然后再通过一些比较自然的、不容易听出来的赞美来博得对方的好感。这里有几点建议：

1.平稳淡定出真情

很多时候人们说话时会眉飞色舞，手舞足蹈，说得口沫横飞，尤其是赞美一个并不认识的人时。虽然他所说的内容似乎很精彩、很吸引人，但是这些内容总是过于花哨，不能让人相信。俗话说“平平淡淡才是真”，越是平平稳稳说的话往往越能够让人们心里感到踏实，愿意相信。尤其是陌生人之间，过于活跃往往给人的感觉是不可靠的，而平平稳稳的形象则能够取得他人的信任。

例如，你要去赞美一位并不认识的漂亮女性。如果你大谈特谈她的美，她的漂亮，那么对方可能会感到你的好意，但是会觉得你华而不实，有其他的目的，听两句就会躲远。可是如果你非常坦然、非常诚恳又不乏绅士风度

地对对方说：“小姐，也许这样说有些冒昧，但是我确实被你的美貌吸引了。”一般的女性在面对这种朴实的赞美时会从内心感到一种高兴，会对你的赞美表示感谢。所以，赞美也要平稳淡定，平平淡淡中见真情。

2.真诚才能打动人

赞美要真诚，这样才能打动人。如果在赞美他人时是为了某种目的，那么赞美的内容让人一听就非常假，是为了赞美而赞美。在赞美他人时要调整好自己的心态，要做到真诚，赞美的话语要从自己的心底发出，这样才能打动别人的心。把自己的真心捧在手心，别人就会推心置腹地与你畅谈。比如你与陌生人本不熟识，但你的真诚却会让对方怦然心动，防备心理自然会融化。再如与异性交谈，双方存在性别差异，矜持和自重之心很难让人放开了沟通。但是谁也拒绝不了真诚之心，真诚代表着一颗冰清玉洁的纯净之心，扫清了沟通的障碍。不要以为自己的真诚别人无法体会到，人都是情感动物，真诚这样的情感和状态是能够被他人感受到的。比如你的表情、眼神、语气、话语本身，都可用以表现真诚。不但要让真诚自然显露，而且要善于表现真诚。带有真诚的赞美，无论你们是否认识，都会取得对方的好感，能够为进一步交流打下好的基础。

3.创新赞美

除了赞美的态度，赞美的角度和话语也是非常重要的。总是选择一种赞美方式会让人见怪不怪的，赞美达到的效果也会大打折扣。因此，在赞美他人时可以选取新角度，要标新立异，使人眼前一亮，这样才能瞬间抓住对方的心。例如，对于一个美丽的女人来说，赞美她的人已经不少了，所以你的赞美可能是步了第一千零一个男人的后尘，她不会很在意，同时还会觉得你流于一般，不太出众。你在赞美的时候就不妨换个方式，譬如说打个比喻等。要善于发现赞美的角度，平时多些观察，根据自己的了解来寻找赞美的角度，往往会事半功倍。

4.不做无用功

如果自己的赞美之词不能够引起对方的兴趣，那么就不要继续这种赞美了，如果还在不依不饶地说着那些自己看来能够取悦他人而在他人看来很无趣的话，那么谈话离失败也就不远了。所以不要做无用功，看眼前的路走不通，就不要继续走了，换一条，要灵活一些，这样才能找到适合对方的赞美方式，才能通过自己的赞美与陌生人进行有效的谈话，逐步使对方对自己产生好感，敞开心扉进行交流。

❤ 赞扬之言也分轻重缓急

赞扬他人也要分轻重缓急，有些话可以随便去说，可以拿过来从各个角度赞扬，但是有些话是有轻重之分的，是不能随便拿出来作为赞扬他人的内容的。另外，还有些话可以在当时拿出来赞扬，恰如其分，而另外一些话需要等一下再拿出来说。所以，话在什么时候说轻些，在什么时候要说重些，都是需要拿捏的，尤其是赞扬他人的时候。当某人的某件事情得到恰如其分的赞扬时候，才会获得理想的效果，给对方留下一个好的印象，促进人际交往。

1.小事一件，勿用大赞特赞

很多时候一个人，特别是一些社会地位比较高的人，在做了一些让人称赞的事情后会被赞扬得天花乱坠，其实这在很大程度上是在赞扬这个人，而不是对事不对人。也许对人的赞扬并没有过错，但是赞扬者会给人一种溜须拍马之感，这种习惯一旦形成或者被周围的人效仿，一种不良的风气就会形成，不利于工作的开展。

老周是一家公司的职员，由于家里一些事情要处理，所以需要向自己所在部门的主管请假，老周以为会很麻烦，所以很忐忑。可是老周把情况一说，主管就同意了，这让老周非常高兴。事后老周无论在哪都会说自己的主管有多好，很多次他甚至说这是他遇见的最好的领导，哪个领导都不行，结果一次被部门经理听个正着，对老周心存不满。许多次老周的工作都被经

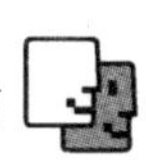

理否定，这让老周很是郁闷。

从这个例子中不难看出，老周因为心存感激，所以说了一些赞扬自己领导的话，结果被领导的上司听到。如果这些赞美的话只是说自己的领导真不错，那么上司听到也许不会有什么异议，问题就出在老周说自己的主管是他遇到的最好的领导，言外之意就是部门经理也不好，这就把话说过了，赞美的话说重了。其实主管请给自己假是再正常不过的事情了，没有必要那么赞扬，这会让被赞扬者不适，也会令周围的人不适。因此，当一件小事被办成时，不用大赞特赞，只要把话说到即可。

2.普通人做的大事，怎么赞扬都不为过

很多时候，一些人做了很了不起的事，但是赞扬的声音却很小，很大程度上是因为这个人的社会地位不够高。出于这种心理，虽然人们内心有一些赞扬的话，但是一般不会对其说出来。其实这样做是不对的，一些好的事迹，尤其是那些最为普通的人做出的比较轰动的事，是需要人们去高调赞扬的，这样也会为社会树立一个好的榜样，从而影响其他的人，使大家都去学习这种有利于社会进步的精神，使社会更加和谐。

小刘是一名国企职工，平时工作上进心非常强，总是能够在所在部门争先创优。一天他走在回家的路上看到前方有一个人正在抢一名女性的包，正当女性喊人帮助时，小刘一个箭步飞过去与歹徒斗在一起。周围群众发现后也来帮助，最后制服了歹徒并将其送到了公安局，后来大家都为小刘鼓掌。大家的赞扬声络绎不绝，这让小刘感到很激动，并觉得自己帮助他人做得值。

从这件事不难看出，小刘虽然是一名普普通通的公民，但是他做出的事情是非常伟大的。一个人能够对一个未曾相识的人伸出援手就已经是非常了不起的举动了，再加上他遇到的是抢劫的歹徒，他能不顾个人安危做出这样的行为，实在是值得人们去赞扬，这种赞扬怎么大都不为过，因为这种行为是值得人们去学习的。只有这样，社会才有正气，恶劣行为才会减少。因此，面对普通人的非凡之举不要吝啬自己的赞扬。

3.赞美不要来得太快,但是也不要错过末班车

赞扬有时候不需要来得太快,因为有些事人们还没有反应过来,这时你的赞扬会让人觉得你不过脑子或者趋炎附势。应该在观察之后再思考如何去赞扬他人是最好的,不要着急,要求稳。但是也不要太慢,有时候这件事情都过去了一段时间,结果你突然冒出来一句关于这件事情的赞扬,大家会觉得莫名其妙,摸不着头脑。所以不要太快也不要太慢,要恰到好处。

办什么事都要考虑轻重缓急,赞扬也要分深浅轻重。掌握赞扬的技巧,才能使他人按我们的想法去行动,达到办事的目的。

越是朴素的赞美之言,越是能打动人心

有人说赞美的话就是让人爱听的话,这话不假,因为赞美本身就是夸人,谁都愿意别人夸自己,所以适当的赞美可以使人们的心情变好,使彼此间的关系更融洽。但是赞美不是一味地说好听的,很多时候虽然说的话很华丽,辞藻非常丰富,话语的结构也非常巧妙,但是往往比不上一句朴实的话。其实,若赞美时让人觉得是从心底发出的声音,效果最好。朴素的话听上去最为真实,因为朴素的话也最接近事情的原貌,最容易打动人心。下面就介绍几种能够使赞美更加朴素的方法:

1.从具体事情着眼

很多人说好话说得天花乱坠,就是人们所说的花言巧语。其实这样的话也是很有难度的,如果说得好,当然可以起到神奇的效果,但是如果发挥不好,一般都会产生很大的负面影响,因为这种话说不好就显得很假。所以如果掌握不好尺度,最好不要去费尽心思琢磨,干脆一句朴实的话,比什么都管用。

郑强是省篮球队的一员,他平时训练很刻苦,而且很有天分,有些技术动作在他人看来都是不可想象的,但是郑强总是能够轻松做出来,所以人们

很羡慕他。随着郑强在队里的地位提升，很多人也总是找机会去赞美他。其中一名队友就在休息时说："强哥，你的技术真是漂亮，我觉得打 CBA 都可惜。"郑强听了这话只是淡淡地笑了笑，并没有过多的话语。另一个队友则对他说："郑强，你的技术很到位，是教练提倡的那种，相信我们队会因为你的发挥取得好成绩的。"郑强听后感到备受鼓舞，接连向这名队友点头致意，并在练球的时候拍了拍这名队友的肩膀，轻轻说了一声"加油"。

郑强技术全面，并且在队里有着一定的地位，那么无论有目的还是没有目的，队友赞美他都是非常正常的。不过从第一名队友的赞美来看，郑强并不感冒。第一名队友的言外之意就是郑强可以去打类似 NBA 的比赛，虽然这是一种夸赞，但是毕竟从现状看来很不靠谱。在这名队友的话语中不难看出一些溢美之词，但是给人一种强烈的说好话的感觉，所以郑强并没有多大反应。相反，第二名队友的赞美显得朴素多了，首先他的话语中没有明显的夸赞词语，其次他说的都是现实情况，让人觉得非常实际，所以郑强被他的好意打动，并且备受鼓舞。

很多时候，我们在夸赞别人时也要从实际着眼，不要只是空泛的溢美之词，因为这样效果往往会大打折扣。

2.赞美的同时指出不足

很多时候，我们在夸赞别人的时候都是好话说尽，其实这样做也容易被别人识破。若在赞美的同时指出其中的不足之处，反而会体现你的真诚，但是要注意这种不足要点到为止，否则你的赞美效果会付诸东流。

战士小刘平时训练总是躲着那些累的、苦的，结果成绩一直不理想。但是小刘有一个特长就是打枪打得准。一次，他在射击考核中超长发挥，获得了突出的成绩。一向严肃认真的连长，不失时机地当场对小刘提出了表扬，当着大家的面说他的枪法好，并鼓励他再接再厉，给小刘很大的鼓舞，但是连长也提出了小刘的怕苦怕累问题。此后，小刘像是换了一个人似的，不仅克服了怕苦怕累的毛病，而且有着很高的积极性，各项工作开展得都很顺利，年底还被评为"优秀士兵"。

从连长的赞美中不难看出他的良苦用心，一方面鼓舞年轻士兵，一方面告诫他戒骄戒躁，这种赞美再朴实不过了，能让士兵心中产生一股向上的劲头。平时我们的赞美也可以像这样，在夸赞的同时指出不足，能够很好地达到赞美的预期效果。

赞美他人，是对别人精神上的激励。赞美对于被赞美者来说，是一种激励，它能点燃被赞美者自信的火炬，使其迸发奋进之力。特别是现在这个竞争激烈的社会，每个人都渴望得到上司、同事等的肯定，这是他们前进的强大动力。任何人在成长过程中，也都渴望别人的赞美。但是赞美不是不负责任的恭维，所以不要虚伪地奉承迎合。积极地发现对方的长处，找到他人身上的优点，用朴素的语言去赞美，效果要比花哨的话好得多。

❤ 善于发现，找到他人遗漏的闪光点进行赞美

很多时候，我们对自己身上的一些优点常常因太平常、太熟悉了，而不觉得有什么特别了。于是在与他人相处的某一天，朋友或者同事在不经意间指出了这个优点，并非常诚挚地赞美了一番，这时自己心里的感觉像喝了蜜一样。所以，我们在赞美别人时，不要总是关注那些众人皆知的优点，要善于观察，寻找他们身上被人们忽视遗漏的闪光点，给予别出新意的赞美，让被赞美着欣喜若狂。

1.用闪光点开玩笑，培养舒畅心情

人与人之间的相处没必要太拘谨，更不必总是那么严肃认真，尤其是现在生活压力巨大，人们之间如果一直是一种类似沉默的态度，那么每个人都会在压力上加压力，所以可以换一种轻松的方式。赞美别人也可以开玩笑的方式进行。真诚的赞美不必拘泥于形式，只要说出的话是真心的，内容是真实的，那么即使是开玩笑也会被他人心领神会的。所以一个人可以通过观察要赞美对象的闪光之处，以一个不经意的玩笑点出这个闪光点，让对方

喜出望外。

小丽和丈夫是大学同学，两人毕业后结婚有三年了，很是恩爱。每次出门小丽都对丈夫照顾有加，这让丈夫也非常疼爱小丽。一次同学聚会，很长时间没见了，大家在饭桌上聊个不亦乐乎。也许是过于兴奋，丈夫把一粒玉米吃到了脸上。小丽就让丈夫别动，然后亲手帮丈夫把玉米粒摘了下来放到桌子上。这一幕被在场的同学们看在眼里，大家开始起哄，同学小刘就说："你们也太过分了吧，想让我们羡慕是吧，尤其是我这种还单身的。"大家听后都笑了，不过丈夫和小丽心里都甜滋滋的，两人感情在后来的生活中更加牢固了。

小丽把丈夫脸上的玉米粒用手拿下来也许就是平时自己的一种习惯，习以为常了，但是这种爱的表达方式被同学们逮个正着，并被用开玩笑的方式捕捉到了。虽然同学只用玩笑来说出这件事，但是玩笑中却暗含着对这对夫妻感情的肯定，还有着真诚的赞美和美好的祝福。同学的话中并没有说什么你们感情真好，但是却将这个意思用一种含蓄的方式表达得淋漓尽致，不需要再做过多的解释，被赞美者也心领神会。所以这种赞美的方式可以巧妙地用在其他方面，让被赞美者从内心欢喜，从而产生对你的好感，拉近彼此的距离。

2.装作自己不知情，赞美更真实

在赞美他人的过程中，你会遇到各种各样的情况。不过大部分是有准备的，大家心知肚明一笑了之，效果也有好有坏。但是有一种赞美一定会收到好的效果，那就是不经意的，并且是对自己没有注意过的闪光点进行捕捉。因为这样的赞美往往突如其来，出乎意料的惊喜会让人们的内心感到更快乐，然后还会有所思考。这样的赞美通常会让人们回味无穷。所以平时自己可以准备好，在适当时候假装不知道，让对方出乎意料，获得惊喜。

小爽和小静是同班同学。小静每次喝完牛奶就将袋子里剩下的牛奶滴到手上然后反复涂抹，小爽看在眼里，在网上查了一下，发现牛奶可以美容。后来小爽在课间发现小静又在把剩下的牛奶往手上涂抹，小爽就凑过去问这是在干吗，小静说这个可以美容，小爽表现出一副非常惊讶的样子说："你懂得真多，这样做不仅美容了，而且没有浪费，真不错。"小静听了，心里感到非常高兴，和小爽的关系一直不错。

小静这样做，看来已经习以为常，也不会想到谁会为这个赞美自己，小爽也不是不知道牛奶美容的功效，而是故意做出请教的姿态。这样一来，既显得小静懂得很多，又赞美了小静不浪费东西的品质，可谓一举两得，让小静心中对小爽多了几分好感。

其实生活中很多时候，人们是需要一种不在预料之中的赞美的，因为这样往往能够使人们发现自己的价值。所以我们可以注意观察身边的人，善于捕捉他人身上的优点，从而在适当的时候给予很有新意的赞美，以此增进彼此间的感情。

❤ 借第三者之口赞美，效果更好

有时候，人们会在赞美他人的时候觉得不自然，因为自己准备并不充分，怕表现不自然的时候被认为是虚伪。其实这种担忧不是没有道理，但要想一些办法来解决这样的问题。较好的解决办法就是将赞美之词用他人之口说出。可以在赞美某个人时借他人之口说出自己心中的夸赞之词，这样一来，即使说的话不靠谱或者并不是非常能够被人接受，也不会怪到自己的头上，因为不是自己说的。那么赞美恰当的时候，又会使被赞美者对你产生好感。因此，这种赞美方式回旋的余地很大，也更加灵活。

1.借他人之口的巧赞美

父母对孩子的赞美是很重要的，因为这对鼓励孩子做得更好非常重要，但是赞美是需要一定的客观性的，父母偏爱自己的孩子是毋庸置疑的，那么这种赞美往往会被孩子认为是理所当然的，没什么值得注意的，结果起不到赞美应有的作用。因此，这时可以注意借他人之口说出夸赞孩子的话。

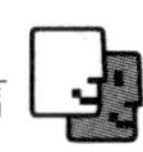

一天，贝贝陪妈妈在家里看电视，这时，好久不来的小姨来串门了。贝贝很高兴，一会儿给小姨倒水，一会儿张罗给小姨洗水果。小姨走了之后，妈妈笑着跟贝贝说："贝贝，小姨刚才夸你了，说你懂事，还会招待人了，又热情又大方。""真的吗？小姨真的这么说的？"贝贝大眼睛里闪着快乐和兴奋。"是真的！以后要继续努力啊！"妈妈鼓励她说。"嗯！"从此后，贝贝对家里来的每一位客人都特别有礼貌，招待得热情、周到。妈妈发现借他人之口表扬贝贝似乎格外有效，于是在很多方面都如此应用，果然帮助贝贝树立了很多好习惯。

通过贝贝的例子，不难看出对孩子进行适当的赞扬和认可是多么重要。但是这里有一个技巧就是，父母并不是以自己的口吻赞美，对孩子的赞美和鼓励的话都是借他人之口说出来的，这样一来就更加确保了这些评价的可信性，让孩子更加相信这就是他人对自己的赞美，就激发了自己，让自己做得更好。

2.间接赞美传佳话

借他人之口间接赞美别人，能够使紧张的人际关系得到缓解，使良好的人际关系更加和谐融洽。

在同一家公司任职的李小姐和苏小姐素来不和。李小姐请求另一个同事王先生做解释协调工作。王先生说："好的，我会处理这件事的。"后来李小姐遇到苏小姐时，苏小姐是既和气又有礼，与从前相比，简直判若两人。李小姐向王先生表示谢意，并且好奇地问："你是怎么说的？竟有如此的神奇效果。"王先生笑着说："我跟苏小姐说有好多人称赞她，尤其是李小姐，说她既温柔、又善良，而且脾气好、人缘更佳！如此而已。"从此，李小姐和苏小姐的矛盾不复存在，两个人的关系一直很好。

这个例子很典型，通过他人之口缓解了两个人的矛盾，并成功解决了矛盾。很多时候，人们就是希望听到一些人的赞美，尤其是那些自己非常在意的人。但是很多时候由于种种因素阻碍使被在意的人不能亲自将心中的话说给在意自己的人听，那么这些话可以借他人之口传达，这些话所起的效果

不但不会打折扣，而且可以翻倍。

心理学中的“社会赞许动机”理论告诉我们，每个人的行为都希望得到别人的赞许。美国心理学家威廉·詹姆士说：“人类本性上最深的企图之一是期望被赞美、钦佩、尊重。”莎士比亚说：“一句赞美相当于我十天的口粮。”心理学家杰丝·雷耳说：“赞美对温暖人类的灵魂来说，就像太阳一样，没有它，人类就无法成长。”

可见，赞美的作用是十分巨大的，是生活和工作中必不可少的。有专家指出，我们所做的每一件事，百分之九十以上的目的是为了获得认同，被人关注。俗话说得好，“好言一句三冬暖，恶语伤人六月寒”，我们赞美别人给他人一个好的心情，让他人能够快乐地度过每一天的生活也是一件能够让自己快乐的事。那么就让我们选择恰当的赞美方式，使用适当的赞美技巧，建立良好的人际关系，让他人也让自己更加快乐，一同体味生命的意义。

第11章 谈吐风趣，让他人会心一笑的秘密尽在幽默中

每个人都想拥有魅力，无论是男女，因为这会给一个人的社交带来很多有利因素，使自己的人际关系网更加顺畅，那么在社交场合展现自己魅力的最好方式就是语言交流。使自己的语言更具有魅力的方式，除了表现自己知识的渊博、仪态风度翩翩、词句优美以外，有一个最重量级的杀手锏，那就是幽默。幽默的魅力是无人能够抵挡的，风趣的表达可以让交流有意想不到的收获。所以，不妨培养自己的幽默能力，做大家的开心果，让自己的人气一路飙升，建立良好的人际关系。

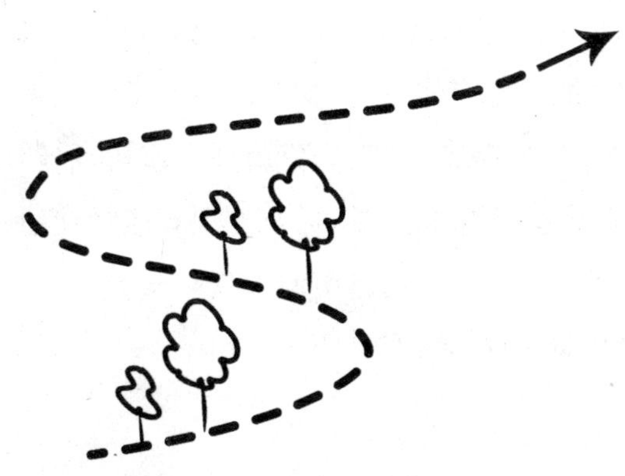

❤ 幽默的人天生具备聚敛人气的魔力

幽默没有场合的限制，不管什么时候，什么场合，只要在交流中适当地运用幽默，你就能顺利开启沟通的大门。其实，不仅仅是沟通中需要幽默，在平时的生活和工作中，也是少不了幽默的。在本就压力重重的生活和工作面前，人们需要一种轻松的心态，所以时刻都能保持轻松幽默的人，往往也是能够受到他人欢迎的人，因为没有人喜欢一个整天闷闷不乐板着脸和其他人说话的人。下面就介绍几种通过幽默给生活带来精彩的小方法。

1.工作中的幽默让你更加精神抖擞

工作紧张导致人们精神压力增大的最主要因素之一，人们会因为工作繁忙而丢失了好心情，没有了好状态。所以应在平时培养自己的幽默能力，使自己学会自我减压，同时也能够获得他人的青睐。

小山是一家租赁公司的员工，一天她拿租借合约给顾客的时候，打开合约和文件，就要顾客签这签那。顾客签完了之后，她笑着问："您该不会是有签了卖身契的感觉吧？"顾客听了笑着回答说："是呀，我后悔也没用了，已经签名了。"之后，小山和顾客都扑哧一笑，笑得不亦乐乎。过后顾客很爽快地付了佣金，顾客高兴付钱，小山感觉做好了自己的工作，赚了佣金也开心。

工作中如果都能像小山这样，那么工作的氛围就不会沉闷，在快乐的氛围中工作，人们可以享受这个过程，把工作当作享受，这样的境界是令人羡慕的。很多成功人士都是很懂幽默的，在他们眼里，幽默就像一座桥，能够将自己与社会成功对接。如果细心地去体味和感觉，你会发现有懂幽默的人在身边，处处都充满了笑声，尤其是那种一个话题引起大家哄堂大笑的，能够制造出一整片的欢乐，这样的感觉再好不过了。

2.巧用幽默，让自己做个智者

朋友之间的交流再普通不过了，但是每天都是一个样，难免会让人感到

乏味，所以适当添加些幽默佐料可以让你们的关系更加融洽，每天都有新鲜之感。

小贾的朋友刚刚搬家，借乔迁之喜要邀请大家到家中做客，小贾自然在被邀请之列。但是得知朋友在准备迎接大家时有些紧张，不知道如何让大家吃得好玩得好后，小贾发挥了他的幽默才能。小贾在帮朋友做准备工作时说："小李在被邀请时问我怎么来这里，怎么过来比较方便，我就告诉他只需用手肘按门铃即可。他问我为什么非用手肘按，我说：'你总不至于空手去吧？'"小贾的一番话把朋友逗得开心地笑了，小贾成功地运用幽默和朋友开玩笑，并帮朋友放松了紧张的心情。

试想，如果小贾在朋友紧张的时候不管不顾，只是一味地帮他做准备工作，一会提醒他这里没有弄好，那里还欠缺什么，那么朋友自然会更加紧张，弄得一塌糊涂。还好小贾是一个不错的朋友，善解人意的他用的幽默很巧妙，也许他已经告诉了小李怎么过去比较方便，但是在和朋友说时就故意省略掉了这一步，而是讲了一个用肘直接按门铃的笑话，这样一来给人一种避开问题故意打岔的感觉，而且还会有一种故意开玩笑的感觉，氛围也会轻松许多，再加上小贾成功的"肘子"幽默，使因准备迎接大家而紧张的朋友得到了放松，能够更好地做迎接工作。

幽默就像是一种有磁性的宝物，它能轻易地就博取他人的好感，它总是让人愉快地接受他人的诚意，拉近彼此之间的距离。尤其是在两个人并不是十分熟悉或者刚刚有过矛盾的时候，幽默以一种含蓄的让人能够接受的方式消除人们之间的陌生或者怨气，使人放宽心情，更好地去进行交往。

一个幽默的人，魅力总是无时无刻不在散发着，他的风度和素养使自身的魅力更加凸显。幽默是一种高深的说话艺术，恩格斯曾经说过："幽默是具有智慧、教养和道德的优越感的表现。"幽默不仅让自己能够轻松应对复杂局面，而且给周围的人们带来了快乐，可谓一举两得。所以，不要再吝啬你的话语，让自己幽默起来，提高自身的语言能力，尽显自己的人格魅力吧。

说点幽默话，你的人气将一路飙升

一个人的人气旺，那么他发展的道路就多，就像一家店，来光临的顾客多，才能把生意做大，所以一个人不能仅仅局限于自己的那个小圈，而是要放眼，让自己的人气旺起来，走到更远的地方。于是大家都在思考如何提升人气，有些人为如何提升自己的人气绞尽脑汁，有的去参加各种培训班完善自己，有的去做些让人感到惊讶的事情以引起人们的注意，还有些人会主动去接触他人进行沟通。其实，那么费神大可不必，因为只要稍微说点幽默的话，就可以使你的人气一路飙升。

1.幽默魅力吸引他人注意力

在着手提升人气之前，先要吸引他人的注意力，因为没有人去注意你，怎么会有人来捧场，就更别提人气了。所以在平时的交流中，不妨把自己的语言加工一下，将幽默的元素巧妙地融入进去，这样一来，往往会使人们的眼前一亮，自然就会对你多加注意，再加上幽默本身那种不可抗拒的吸引力，人们会更加愿意与你交流。这样一来人气自然就慢慢聚敛了。

某公司在举办的产品展销会上，几位年轻的营销人员用专业术语详细地向消费者介绍了产品的性能、使用方法等，给人以业务精通的印象。在回答消费者提出的问题时，他们反应很快，对答如流。最重要的是，他们的表现既彬彬有礼，又幽默风趣，给消费者留下非常难忘的印象。有消费者问："你们的产品真能像广告上说的那么好吗？"营销人员立即答道："您用过后就会发现它会比广告上说的更好。"消费者又问："如果买回去使用后发现性能并不好怎么办？"营销人员马上笑着回答："不，我们想念您的感觉。"展销会大获成功，产品销量大大超过往次，更重要的是，产品品牌的知名度得到了提高。

很多销售人员在回答类似于"产品的质量有广告上说的那么好吗"这样

的问题时会非常郑重地回答，做各种保证，说产品绝对会物超所值。虽然这样的正式回答能够给人一种信任之感，但是消费者总是保持着一颗充满警惕的心，用一种质疑的眼光去看待这个产品。那么如果能够将消费者的情绪调动起来，情况就会不一样了，因为人的情绪往往会影响一个人的思考，从而改变对某些事物的态度。那么，从上面这个例子中的营销人员的回答中不难看出他们的幽默和机智，这样的回答不但能够让顾客满意，而且可以营造一种轻松愉快的氛围，使顾客保持一个好的心情，只有这样才会使顾客对公司有好的印象，从而使公司聚敛人气，才能对产品的销售有推动作用。其实，一个人的素质是可以通过说话来体现的，我们每一个人都可以像营销人员那样，在说话上下一些工夫，多说一些幽默的话，不仅能够提升自己的语言能力，而且也使自身形象有了一个改善，从而使自己的人气更旺。

2.环境越单调幽默越奏效

很多时候，人们所处的环境是一成不变的，那么这就难免会单调和乏味。在这样的环境里时间长了，人们的创造力和行动力都会有所下降。那么人际关系也会随着这种环境的蔓延变得疲乏不堪，此时，来点幽默，可以使自己获得大家的青睐，而且这种青睐要比那些长期活跃的环境中来得容易。

一位警察在处理一起交通事故后，坐下来填写报告单。在一位乘客的反应一栏中，他觉得很难用简单的几个字说清楚，于是干脆写道："他们像热锅上的蚂蚁，急得团团直转。"生活中，正是这些似是而非的怪事，给我们带来了无穷的乐趣。

很多时候幽默就在我们身边，尤其是那些平时很少幽默的地方，效果会愈加明显。警察在工作中会有很多麻烦事，尤其像在出了交通事故的时候，大家都在焦急地等待，那么人们的情绪自然不高，这时警察的压力更大，所以一些幽默能够在这样的时刻适当发挥，那么起到的作用是巨大的。这样的人怎么能不受大家的欢迎，人气自然也不会低了。

只要你稍微留意一下，生活中到处都可以发现许多不易为人察觉的幽默。英国思想家培根说过:“善谈者必善幽默。”幽默的魅力就在于很多话不需直说,但是人们却可以通过一种默契的方式获得这些信息。适当地说一些幽默的话吧,你的人气将一路飙升。

❤ 风趣也要有策略,玩笑话也有方法可言

很多时候,幽默可以帮助人们摆脱困境,尤其在一些尴尬的情境下,幽默可以十分巧妙地起到良好的作用。但是这不是一句话就能完成的,说话往往是需要讲求一种技巧的,有时就像排列组合,是需要有机地将前后所说的话结合起来的。很多时候,前面说的这句话是为后面做铺垫的,这就像一种策略。开玩笑同样也是要讲究策略的,这样不仅能够在一定的情境下化解问题达到目的,而且可以体现自己的风度、才华、素养,使自己能够被大家认可,能够为自己塑造更好的形象。

马克·吐温有一次乘火车去一所大学讲课,因为时间紧张,他十分着急,但火车却开得很慢。这时,过来一位检票员,向他问道:“先生,您有票吗?”马克·吐温递给他一张儿童票。检票员仔细地打量他之后说:“真有意思,我看不出您还是一个孩子哩!”马克·吐温回答:“现在我已经不是孩子了,不过,我买车票的时候还是孩子。”

也许马克·吐温的票是故意从一个孩子那里要来的,那么这就说明他的幽默已经策划好了,不出所料,他用买票时自己还是个儿童到现在还拿着这张票的幽默表达了自己对列车过慢的不满。这样的幽默不仅不会让列车员感到为难,而且还会明确表达自己的意思,所以非常成功。

幽默能够以一种轻松的方式表达真挚的情感,能够使人们的心灵获得沟通,拉近那些仍然有些许陌生的心,还可以使人们之间因为矛盾、误会而产生的鸿沟被填平,使人们的人际关系更加和谐融洽。当遇到有难度的情境时,也不要轻易放弃幽默,因为幽默还可以讲究策略。可以通过一些话语

顺序的调整和搭配，使自己的话听起来比较顺耳，加上些幽默的元素，使这些话变得更加有说服力。把一个人对自己的态度由否定变成肯定时，难度是很大的，但是幽默恰恰有着四两拨千斤的威力，所以当你和一个人的关系很紧张的时候，不要轻易动气，使自己放松，稍微想一个策略。幽默可以帮你摆脱烦心事的困扰，可以使朋友间的矛盾被消除，时刻保持一种从容的状态。

❤ 投其所好的幽默方式令你百战百胜

幽默不仅要自己感兴趣，还要让他人感兴趣，而且从某种程度上看，他人感兴趣更加重要。如果只是自己感兴趣，而他人不感兴趣，那么自己在那不停地说，虽然口若悬河，但是对方会因为对你说的话并不感兴趣而无动于衷，没有丝毫的反应。这样的话，你的幽默就会变成不幽默，就会产生尴尬。所以在想发挥自己的幽默才华的时候不妨尝试着了解一下对方的兴趣，根据对方比较喜欢的内容来设计自己的幽默，这样往往能够成功引起对方的注意，令你的幽默百战百胜。

1.幽默，先看清对方是谁

每一个人都是一个独立的单元，有着自己的一套生存方式，喜好也会因为自己的生活经历不同而有差异，所以同样的一个幽默对这个人管用，但是对另一个人可能不会起到什么作用。所以要根据个人的喜好、对幽默的承受力改变自己的幽默方式，

一个人在市场上买了六只来自异国的麻雀，准备进献给本国的国王。按照这个国家的习俗，“七”才是吉利的数字。如果仅送六只，这个人担心国王会生气，于是就决定混一只本国的麻雀进去，凑够七只献给国王。国王见到七只麻雀，果然很高兴。但当他仔细玩赏一遍后，突然发现其中有一只本国的麻雀混在其中，立即大怒：“这是怎么回事？是不是你故意加入来欺骗

我孤陋寡闻的?”那人吓了一跳,但他马上解释道:“陛下的眼睛果然厉害,可是陛下不知道,这只本国的麻雀是其他六只异国麻雀的随行翻译啊!”国王一听,虽然他的话有几分荒谬,但见他奉承得体,还是嘉奖了他。

从这个例子中可以看出送麻雀的人反应很快,但更重要的是他所做的每一件事都是按照国王的喜好进行的。如果这个人认为只有六只麻雀就送六只,那么一见面国王可能就会感到不悦,甚至勃然大怒。这个人所做的准备和行动中有几处可圈可点的地方。首先,他送麻雀的数量是本国的吉利数字七,这让国王见到七只麻雀后感到非常高兴。其次,他在国王发现自己掺杂了一只本国麻雀在里面后,并没有被吓得魂飞魄散,张口结舌,而是顺着国王的话夸赞国王的眼力,然后再根据两国交流要有使臣随行翻译的惯例运用自己的幽默,从而成功赢得了国王的青睐,不但没有被惩罚,反而受到了褒奖,这样的能力不能不让人赞叹。

2.幽默,兴趣点很重要

很多时候,幽默不能发挥其效力,很多人为此感到不解,其实可以从兴趣点的角度来重新审视一下,很有可能是你开玩笑的对象对你所说的内容不感冒。

老张和老李都是铁杆球迷,老张看球做家务两不误,老李却正好相反,一看起球来就什么都不管了,家里两口子经常闹矛盾。于是,李嫂专程向张嫂请教。张嫂说:“在我们家里,主要是依靠足球知识开发人力资源。比如该给花浇水了,我就说:‘亲爱的,给米兰队员喝点儿水吧。’该喂鸽子了,我就说:‘亲爱的,给菲戈准备些点心吧。’房间里脏了,我就说:‘亲爱的,托蒂该出场了。’我最近又找到一位更好使唤的球员。”“谁呀?”“皇马队的 7 号,劳尔。”李嫂从来不看足球,所以她根本没听懂张嫂在说什么,牛头不对马嘴地说:“嗨,光挠耳朵有什么用,还要等到每个月 7 号。”李嫂的话把张嫂惹得哈哈大笑:“你懂什么呀,劳尔,这‘尔’字是文言文‘你’的意思,劳尔不就是劳驾你的意思嘛!我常常对他说,‘劳尔倒杯水’,‘劳尔洗洗碗’,嘿,效果特别好。不过,你先要弄清楚他最喜欢的球员是哪几个。”李嫂将信将疑地问:

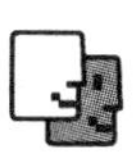

“这方法管用吗？”“当然！”张嫂得意地说，“这叫投其所好。”李嫂听得心里痒痒的，急着就回家试去了。几天后两个人再碰头，张嫂见李嫂满面春光的样子，自己也会心地笑了。

这个例子让人忍俊不禁，两个老太太为怎么和老伴沟通而进行了一番讨论，张嫂成功将经验传授给了李嫂，并最后获得了成功。张嫂高明的地方就在于她能够去了解老伴的兴趣爱好在哪里，然后根据他的兴趣来与他沟通，这些沟通方式都是十分幽默的。这种幽默之所以都能与老伴产生共鸣，能够发挥应有的效力，都是和幽默本身所带的元素与老伴的兴趣相吻合有十分紧密的联系。

我们身边的每个人，因为身份、性格和心情的不同，对幽默的承受力也有差异。在幽默之前不妨观察一下对方的情绪信息和性格特征，如果可以，最好掌握对方的兴趣爱好。从对方的兴趣点出发，投其所好地运用幽默策略。

❤ 收集幽默笑话，腹中空空怎么能讲出幽默的话来

有没有遇到过这样一种状况：在你对面有一个你非常想交流的对象，你大胆地与其打招呼，对方也很热情地回应了，但是接下来你们的谈话就戛然而止了，再也进行不下去了。如果你遇到过这样的情况，不用着急，因为这样的窘境可以通过幽默方式来解决。平时注意搜集些小笑话，在关键时刻能够发挥出意想不到的作用，尤其是那些“无话可说”的情境下，适时讲些有趣的事，能够很好地调节氛围，大家放松后就会打开思路，对话就会顺畅起来。

1.当你初次面对上司

很多新到一个岗位的年轻人都会有一段经历，那就是第一次走进上司的办公室，两个人了解还不够深入，所以话题自然不会太多，那么如果你遇

到了一个十分健谈的上司还好,因为他会主动和你谈话,找各种无伤大雅的话题,交谈会很轻松。但是如果你的上司也很沉默,那么你应该怎么做呢?

小张是一名刚刚毕业的大学生,他通过了考试到一家企业工作,上班后的几天他感觉还不错。一天经理要他到办公室去一趟,这是他第一次与经理会面。来到办公室后,小张恭恭敬敬,非常有礼貌,并在经理让座之后,非常规矩地坐到了沙发上。经理年纪不大,看上去很斯文,似乎总是处在一种思考的状态,不怎么说话。小张由于第一次面见领导,很是紧张,于是他尝试着几次开口又都没有说什么,于是气氛一下陷入了尴尬。这时经理开口了:“小张,你听说过马克·吐温和格兰特将军吗?”小张点头,经理接着说:“当马克·吐温还是一个不大知名的作家时,有人把他介绍给格兰特将军。两人握过手后,马克·吐温想不出一句可讲的话,而格兰特也保持平日的那种缄默态度。最后还是马克·吐温结结巴巴地说了一句:‘将军,我感到很尴尬,你呢?’”小张听后开心地笑了,没想到经理这么幽默和平易,之后两个人的谈话变得异常轻松和顺畅。

也许小张的上司是个沉默寡言的人,也许他的上司根本就是想考验一下小张,不管怎样,上司在这样的时刻用一则恰如其分的笑话打破了僵局,使双方的谈话重新开启,并顺畅进行。幽默的作用就是十分神奇,试想如果两个人都不说话,那么结果会是怎样的呢?想必会有些可笑吧。在这样一种尴尬的情境下,幽默就有这种扭转力,使气氛瞬间活跃。做一个乐观的人,因为幽默属于乐观的人。幽默的人话语里时常充满着让人感到温暖舒心的春意,带着让人轻松快意的笑料,使人摆脱低沉的状态,变得心胸坦荡,抛开得与失,成为一个妙语常在、笑口常开的人。

2.当你面对缺点

每个人都有自己的缺点或者缺憾,那么能够直面这些不足的人内心力量非常强大。但是很多时候,人们会在对方指出自己不足时感到尴尬,如何回应则是人们应该思考的问题。

有一次,林肯遇到了一个老太婆,她对林肯说:“你是我见过的最丑的一

个人。”林肯不急不缓地回答道：“请多包涵，我也是身不由己。”老太婆笑了，说：“我倒不以为然，你可以待在自己的家里不出门啊！”这个故事是林肯讲给别人听的。林肯的这番趣谈，使听众笑得前仰后合，但又使人觉得他是多么坚强和自信。他敢于面对现实，敢于笑自己，是一个心地诚实的人。

人们都知道美国前总统林肯的长相是很难看的，但是这并不能怪林肯自己，然而人们每次在谈论这个话题时，相信林肯的内心不会太舒服。但是林肯从来没有回避过这个问题，尤其是人们当着林肯的面说出这个问题时，而且用一种轻松幽默的方式去回应。这个小笑话是林肯讲给他人的，说明林肯能够看开这个问题，并运用小笑话调节氛围，作为伟人，这不能不让人佩服。

一个人只有具备乐观的信念，才能对于一些不尽如人意的事泰然处之。我们都喜欢听幽默的语言，就像喜欢听动人的音乐、欣赏美妙的文章一样。但是生活就是充满了让人不满意的地方，很多时候我们面对的是并不友好或者并不和谐的氛围，那么试着用幽默来化解，你便会赢得他人的尊重。

❤ 适时来点“冷幽默”，让你成为场合中最特别的人

冷幽默是幽默的一种方式，这种方式有一个特别之处，那就是它的后半部分总是能够出人意料。不过正是因为这种幽默方式很特别，总是让你猜不到后面将要发生的事，所以能够给人一种新鲜的感觉，是一些好奇心比较强的人喜欢的幽默种类。冷幽默往往不是一笑而过，而是会引起一个人的思考，从中还会得出一些道理。这样的幽默会让你在人们面前显得很特殊，所以如果能够适当运用冷幽默，自然能引起人们的注意。

1.遭遇难以解释的尴尬

一位夫人打电话给建筑师，说每当火车经过时，她的睡床就会摇动。“这简直是无稽之谈！”建筑师回答说，“我来看看。”建筑师到达后，夫人建议

他躺在床上，体会一下火车经过时的感觉。建筑师刚上床躺下，夫人的丈夫就回来了。他见此情形，便厉声喝问："你躺在我妻子的床上干什么？"建筑师战战兢兢地回答："我说是在等火车，你会相信吗？"

这则故事的亮点就在故事的结尾，在这名夫人的老公回来后发现一个陌生的男人躺在自己老婆的床上，换成谁第一反应都会有疑惑、气愤的因素。那么面对着夫人丈夫的质疑，建筑师如果一味地解释自己是接到夫人的电话过来的，想必没有一句话会获得丈夫的真正理解。于是建筑师非常幽默地说了一句似乎不着边际的话，但是让我们想一想，这样的场合还能说什么呢？其实，建筑师这样的话可以起到一个缓冲作用，使这名夫人的丈夫能够稍作思考，然后这名夫人必然会向自己的丈夫解释，再加上建筑师的一些有效的话语，想必问题会得到解决。

2.遇上不想答应的"帮忙"

有一名英国绅士与一名法国女人同乘一个包厢。英国绅士看上去英俊潇洒，并且做事彬彬有礼，这些都深深吸引了对面的法国女人，于是法国女人想引诱这位英国绅士。她脱衣躺下后就抱怨身上发冷，无奈英国绅士把自己的被子给了她，可是她还是不停地说冷。最后英国绅士无可奈何地说："我还能怎么帮助你呢？"法国女人听后娇滴滴地说："我小时候妈妈总是用自己的身体给我取暖。"英国绅士听后，笑着说："小姐，这我就爱莫能助了。我总不能跳下火车去找你的妈妈吧？"

在这样的情境中，对于男人来说是很难把握的，然而，善解风情的男人是好男人，不解风情的男人更是好男人。对于法国女人风情万种的诱惑，英国绅士不仅没有动摇，而且用自己非常机智的幽默轻松回绝了，可谓妙哉。英国绅士的幽默是典型的冷幽默，因为大家都知道女士的意思是需要这名英国绅士，也知道谁也不可能把女士的妈妈请过来。那么英国绅士装作不懂，然后去请女士的妈妈，从字面来看荒唐可笑，但是深层意思很清楚，所以在此时此刻，英国绅士的幽默令人佩服。

3.用冷幽默“冷”翻全场

麦克走进餐馆，点了一份汤，服务员马上给他端了上来。服务员刚走开，麦克就嚷嚷起来：“对不起，这汤我没法喝。”服务员重新给他上了一个汤，他还是说：“对不起，这汤我没法喝。”服务员只好叫来经理。经理毕恭毕敬地朝麦克点点头，说：“先生，这道菜是本店最拿手的，深受顾客欢迎，难道您……”“我是说，调羹在哪里呢？”

这个故事足以雷翻全场，这种近似无厘头的幽默在正式的场合很难出现，那么在朋友聚会或者家人团聚的时候却可以尝试一下。由于冷幽默，内容往往让人感到很奇怪，尤其是前半部分会让人莫名其妙，后面突然来个让人摸不着头脑的结果，所以在一些正式的场合不适合做这样的幽默，但是在熟人面前就有很大的发挥余地了。在熟人面前，没有必要一直保持一种非常严肃的状态，可以或者应该来些幽默，尤其是这种冷幽默，内容最好是大家又都懂的，而且可以营造欢乐的氛围，何乐而不为？

第 12 章

职场交际，用心与同事相处方能获得同事的协助

现代职场，我们接触最多的就是同事。而我们与同事关系如何，直接关系到我们的工作状况。那些善于和同事打交道、能巧妙打动同事的心并最终取得同事支持的人，他们的工作往往顺利得多。但俗话说，“浇树浇根，交友交心。”我们要取得同事的支持，前提就是要做到打动人心，在工作中多做一些感动同事的事。当然，这需要我们在日常工作中多加留意，只要我们做个有心人，没有处理不好的人际关系，没有留不住的朋友！

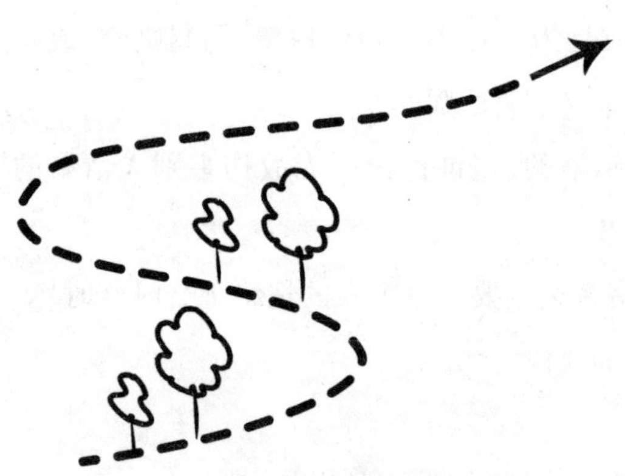

❤ 为人温和低调，成为同事眼中值得信任的人

当我们跨出学校，走入社会，进入职场，我们接触最多的就是同事。但现代职场，同事之间，无处不存在着激烈的竞争，但也需要很密切的合作。时代的发展，决定了同事间存在合作与竞争的辩证关系。我们需要在竞争中胜出，体现我们的工作能力；但同时，每一项工作都离不开同事的帮助与合作。那些善于处理同事关系、巧妙赢得同事支持的人，工作顺利；而那些自命清高，不善于同同事合作的人必然举步维艰，在竞争中失败。

俗话说得好："浇树浇根，交友交心。"与同事相处，要获得他们的信任和支持，首先需要做的就是打动他们。我们发现，那些职场人际关系良好、和同事相处融洽的人，无不做人低调、性格温和、举止稳重，有时候，一个微笑或一句问候，就能让我们感受到他们的素养，对于他们，我们往往都信任有加。

那么，职场中的我们，该如何才能做到低调温和，以此获得同事的信任呢？

1.克制自己的情绪，不要对同事发脾气

办公室中，经常有这样一些人，他们总是自以为是，容不得任何批评建议，常怒气冲冲，向同事发脾气，或是为一点小事到处抱怨，骂骂咧咧，或是牢骚满腹，怪话连篇。这样的人，谁又会喜欢呢？

我们都知道，人的情绪是会感染的，但谁都讨厌无故伤害别人情绪的人。哪怕他是为了工作，为了"正事"。

由此可见，控制好自己的情绪多么重要。每个人的情绪都会时好时坏，学会控制情绪是我们成功和快乐的要诀。

2.时刻对同事报以微笑

俗话说得好，伸手不打笑脸人，对于别人善意的微笑，我们怎么可能会

拒绝呢？卡耐基说，笑容能照亮所有看到它的人，像穿过乌云的太阳，带给人们温暖。行动比言语更具有力量，微笑所表示的是："我喜欢你，你使我快乐。我很高兴见到你。"工作中，我们对同事多报以微笑，就会让同事被我们的善意和热情所打动，久而久之，他们也会对我们回以微笑。

卡耐基鼓励成千上万的商人，花一个星期的时间，每天 24 个小时，都对别人微笑，然后再回到班上来，谈谈所得的结果。情形如何呢？威廉·史坦哈是好几百人中的典型例子。

"我已经结婚 18 年多了，"史坦哈说，"在这段时间里，从我早上起来，到我要上班的时候，我很少对我太太微笑，或对她说上几句话。我是百老汇最闷闷不乐的人。"

"既然你要我以微笑的经验发表一段谈话，我就决定试个一星期看看。"

"现在，我要去上班的时候，就会对大楼的电梯管理员微笑着说一声'早安'，我以微笑跟大楼门口的警卫打招呼；我对地下火车的出纳小姐微笑，当我跟她换零钱的时候；当我站在交易所时，我对那些以前从没见过我微笑的人微笑。我很快就发现，每一个人也对我报以微笑。我以一种愉悦的态度，来对待那些满肚子牢骚的人。我一面听着他们的牢骚，一面微笑着，于是问题就容易解决了。我发现微笑带给我更多的收入，每天都带来更多的钞票。"

"我跟另一位经纪人合用一间办公室，他的职员之一是个很讨人喜欢的年轻人，我告诉他最近我所学到的做人处世哲学，我很为所得到的结果而高兴。他接着承认说，当我最初跟他共用办公室的时候，他认为我是个非常闷闷不乐的人，直到最近，他才改变看法。他说当我微笑的时候，我充满慈祥。"

可以说，是微笑让威廉·史坦哈的人际关系有了巨大的改善。有微笑面孔的人，就会有希望。没有人喜欢帮助整天皱着眉头、愁容满面的人，更不会相信他们。而对于那些受到压力的人，一个笑容却能帮助他们了解一切都是有希望的，也就是世界是有欢乐的。只要活着，忙着、工作着，就不能不微笑。

3.以真诚打动人心

身处职场的我们，无论从事什么工作，都要报以热情。而对于我们周围的同事，我们也要以诚相待，用诚心和热心打动同事。热心是首要的，对工作、对同事都积极。热的态度，如关心同事，见面打招呼，买些小东西，参加大伙活动，写些小卡片……都是方法。此外，还有最重要的一点便是，要想得到同事的认可，必须得首先主动敞开自己的心怀。从一开始就要讲真话、实话，不遮遮掩掩、吞吞吐吐，要以你的坦率获得同事的好感和爱戴。

因此，从现在起，不要再苦恼自己为什么在办公室得不到同事的信任、事事不如意了，或许过失并不在于同事，而在于我们没有做到用真心、诚心、热心打动他们！

❤ 真心关怀同事，为你积攒好人缘

工作中，我们可以发现，那些拥有好人缘的同事，在工作中往往能得道多助，如鱼得水。也许我们会惊叹，他们的好人缘来自哪里？其实很简单，他们是用真情与关怀打动了同事。因为希望得到别人的关心和注意是人的一种正常需要。工作中，如果一个人感到周围的某个同事对他十分关心时，他心中便会有一种温暖、安全的感觉，就会充满自信和快乐。“投我以木瓜，报之以琼琚”。自己既然受了别人的关心，他也同样会关心别人，这样相互之间就容易有一种友好、亲密的关系了。真诚地关心同事要热情，当同事有求于自己时，只要是正当的，就要尽己所有满足对方的要求，当看到别人有困难时，要主动去帮助、关注和体贴。

陈伟是一家大公司的小主管，负责采购的一些小事宜。有一次，公司采购部的车出了问题，而刚好总经理的专用车刘师傅开的轿车停在附近，出于方便，刘师傅准备载他一程，于是他第一次坐刘师傅开的轿车。当时正值上

下班高峰时间，路上交通拥挤，而陈伟还赶时间，刘师傅也着急得不得了。这时，陈伟开口安慰刘师傅道："刘师傅，这么多年，你每天都要在这样的交通状况下负责经理的出行，真是很辛苦啊。"想不到这句衷心的关心之语，使刘师傅非常高兴。因为他已经做经理司机十年了，十年来，连经理都没跟他说过一句："辛苦了。"刘师傅感动得不得了。后来，刘师傅对当时的情景还念念不忘，在私下里经常主动帮陈伟的忙，再后来陈伟升到采购部经理的时候，他还时常地夸奖陈伟，说总经理体恤下属、慧眼识英才等。

故事中的陈伟，之所以会与刘师傅建立良好的关系，就在于其简单的一句关心的话："辛苦了。"的确，我们每个人都在为自己的工作忙碌着、辛苦着，我们的工作需要得到别人的肯定，也需要肯定别人的工作，有时候，简单的三个字"辛苦了"便是最好的关心。当然，我们要想拥有好人缘，就需要真心关怀身边的同事，真正做到发自内心地体会别人的感受，久而久之，对方一定会被我们打动。

具体来说，需要我们做到：

1.要主动与同事交往

人际关系是在"互动"中发生联系和变化的。人际关系要密切，彼此的交往是前提。交往水平高，人际关系就越容易密切，反之亦然。因此，在紧张的工作生活之余，不妨主动地找同事谈心，讨论某些问题，交换一些意见，互相传递信息，这些都可以加深对对方的了解和信任。

2.以好感为起点，让彼此之间的心理场更稳固

与人交往，找出共同话题，建立好感并不是什么难事，但要将彼此之间的关系更深一层次，就要看你的社交水平了。发现共同点是不太难的，你要做的是巩固、加深彼此间的关系。

比如，你可以记住对方"特别的日子"（如结婚纪念日、生日等），然后在这个日子送上一份祝福；还可以经常约对方出来见面，因为见面时间长不如见面次数多，你给对方留下的好印象将会以见面次数的累加而逐渐加深。

3.多关心对方,哪怕再小的事

要知道,认同感的产生,表明你已经赢得了对方的好感。通常情况下,如果你将这种好感搁浅,你们会返回到陌生人的状态,因此,你不妨多关心对方,这种关系自然会深化。

比如,你可以经常赞美对方的变化,从小处赞美,哪怕是个小小的饰品,稍有变化就赞美他几句,会让他感觉很愉快;还有,你可以将他的名字写在记事簿的首页,记下对方曾经说过的话,然后向对方表示"您曾说过……",这是相当好的一种方法;另外,记住他的爱好,并时常表示一下,也会让他欣喜万分。

另外,生活中常会有意外发生,如果同事突然碰到不测之事,要及时地、真心地安慰他们,对他们多些探望,多些陪伴,多些帮助。

当然,真心关怀同事的方法还有很多,只要我们做个有心人,没有处理不好的人际关系,没有留不住的朋友!

❤ 推功揽过,能助你"收买"同事心

身在职场,拥有良好的人际关系是我们事业成功的重要保证,而要做到这点,首先就要学会与同事建立良好的关系。

有句俗话说:"有福同享,有难同当。"当你在工作或者事业上小有成就的时候,应当为自己高兴,因为你获得了荣耀,这是对你的工作能力最大的肯定,但千万不能为此得意忘形,更不可独享荣耀。因为这是一个强调集体荣誉的社会,明里暗里你都不能违背了大多数人遵循的法则,如果这一成绩是得到过大家帮助而得来的,你千万别独占功劳,否则他人会觉得你好大喜功,抢占了他人的功劳。如果成绩的取得确实是你个人努力的结果,当然应该值得高兴,而且他人也会向你祝贺,但是对于你来说,千万别高兴得过了头而洋洋得意、沾沾自喜,因为这一方面会伤害某些人的自尊,另一方面如

果你过分狂喜，人家能不眼红吗？

另外，对于有难同当，它的意思是，面对过错，我们不要把责任推卸给同事，而应该多担当，这样，无论过错在谁，我们都赢取了同事的信任。

所以，面对工作，最明智的做法是，把功劳分给别人，勇于担当责任，即推功揽过。

其次，真正的功劳属于谁，领导会尽收眼底，也会给予公正的评判。

一个夜深人静的夜晚，鞋柜里传来一阵阵吵架声。凉鞋伸着长长的脖子，两只眼睛瞪得大大的，神气地说："哼！这里我的功劳最大，因为我可以供主人夏天在街上走来走去，主人穿着我，不知道有多凉爽，比你们厉害多了。"拖鞋听了凉鞋的话，两个脸蛋气得通红，头发一条条地竖立起来，生气地说："哼！你有什么了不起，每天在外面走来走去，脏兮兮地回到家，我整天待在家里，你看我多干净呀！主人穿着我多放松，多悠闲，我比你好多了！"闷了一肚子气的毛毛鞋气愤地说："你们不用争辩了，这里数我的功劳最大，你们看，我浑身上下都长着毛，冬天主人穿着我，多暖和呀！没有我，主人早就冻坏了！"

鞋柜老人听了大家的争吵声，露出慈祥的笑容，心平气和地说："大家都不要吵了。其实大家都有长处和短处，你们想想，毛毛鞋是很暖和，这是它的长处，但它不能湿水。我们不能歧视别人的短处，要多学习别人的长处来修补自己的短处，这才是聪明的想法。"

鞋子们听了鞋柜老人说的话，都不由自主地低下头，没有话说了。

正如鞋柜老人的话一样，每个人都发挥着自己的作用，都有着自己的长处和短处，我们应该做的是谦逊待人，完善自己，而不是争功推过，这一点运用到职场交际中也是同样的道理。领导之所以为领导，是因为他有着敏锐的洞察力，对于谦卑的员工，会更加器重，因为这是一种开展工作乃至做人的良好态度。而最重要的是，如果我们能做到推功揽过，把功劳留给同事，把过错留给自己，同事一定会被我们的良苦用心打动，进而成为我们事业上的好伙伴。

当功劳和过错摆在眼前的时候，我们应该做到以下几点：

1.感谢他人的协助，不要认为这都是自己的功劳

如果同事的协助有限，上司也没怎么出力，你的感谢也很必要，因为这体现了你谦虚的态度。这其中包括把感谢的话说到位。比如：感谢同仁的协助，说自己只是个代表，功劳不属于自己一个人；口头上的感谢也是一种分享，而且你还可以扩大这种分享的对象，反正礼多人不怪，当然别人倒并不是非得要分你一杯羹，但是你主动与人分享，这让旁人有受到尊重的感觉。如果荣耀事实上是众人协助完成的，你可以采取多种方式与人分享，如请大家看一场不错的电影，或者请大家吃一顿饭。别人分享了你的荣耀，心里获得平衡，也就不会为难你了。

2.取得荣耀要更加谦卑

人往往一有了荣耀，就会自我膨胀，就可能忘了“我是谁”了。你的同事就会另眼看你，要忍受你的骄傲和气焰，但要不了多久，他们会在工作上有意无意地针对你，让你碰钉子。因此有了荣耀，要更谦卑；要不卑不亢不容易，但谦卑绝对胜过膨胀，别人看到你的谦卑，就不忍心找你麻烦，和你做对了。

3.面对过错，不要退缩，勇于承担

在过错面前，很多人选择逃避或者把责任推卸给同事，这样做，表面上看免除了责罚，但实际上，这是因小失大，因为我们失去了同事的支持。聪明的做法是勇敢地站出来，这样，如果过错在同事，他一定会感激你；而过错在你，他也会佩服你的勇气。

总之，在功劳和过错面前，聪明人能够借此机会，打动同事，拉近与同事之间的距离，赢得尊重，获得好的口碑。职场如战场，不战而屈人之兵是上上之策，好的人际关系指引我们攀登职场成功的宝座，获得更大的成功和更多的荣耀！

❤ 意见不一时，先认可对方再婉转表达自己的想法

在工作上，很多时候我们与同事在某些问题上会产生不同的意见，而事实证明，同事的观点是错误的。此时，如果我们直接否定同事的意见，指出其错误，未免会让同事失了面子。而聪明的做法是先认可同事的优点，再婉转表达不同的想法。当同事明白我们用心良苦后，自然会对我们心存感激，彼此之间的关系也会更进一步。

老周所在的公司最近新来了一位员工，公司的安排是，让老周带这个新人。这位年轻人性格十分活泼，总能想出很多新鲜点子，但缺点是缺乏恒心，做事虎头蛇尾，因此，总是给老周带来很多麻烦。

有一次，他又提出了一个形式新颖的策划案，老周在会后特地走到他身边，拍拍他的肩说："年轻人果然是创意十足，这个点子非常好，我很喜欢，但是这次可不能像以前那样，态度要端正，必须认真起来好好干，一定要让我满意！"听完老周的话，这位新员工立马意识到原来自己在工作上的问题前辈看得一清二楚，要是这次再干不好，也许就会失去前辈对自己的信任，于是开始努力工作，改掉了之前的坏毛病。

案例中，老周的做法是正确的。在指出同事缺点与不足前，先认可他的优点，这样，对方接受起来也更容易得多。

要知道，人人都有自尊心和虚荣感，甚至连乞丐都不愿受嗟来之食，因为太伤自尊、太没面子，更何况是原本地位相当、平起平坐的同事。但实际上，很多人却在指出同事的错误或者不足时，总是扫别人的兴——当场令同事面子难保，以致当面撕破脸皮，因小失大。而相反，如果我们能设身处地为同事考虑，先认可对方的优点，再婉转地表达不同的想法，为同事保住了面子，他们自然对我们心存感激，我们也就获得了同事的认同，这是打动同事的最有效的方式之一。

尊重每一个人是社交过程和职场生活中所必须遵循的原则,要在批评中将对方视为和自己平等的个体,充分体谅他人的自尊心,就要注意以下几点:

1.注意措词

即使我们是资历深的老员工,也不可对同事说出带有侮辱性的词句。若是我们随随便便就指责对方是“垃圾”、“废物”、“很没用”,那么,不仅会严重伤害对方的自尊心,也会让对方对我们心生恨意。

2.注意语气

同事之间是平等的,而高声呵斥的语气会让人感到在人格上矮了一截,另外,即使同事错了,也不可讥讽嘲笑,对方会觉得自己没有被尊重。

3.注意场合

对此,我们要将心比心地换位思考,谁都不愿意将自己被批评的丑态曝光。考虑到这种人之常情,在私密的办公室进行一对一的谈话或许是最好的选择。最忌在众人参与的会议上、开放式员工办公室、茶水间休息室等场合当众批评。

4.先扬后抑的原则

先扬后抑听起来像是一种写作手法,但同样可以运用到“否定他人”这件事中,人力资源管理中的“肥皂水效应”说的也是这个道理:将批评的话巧妙地揉捏进赞美中,这样能够让对方更倾向于接受批评,减少反感情绪。

要获得这项本领不是一件轻松的事情,对于那些不敢说“不”的人们,我们不妨试着先同意和赞扬。这似乎听上去有点自相矛盾,但是这是一场心智的柔道。你可以同意要求,然后做下面两件事之一:

(1)你可以说:“我觉得你这个方案很不错,你很有创新意识,但同时我们还需要在它的可行性方面做一些调查。”

(2)你可以说:“当然可以,但是你能不能先去做别的事情,这样我们才能看出这件事到底是否可行。”

无论你选择上面两个中的哪一个,你都没有断然地对同事说“不”,而是

把主动权交回到他们的手中。这样便帮你解决了主动权给你带来的压力，让你用不着真正说出那个“不”字。

可见，聪明人在与同事交往的过程中，从不会把话说死、说绝，说得自己毫无退路可走。因为人人都最爱惜自己的面子，绝对的断言显然是极不给人面子的一种表现。相反，做到欲抑先扬，给足同事面子，同事自然会感动。

❤ 不传播是非八卦，厚道为人赢得人心

“静坐常思己过，闲谈莫论人非”这句话是古人告知我们的一条为人处世的格言，这句话并没有过时，尤其对身处职场的我们，仍然有遵循的地方。

现代社会，随着人们工作的圈子越来越广，人际交往也就显得越来越频繁，尤其在办公室中，似乎显得人多嘴杂起来。于是，我们总是会遇到一些好事分子将某些“小道消息”或者“是非传闻”传给我们，对此，我们不能做八卦的“传声筒”，最好的方法就是“不听、不问、不参与”，做是非传闻的终结者，你才能避免卷入是非之中。

通常情况下，人们对于那些好事分子，往往都会退避三舍，因为谁也不希望自己成为其下一个传播的对象；而对于那些为人厚道，努力工作，不参与这些八卦消息的传播者，似乎更愿意与之交往。为此，我们要在同事之间赢得人心，首先就要管好自己的嘴，不传流言飞语。

事实上，那些是非传闻与现实并不完全符合，甚至是完全背离的。我们来看看下面的故事：

很久以前，在我国南方的一个小村子里，有个姓王的人家，家里人口不多，王老汉只有两个女儿，都已经出嫁，只剩下他和老伴儿。可是，家里没有水井，很不方便，常要跑到老远的地方去打水，家里甚至需要有一个人专门负责挑水的工作，因为王老汉年事已高，越来越感到体力不支了，因此，他便请人在家中打了一口井，这样便省了一个人力。

他因为打了一口井，解决了饮水的问题，非常高兴，逢人便说："这下可好了，我家打了一口井，等于添了一个人。"村子里的人当然也为之高兴，但高兴之余，不免将王老汉的话添油加醋，甚至夸张道："王老汉从打的那口井里挖出个人来。"

这话越传越远，全国都知道了，后来传到了皇帝的耳中，皇帝觉得不可思议，就派人来王老汉家询问，王老汉还以为自己犯了什么法，细听之后才明白，然后诧异地说："这是哪儿的话，我是说挖了一口井，省了一个人的劳动，就像是添了一个人，并没有说打井挖出一个人来。"

王老汉只不过一句感叹的话："等于添了一个人"，却经村民乃至全国的人添油加醋，变成"王老汉从打的那口井里挖出个人来"，闹出一场笑话。

的确，我们周围，就是有那么一些人，喜欢添油加醋，颠倒是非，结果传到我们耳中的时候，可能这件事已经变得与事实完全背离了。而那些喜欢言及他人是非的人，多半都不是出于好意甚至是心怀叵测，企图对他人恶语中伤，败坏他人的形象。天下没有不透风的墙，当他的谎言被人揭穿后，就会被周围的人鄙视甚至孤立，因为没有人喜欢与一个随时可能出卖自己的人交往。

那么，面对这些流言飞语，我们该怎么处理呢？

1.努力工作

办公室"闲话"，无论谈的内容是多么有趣、多么开心，记住办公室闲谈都是终结你的职业生涯的致命武器。我们要把注意力始终放在工作上，多干活，少说话，不仅能有效避免这些闲话，还能让同事们觉得我们勤奋、踏实肯干、厚道。

2.谢绝不实的八卦

人多嘴杂，职场中难免有好事分子喜欢探听或传播隐私，最好的方法就是"不听、不问、不参与"，对方如果挑明想知道你的意见，保持微笑、借口忙碌，或者假借接电话拉开距离，这都是不留痕迹的暗示。如果这些是非传闻的主角是你，你最好保持沉默，不做任何解释，沉淀心情，让时间替你解释一

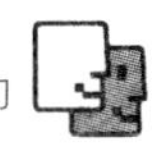

切。否则，越描越黑，影响到工作、生活和人际关系，甚至有损身心。

3.某些“闲话”可以巧说

办公室中，让人觉得你很聪明最好的办法就是知道什么时候该闭嘴，什么时候开口。参与讨论当然是个好事，但如果你总是在说些过时、被提过的东西或者一些不着边的东西时，那你就应该什么都不说，立即闭嘴。你应该时刻让所有人看上去像是在分析别人说的话。无论何时，都不要对别人大声说话，保持一定的风度对你没有坏处。对此，你周围的同事会看在眼里，没有任何针对性的谈话会让大家觉得你为人沉稳等。

因此，作为一个职场中人，一定不要在公司范围内说闲话，也不要随便对同事谈论自己的过去和隐秘思想，更不要传播别人的隐私，为人沉稳才能赢得同事的心！

第 13 章

忠心可鉴，用行动来获得老板的信任和青睐

身处职场，可能有人认为，要想赢得老板、领导的信任，只需说说好话，学会溜须拍马即可。而实际情况，并非如此。要知道，任何一个企业，任何一位领导，都希望自己的员工能用行动来证明自己的忠心。为此，我们若想打动领导，博得老板的倾心，更需要讲究方法、运用技巧。可能也有人说，领导毕竟是领导，对于员工是否忠心，员工的工作状况如何，能尽收眼底。而实际上，很多领导日理万机，不可能对每个员工的动态都能作出准确的判断。我们对领导、工作的忠诚，也要表达出来，以此赢得领导的信任。

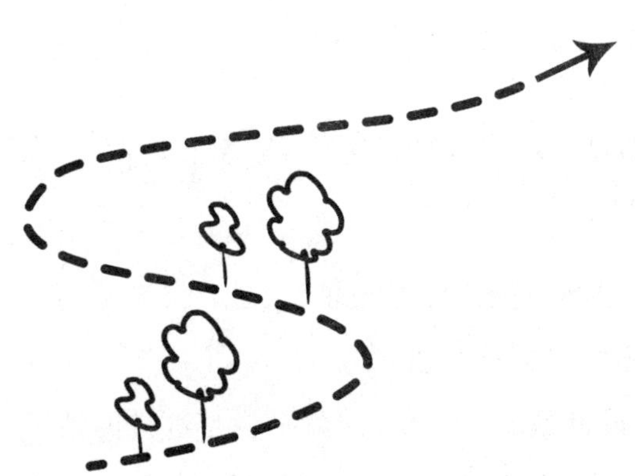

表露忠诚，让老板对你信任有加

任何一个领导，都希望自己的下属忠心耿耿。现代社会，员工的忠诚度更是一个企业衡量其能否为企业带来效益的前提条件。没有一个公司喜欢"叛徒"。日本索尼公司有这样一句话："如果想进入公司，请拿出你的忠诚来。"这是每一个意欲进入索尼公司的应聘者常听到的一句话。而所谓忠诚，意为尽心竭力，赤诚无私。企业员工的忠诚度是指员工对于企业所表现出来的行为指向和心理归属，即员工对所服务的企业尽心竭力的奉献程度。作为员工，你的忠诚度如何，决定了你的工作业绩，维系着你与企业之间的稳定关系。

事实上，任何一个领导都很厌恶下属对自己的不忠，因此尽管你的学识才能俱佳以及干劲十足，如未能对上司表现出忠诚不贰，则很难获得其重用与提拔。的确，下属对领导的忠心是需要表达出来的，也就是说，要想让领导对我们信任有加，首先要做到的就是展示我们的忠心。

向明是一家外贸公司的部门经理。他是个工作认真负责的人，深得公司高层领导的信任。但最近一段时间以来，由于事情多，他忙得焦头烂额，久而久之，未能及时对领导汇报工作。有一天领导对他说："小向啊，你最近是不是很忙啊，但是我又不知道你在忙什么，有时有问题想问你，但又不好意思问，怕耽误你的工作。"

他这话说得叫向明发愣，领导走后他的秘书笑着说："看老总这话说的，好像他是你的下属似的！"

秘书的话提醒了向明，他想，这段时间工作是很忙，但是也没有忙到没有时间向上司汇报工作情况的程度，如果每天甚至每两天抽出一个小时的时间走进上司的办公室，向他汇报自己的工作，可能就不会是这样的情况了！要知道，任何一个领导，只有下属每天主动向其汇报工作，他的心里才

会踏实，也才会对下属信任有加啊！

此时他又想到了这位自己最满意的秘书，她就是每天定时向自己汇报工作进展的，因此向明也一直都非常相信她，经常将一些重要事宜交给这位秘书去处理。想到这里，向明立即安排秘书为自己做的详细工作记录。第二天他走进上司的办公室，对上司说："总经理，这是我近来的工作进度，请您审查。"上司对他流露出微笑："有进步啊！"向明也报以微笑。

案例中，我们发现，向明及时认识到了主动向领导表达忠心的重要性，迅速调整了自己的工作方式，不再低头忙自己的，而是随时让领导知道自己在忙什么。的确，主动汇报工作，与领导及时交流，不仅能及时更正错误或不当的工作方法，还能表达我们积极的工作态度，以展示我们的忠心。

有人说，领导的眼睛是雪亮的，对于员工是否忠心，能尽收眼底。而实际上，很多领导日理万机，不可能对每个员工的动态都能作出准确的判断。我们对领导、工作的忠诚，也要表现出来，才能赢得领导的信任。

那么，我们该怎么做呢？

1.学会服从

古往今来，下级服从上级似乎是天经地义。这要求我们做事要站在领导的立场上考量，对上司尤其是老板的指令与意见要由衷尊重并全力以赴；对公司或团队要尽力维护并确保其形象，有时更需要耐心接受上司或老板的冗长说教甚至无理责骂等。

2.关键地方多请示

聪明的下属善于在关键处多向领导请示，征求他的意见和看法，把领导的意志融入正专注的事情。关键处多请示是下属主动争取领导的好办法，也是下属做好工作的重要保证。何为关键处？即为"关键事情"、"关键地方"、"关键时刻"、"关键原因"、"关键方式"。

3.把握时机表达忠心

逆境就是表现我们忠诚的最好时机。所谓"患难见真情"是最佳写照。比如，当我们的企业出现运营危机，或者领导在工作中出现难以解决的困难，你能坚守岗位全力为领导分劳解忧，丝毫未临危逃退，只要危机一过，领导定当记住我们的忠心之表现而会对你感佩而给予回报，即使领导将来另立门户亦会视你为左右手而重用你。

身在职场，如果你想赢取上司尤其是老板的钟爱或信任与重用，视你为心腹或常伴左右的得力助手，同时你也可分享上司或老板的成功果实，你就要学会表达忠诚，你将可获莫大助益，从而在职场上一帆风顺扶摇直上。

❤ 善于请教，让老板看到你的虚心

古人云："三人行必有我师。"与我们朝夕相处的领导，之所以会成为领导，一定是具备我们还不具备的某些成功的特质，而这些特质，就是我们应该学习的，当然，我们也不能否认领导也存在某些不足。另外，虚心向领导请教学习，获得的也不仅仅是工作经验和知识，更多的也是领导的倾心。任何一个领导，都希望自己的下属能低调谦虚，唯自己马首是瞻。只有谦虚学习的下属，才会不断充实自己，才会有不断进步的空间。

当然，可能有些人会认为，自己比领导工作能力强多了，只不过没有表现能力的机会才一直甘当人臣，只不过想以此为跳板，以便未来有更好的发展，找到更好的工作或者开办自己的事业。但不管怎样毕竟我们目前还是下属，必须认清一个形势：作为下属，就一定有不如领导的地方，就应该积极向领导学习，要知道不断进步才是下属在上司手下做事的必要条件。上司工作出色，能力强，你可以充分地向上司学习，上司的今天可能也就是你目标中的明天。而最重要的是，没有任何一个领导会对一个骄傲自满的下属心生好感。

姚成是一名刚毕业的大学生，和很多毕业生一样，他也投入了销售工作中。姚成的领导是个三十几岁的男士，给人的感觉永远是干净利落，哪怕是加班，他也会精神抖擞地坚持到最后一分钟。

刚来公司的姚成，经常被各个老同事带到市场上去学习经验。可是几个月下来，似乎姚成并没有什么收获。于是，领导决定亲自训练他。

这天，姚成和领导一起去上门推销，连续走访了二十多家都吃了闭门羹。姚成此时的情绪已低落到了极点，他真想对领导说放弃算了，或者下次再来。但领导似乎毫无疲态，从那挺直的身型中，竟看不出一丝失意的迹象，他坚持要继续下去。但姚成实在是坚持不住了，便找了借口，和领导请了假，提前回了家。

第二天，领导告诉姚成，在姚成走后，他成功地拿下了六份订单，姚成自惭形秽，同时，他很吃惊地问领导："您是怎么做到的？您能告诉我吗？"

看到如此好奇的下属，领导告诉他："让我坚持下去的，就只有一个信念，那就是成功就在下一秒，如果我们放弃了，就等于失败；而坚持一下，则就有成功的希望。"

"我知道了，以后我也要和您一样，做到坚决不放弃！"

姚成确实改变了不少，他不管遇到怎样的挫折都努力坚持，同时也学着和领导一样，特别注意自己的仪表并把心态调整到最佳的状态，不管走到哪里，遇到什么困境，都保持整齐端庄，并始终以微笑的姿态出现在客户的面前。这些改变也让领导都看在了眼里，很快就提拔了姚成。正如他说的："面对这样一个虚心向上的年轻人，我为什么不鼓励下他呢？"

这个职场故事中，我们发现，下属姚成前后工作态度和工作业绩的变化来自于他的领导给他的启发，同时，我们也看到了一个员工和上司之间关系微妙的变化。对上司的请教，让领导看到了下属虚心向上的优点。可见，作为下属，我们应该经常去发掘上司身上的各种优点，努力向他们学习，这样，不仅可以把这些优点变成自己的优点，还能收获到上司的认同。

这一点，对于新入职场的人来说，尤其重要。刚进入公司，就是自我成长而努力学习的阶段。所谓"近水楼台先得月"，你绝不要放过向身边的领导学习待人接物以及工作技巧的机会，如果你能够经常以积极、谦虚的态度来请教上级，他也必然乐于慷慨相助。

具体来说,我们需要做到:

1.心存敬意,发现上司的优点

作为上司,势必“高人多寂寞”,他的一些做法也可能不为下属理解,他们经常会感到寂寞。因此,作为下属的你就要多和他联系,多请教他工作上的事,当面汇报也好,电话请示也好,平时探望也好,都会使他高兴。如果你这样做了,并且不存偏见,那一定会得到很大的益处。

2.虚心请教

当上司取得了丰功伟绩的时候,他周围有的是赞美声和一张张笑脸。作为下属的你如果也去这么做,就不会引起上司的特别注意。因此,明智的做法是虚心请教,你可以恭恭敬敬地掏出笔记本和钢笔,真心诚意地请他指出你应该如何努力,也可以谈论上司值得骄傲的东西,向他取经。这样做会引起他的好感,使他认为你是一个对他真心钦佩、虚心学习、很有发展前途的人。

3.放低姿态,主动沟通

要知道,身处繁忙事务中的领导不可能做到关注每个下属的动态;而同时,你主动沟通,也体现了你积极上进的工作和学习态度。一般情况下,上级都乐于向你传授经验和教训。

总之,身处职场的我们,不妨问一问自己:为什么你不是领导?要知道,最优秀的人既能够看到别人的优点和缺点,也能看到自己的优点和缺点,能做到取长补短,不断充实自己、完善自己。向领导请教,我们学到的不仅仅是工作经验,还有做人做事的道理,更包含了领导对我们的信任!

任劳任怨,用勤恳的工作态度打动领导

我们每天都为工作辛苦着、忙碌着,面对这份工作,你是否问过自己,我为什么工作?仅仅是为了拿到养家糊口的薪水?如果是这样的话,你肯定

不快乐，面对繁琐的工作，你会觉得是度日如年，工作中容易牢骚满腹。而任何一个领导，他们更看重下属爱岗敬业的品质，他们希望自己的下属做一行、爱一行，把积极高涨的热情投入工作中，只有这样的下属，领导才会给予充分的信任。

因此，从现在起，你不妨调整自己的工作状态，做一个任劳任怨的下属，你的领导也会明白，你现在工作得很快乐，你的工作状态很好，你能精力充沛地工作。当领导了解这些以后，自然就会信任你，你就成了一个令他放心的下属。

王玲和她的同学们不一样，她的运气很好，大学毕业，当别人还在焦头烂额地忙着找工作时，她已经和一家大型公司签约，她面试的第一份工作就成功了，一切看起来那么顺理成章。于是，王玲决定努力工作，以感激这家公司给自己的机会。

于是，王玲就这样在公司上班了，一切都很合乎她的习惯，上起班来自然也很快乐。有一天下班后，王玲在公司门口遇到了领导，领导关心地问王玲："习惯吗？"王玲笑着说："当然习惯了！比上学的时候轻松多了，也有了更多的快乐！"领导笑了："小丫头不错，继续努力，好好工作啊！"王玲很爽快地回答："是！"

王玲在公司本本分分地工作着，和那些普通的员工一样，没有什么突出成绩，但也没犯什么错。但她和其他人不同的是，她很勤奋，每天她总是第一个到办公室，领导每次经过办公室的时候，就看见王玲已经在工作了；而她也是最后一个下班的人，每当领导收拾东西下班的时候，他都看见王玲还在办公室。

而每次开会的时候，大家都争先恐后地向领导说自己的成绩，而王玲则笑着说："好像没啥成绩，不过我觉得自己很快乐，每天能充实地工作着！"听到这话，领导欣慰地笑了。

后来，公司要派一个员工护送某批重要的货物，领导想都没想，就选择了王玲，他把王玲叫到办公室，问王玲："你知道我为什么选你吗？"

王玲笑着说:“不知道。”

领导笑了:“因为我没理由不信任一个工作勤恳、任劳任怨、又不抢占功劳的年轻人!”

这时候,王玲暗暗地想,一定要更加努力地工作,不能辜负领导的信任!

正如王玲的领导所言:“因为我没理由不信任一个工作勤恳、任劳任怨、又不抢占功劳的年轻人!”的确,每个领导都希望自己的下属能真正在工作中树立起责任心,都能任劳任怨地工作,而不是牢骚满腹,这样,他也能把快乐传染给身边的每一个员工,大家的工作情绪调动起来以后,工作效率就会大大提升。所以,领导一般会对那些毫无怨言、快乐工作的人给予充分的信任。

那么,我们该怎样向领导表达我们对工作的这种态度呢?

1.随时为领导鞍前马后,证明自己足以信任

要成为领导的心腹和知己,最重要的一点就是要有实力,用实力说话是职场永恒的成功法则。否则,我们空有一颗忠心,却不能为领导解决任何问题,也不会得到领导的信任和重用。

2.不要将你在工作中的负面信息传递给上司

如,说话吞吞吐吐,总带有“嗯”、“啊”、“这个”之类的赘词;或者在话语中间插入一些“你知不知道”、“我对你说”这样的话,这样便打断了话语的连贯性;再或者说一些让人感觉到你正在抱怨的口头禅等。这些都不利于你在领导心目中的形象。

3.为领导鞍前马后也需保持一定距离

这里的一定距离,指的是平日交往既不要过多、也不宜过少,应该把握在你们双方都感觉恰如其分的范围内。心理学家认为,如果外界对人的感官刺激过强,会使人感到厌倦、疲劳甚至反感;但如果过少过弱,又会使人产生沟通障碍,出现彼此陌生的反应。与上级交往频率过高,往往会产生这样的结果:一是干扰领导的工作;二是影响领导的休息;三是扭曲了自己人格形象,其结果是引起领导的反感。有事没事总往领导那儿跑,会使人觉得你

有意讨好领导，有套近乎之嫌。当然，也不能与领导交往频率过低，因为沟通太少，信息不通畅，容易引起误解。

总之，作为下属，如果我们既懂得随时听候领导的指示，在领导需要你的时候及时出现，又有工作能力为领导排忧解难，让领导感受到你随时都在他身边，你肯定能打动他，并和他成为事业搭档，还能够成为心灵的知己。

❤ 灵巧谏言，让领导看到你的能力

在工作中，由于受到一些认识方面的局限等其他原因，即使是领导，也未必能作出正确的决策。这些决策，有些是不切实际的，有些对公司整体的发展并无益处，有些甚至是完全错误的，作为下属的我们，有责任也有义务对领导提出意见，避免一些不正确的决策的产生。但实际上，很多下属做了很多前期工作，花费了很多时间和精力，但在真正劝谏的时候，却发现，原来领导并没有听进去，更别说采纳你的意见了，有的领导还因此对下属产生负面印象。

其实，聪明的下属都明白，这主要是方法和技巧的问题，只有掌握正确的、领导可以接受的方式和技巧，你的言语才会奏效。作为领导的，掌管了一定的权力，自然有一定的权威和尊严。因此，作为下属的我们，如果能做到灵巧谏言，让领导坦然接受我们的建议，那么，不仅能防止领导作出错误的决策，还能体现出我们的工作能力，更因为保住了领导的面子而获得领导的赏识。

唐朝时，唐太宗常常对魏征当面指责他的过错感到生气。一次，唐太宗宴请群臣时酒后吐真言，对长孙无忌说：“魏征以前在李建成手下共事，尽心尽力，当时确实可恶，我不计前嫌地提拔任用他，直到今日，可以说无愧于古人。于是，魏征每次劝谏我，当不赞成我的意见时，我说话他就默然不应，他这样做未免太没礼貌了吧？”长孙无忌劝道：“臣子认为事不可行，才进行劝谏,如果不赞成而附和,恐怕给陛下造成其事可行的印象。”太宗不以为然地说:“他可以当时随声附和一下,然后再找机会陈说劝谏,这样做,君臣双方不就都有面子吗?”

唐太宗的这番话流露出作为领导对尊严、面子甚至是虚荣看得很重,他是一代明君,最能听进劝谏之言,姑且有这样的想法,更何况作为常人的领导呢?所以,在工作中,当领导有失误需要我们指出时,一定要顾全领导的面子。

的确,向领导谏言能体现我们对领导的忠心,但并不是所有领导都愿意听下属的直言进谏,直接的反对言辞会让他感受到自己的威严受到了威胁和质疑,领导一旦产生了这样的想法,即使你费尽口舌,不但不能让领导听进去,还会让领导很反感。

向领导提意见,共同致力于团队的发展,是作为下属的义务,但要掌握一定的技巧,否则就可能引火烧身。那么,我们在进谏的时候,应该掌握哪些技巧呢?

1.知己知彼,方能百战百胜

一定要对领导的脾气、性格和处事方式等做个全方位的了解,如果领导是个开明的人,你就不必浪费时间、大费周章,你大可以直接说明,这样的领导一般都对直言进谏的下属有好感。而如果领导比较固执,你最好准备几套方案,此套不行施彼套,同时,一定切记,不能与之正面对决,迂回处理可使他更好接受。

2.注意说话的态度和分寸

注意说话的态度和敬语的运用,恰到好处地表达出你的意思,由于你的坦率和诚意,即使对方不完全赞同你的观点,也不会影响到他对你个人的看法。

始终不要忘记,和你说话的是你的领导而不是下属,对之,要尊重更要诚恳,言语不可过多或过少,更不要因为得理而飞扬跋扈,不把领导放在眼里,那样,即使领导认可你的意见也不会采纳;而相反,语言谦恭,即使对方

不完全赞同你的观点，也不会影响到他对你个人的看法。

3.领导需要的是建议而不是意见

我们在给领导提建议的时候，不要只说“不行”，要多说“怎么做”。向领导提出更好的解决方案，他才会放弃自己原有的想法。

4.不要否定你的领导

很多领导不愿意接受下属的建议，是因为他觉得一旦接受，就意味着自己的智慧不如下属，抓住领导的这一心理，我们在提出建议前，一定要肯定领导，这样他接受起来也就容易多了。

5.观点鲜明，长话短说

上司一般来说都对下属提出的过长的建议感到不耐烦。你在准备指出他的失误时，就要有一定的准备，有充分的理由，然后一气呵成表达自己的想法和意见。如果你能在一分钟内说完你的意见，他就会感到很愉快，而且如果觉得“有理”，也比较容易接受。反之，倘若上司不赞同你的意见，你也不会因此而浪费他太多的时间，他反而会为此欣赏你。

的确，打动领导、获得认同，并不一定需要我们处处恭维、时时奉迎，向领导谏言有时候更能体现我们的忠心，但这需要我们注意一些技巧，注意给上级留面子，这样才能够和上级很好地交流，也才会让领导赏识我们。

❤ 绝不推诿，让领导看到你的责任心

人无完人，没有人不会犯错误，工作中的我们同样如此。面对失误，有些人选择逃避或者推卸；而有些人却坦诚地面对自己的失误，并拿出足够的勇气去承认它、弥补它。作为领导，会更器重哪种人？当然是后者。任何一个领导，都希望自己的下属能够敢作敢当，无论是成功或是失败，都能独立面对，而不是一等到出现失误，就希望别人来替他收拾烂摊子。

因此，作为下属的我们，要想打动领导，让领导器重我们，认为我们可以

独当一面，我们首先要做到的就是勇于承担责任。

小夏是某公司财务科的一名职员。这天，因为工作情绪不佳，他居然一时粗心，错误地给一位请病假的员工发了全薪。

当他校对账目的时候，才发现自己这个错误。于是，他匆匆找到那位员工，说必须纠正这项错误，求他悄悄退回多发的薪金。但遭到断然拒绝。双方争执不下，气愤之余的小夏平静地对那位员工说："那好，既然这样，我只能请老板帮忙了，我知道这样做一定会使老板大为不满，但这一切混乱都是我的错，我必须在老板面前承认。"

说做就做，当这位员工还在发愣的时候，小夏已经大步跨进了经理办公室。他将这件事情的整个过程告诉了经理，并承认这都是他自己的错误，请求原谅和处罚。这位经理一直很肯定小夏的工作态度，听到小夏这么说，他倒想试探一下小夏。

于是，这位经理听完后故作大发脾气的样子，这应该是人事部门的错误，但小夏重复地说这是他自己的错误，经理于是又大声地指责会计部门的疏忽，小夏又解释说不怪他们，实在是他自己的错，但经理又责怪起与小夏同办公室的另外两个同事起来，可小夏还是固执地一再说是他自己的错，并请求处罚。最后经理看着他说："好吧，这是你的错，可×××（那位错领全薪的员工）那小子也太差劲了！"这个错误于是很轻易地纠正了，并没给任何人带来麻烦。自那以后，经理更加看重小夏了，因为他能够知错认错，并且有勇气不寻找借口推卸责任。不到半年，小夏由一名财务科职员升到了财务部主管一职，在新的岗位上，他依然尽职尽责。

这则职场故事中，职员小夏明明犯了错误，为什么不仅没有受到处罚，相反还得到了领导的器重？原因很简单，因为他能够知错认错，并且有勇气承认错误，不逃避、不推脱，只有这种敢于担当的下属，也才能担当大任，领导也会取信于他。

其实，如果能坦诚面对自己的弱点和错误，再拿出足够的勇气去承认它、面对它，不仅能弥补错误所带来的不良后果，在今后的工作中更加谨慎

端正，而且能加深领导和同事对你的良好印象，从而很痛快地原谅你的错误。

那么，当我们在工作中犯了错误，出现某些过失的时候，我们该如何面对呢？你不妨采纳以下三点建议：

（1）假若你的过失必须向别人交代，与其替自己找借口逃避责难，不如勇于认错，在别人没有机会将你的过失到处宣扬之前，对自己的行为负起一切的责任。

（2）如果你在工作上出了错，要立即向领导汇报自己的失误，这样当然有可能会被大骂一顿。可是领导在心中却会认为你是一个诚实的人，将来或许对你更加倚重，你所得到的可能比你失去的还多。

（3）如果你所犯的错误可能会影响到其他同事的工作成绩或进度时，无论同事是否已发现这些不利影响，都要赶在同事找你“兴师问罪”之前主动向他道歉、解释。千万不要企图自我辩护，推卸责任，否则只会火上浇油，令对方更感恼怒。

工作中，谁都会出现一些失误，尤其是当你精神不佳，工作过重，承受太沉重的生活压力时，偶尔不小心犯错是很普遍的事。我们在犯错后能以正确的态度面对它，反而会让领导看到我们的责任心，从而对你日后的升迁大有裨益。

❤ 做事有条不紊，让领导更放心

古往今来，我们都深知一个道理：作为下属，服从领导是天经地义的事。没有领导喜欢一个违逆自己、处处与自己作对的下属。但同样是服从，领导的感受却大相径庭，有些人一味服从，唯唯诺诺，却办不成大事；有些人谙于溜须拍马，只会耍嘴皮子功夫，办不成实事，也得不到领导的重任；而有些人，总是能想领导所想，做事有条不紊，执行力强，成为领导的左膀右臂……

很明显，只有那些真正办实事，并能稳妥办事的下属才能让领导放心、宽心，也才能获得领导的欣赏和器重。

小徐是某著名企业董事长秘书，他工作态度倒还好，但就是有个毛病，做事颠三倒四，常常出些篓子。

有一次，领导带他去香港出差。在飞机上的时候，他就准备好了领导在香港几天的行程。看到自己的工作成果，他很是欣慰，就迷迷糊糊睡着了。很快，香港到了，到了事先预定的酒店，他安顿好领导后，正准备回自己的房间休息。领导突然对他说："小徐啊，把这几天的行程表给我看看，我好准备准备。"

"好的，董事长。"说完，他翻起了自己的公文包，却没见到行程表的影子，他脑海中一片空白，左思右想后，他才想起来，行程表落在了飞机上。于是，他支支吾吾对领导说："对不起，董事长……"

"我知道，是不是日程表不见了？丢飞机上了吧？"

"真对不起，董事长，都是我的错……"小徐紧张得直道歉。

"你看，这是什么？"董事长拿出行程表，在小徐面前晃悠了几下。

"怎么会在您这儿的？"

"我看你居然拿着我们的行程表睡着了，后来，还掉在了飞机的座位上，自然就把它捡起来了。小徐啊，不是我说你，你为什么总是做事这样丢三落四呢？我每天除了要处理大量的事情外，还总得留意你是否又出错了。你幸亏只是我的秘书，要是掌握公司的重要部门，我看早出问题了。"

"是的，我知道给您添麻烦了。"

"我看哪，从明天起，你也该给自己做日程表了，这样才会有条不紊。"说完，董事长哈哈大笑起来，而旁边的小徐则是尴尬不已。

案例中的这位领导是宽容的，对于这个丢三落四的下属，他并没有怪罪，但正如他说的，"你幸亏只是我的秘书，要是掌握公司的重要部门，我看早出问题了"。一个领导怎么会把重要任务交给这种做事不稳妥的下属呢？因此，我们要想让领导放心，首先要做的就是做事有条不紊，具备强有力的

执行力。

那么，我们该怎样让领导觉得我们是个办事稳妥的下属呢？

1.要注意听领导的工作部署

领导安排工作，是从全局的角度来考虑的，也许从局部来看是个错误，但从全局出发却是必需的，就要求你不理解也得执行。你如果一味地从自己的角度出发，按自己的想法去做，就很容易打乱全盘布置，出现工作上的纰漏。

2.工作上的问题多向领导请示

聪明的下属善于在关键处多向领导请示，征求他的意见和看法，把领导的意志融入正专注的事情，主动找领导谈话，请他对自己的工作多做指教，这可以增强自己工作方面的能力。另外，有不对的地方要虚心接受领导的批评，这样他会觉得你是一个求上进的人，并且认为孺子可教。

3.不要等领导开口，认真实践领导无意中的谈话内容

跟领导一起时，对领导偶尔吐露的话要牢记，并在恰当的时机加以实践。这样可以让领导感到惊喜，觉得你很贴心，当然也会对你有一个好印象。也许有时候领导的话和工作根本扯不上关系，但做下属的应该明了领导的话外音，在可能的范围内，对领导的一言半句都应给予实践。

4.尽量遵守单位的规章制度

许多单位，没有量化的考核标准，迟到、早、退、旷工等出勤的监管，就成了主要考核指标了。也许你本职工作完成得很漂亮，但你老迟到，年终述职的时候，这个缺点就很明显，会冲掉你很多工作业绩。

5.始终不要忘记你的本职工作

完成本职工作是你的义务，是你在单位存在的价值。你可以经常设想一下：如果自己从单位消失一个月，单位会不会乱？消失一周呢？消失一天呢？当你清醒地认识到，单位一天也离不开你时，你就是个很合格的员工了。

总之，作为领导的下级，我们只有做到做事有条不紊，才能高效地工作，

才能让领导放心。

❤ 帮领导“打圆场”，让领导感激你的贴心

身处职场，我们就免不了要与周围的同事和领导相处，学会为人处世以及说话都很重要。而作为领导，也和我们一样，要面临各种人际关系。你的直接领导在处理各种人际关系的时候，也会因经验或能力的不足而面临尴尬的局面，或与客户争吵，或被他的上司批评，或被同级嘲笑……面对各种压力，他们也有控制不住局面需要人帮助的时候。但是在自己的下属面前，他们又要保持一定的尊严，所以很少主动开口要求下属给自己提供帮助。因此，作为下属的我们，遇到这种情况，应该自觉地帮领导寻找一个台阶，帮领导“打圆场”，以尽快让领导摆脱难堪的局面。这样，领导一定会对我们心存感激，与领导站在了同一条战线上，我们也就成了领导的心腹。相反，如果领导身处困境而你视而不见，一副与己无关的样子，那么他自然会找借口发泄对你的怨气。

秦海是个聪明的小伙子，他在办公室人缘不错，领导也喜欢。这主要是因为他有一张特别会说的嘴。

有一次中午休息时，办公室的同事们不知怎么就谈起了“存在方式”的话题，聊得不亦乐乎。而在办公室的主管也很想参加下属们的讨论，但却因为怕其他人说闲话不好意思加入。于是，他只好借故去饮水机接水，听听下属们聊什么。这时，他听得入神，一不小心打破了一个茶杯，“咣”的一声，办公室一下子便安静了下来。主管顿时很尴尬，不知道说什么好。这时候，秦海只是耸了耸肩，说：“这个茶杯想改变自己的存在方式。”大家便都轻松欢快地笑了起来，主管也松了口气。于是，秦海就这个问题问主管：“主管，我们也想听听您关于‘存在方式’有什么观点呢？”

这下子，正中了主管的下怀，看到秦海的邀请，他向秦海投去了感谢的

眼神。于是，整个办公室就“存在方式”这一问题，上下级之间热火朝天地聊了起来。

自打那次以后，主管与秦海之间走动得似乎勤多了，私下里，二人居然成为了铁哥们。

案例中，下属秦海为什么能和领导私下里成为好朋友，因为他在领导处于尴尬境地时，帮领导打了“圆场”，领导对其甚为感激，自然就视之为心腹，彼此间的关系也就更深一层。的确，在职场中，做事能力差不多的两个人，语言表达能力较差的那一位，升迁机会往往要比那个既会办事又会说话的人少得多。那些善于说话，并能在关键时刻懂得“为领导说话”的人，往往更得领导倾心。

作为下属，辅助领导完成工作任务是天经地义的事，但要想让工作开展得更顺利和更愉快，我们还要学会和领导建立良好关系，当领导陷入尴尬境地的时候，我们要帮领导寻找台阶，不仅能让领导平静正常地继续工作，而且还能缓和气氛，最重要的是，领导会因此感激你，把你视为贴心的工作搭档。

学会帮领导找台阶、“打圆场”，我们需要做到以下几点：

1.揣摩领导的心思，了解领导的意图

很多时候，即使领导需要帮助，但不会直白地表达出来，需要下属细心揣摩。原因有很多，但最普遍的情况是，领导碍于面子，不便随意表态，但倾向性意见不难猜测，这时你应该揣摩。与领导相处，最为重要的是那份“心领神会”，形成默契。有些事领导还没说，你就已经做好了，领导当然会对你赞赏有加。凡事等领导发话你才做，便为时已晚，他在心里已经给你打了低分。

2.审时度势，学会打圆场

工作中，尤其是作为领导身边的下属，要学会见机行事。当领导陷入尴尬境地需要有人圆场时，我们不可置之不理，毕竟很多场合，领导不方便开口求助。

3.给领导台阶，切记要保住领导面子

对于领导来说，面子是最重要的，给领导找台阶，也就是为了此目的，切不可本末倒置。

拼搏在职场，也许你总能出色地完成工作任务，但每当你盼望着评优、加薪、升职时，这些好事却总是离你远去。这时，你最该思考的是，你是否取得了领导的信任，如若没有，你不妨多留意，在领导需要你的时候，如果你能站出来，那么你就会成为他的心腹！

第 14 章

柔情蜜意，用点“心计”征服爱人心

我们发现，为了能向爱人证明自己的爱，处于恋爱中的人们，总是想尽办法，但效果却并不尽如人意，这是为什么呢？其实原因很简单，因为我们表达爱的方式并没有打动对方，看电影、买花、送礼等老套的手法使用得太过频繁，只会让我们的爱人麻木。其实，男女之间谈恋爱，本就没有什么天大的事情，尤其是在感情世界里，有时候就是一些鸡毛蒜皮的感觉，一些七零八碎的情绪。因此，只要我们稍稍具备一点通常人的智商，用点“心计”，就能轻松打动爱人的心了。

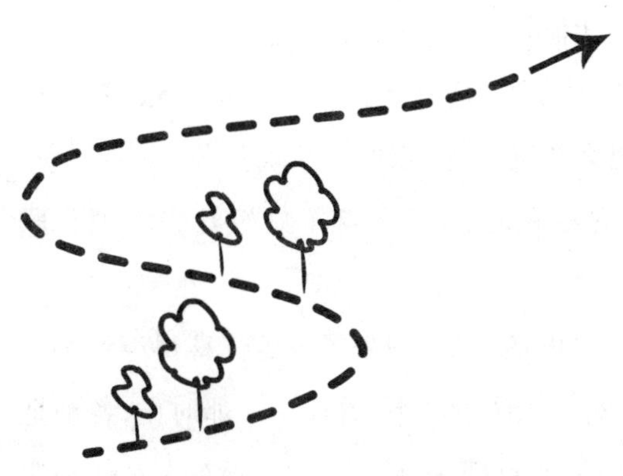

❤“乘虚而入”，在对方最需要你的时刻出现

男性和女性之间的恋爱追逐就像一场别开生面的心理较量，无论哪方，谁只要先放弃自己的心理战场，谁先被对方打动，谁就被俘虏了。有人认为，最打动爱人的是甜蜜的语言、真挚的情感，此话不假，但有时候，情感也是需要表达的。俗话说得好：“患难见真情”，“疾风知劲草”。如果我们做到“雪中送炭”，在对方最需要我们的时候及时出现，那么，一定能打动对方。因为，此时是对方心理最脆弱的时候，也是防备心最弱的时候，我们若主动出击，将会收到最好的效果。

我们来看下面这则动人的爱情故事：

那时候，刘洋在南方的一个小城，也就是自己家乡的一个小单位上班，负责一些行政工作。在他进单位后的半年，他对面那个空位上突然出现了一个女孩：她长得算不上漂亮，皮肤甚至有点黑，眼睛也不大，但很文静。她是刘洋的新同事，尽管刘洋抬头就能看到她，但是说话并不多。

刘洋在单位算是个高学历分子，懂得的知识很多，经常午休的时候，会和同事们聊一些问题，她有时也会参与其中，说得不多，却总是一脸认真。刘洋每次都发现她很小心地听，眼睛盯着他，那眼神似乎有点复杂，说不清，但刘洋确定她有一点儿崇拜他，这让他有点暗自高兴。

但问题是，追求刘洋的人实在太多了，这有点让刘洋应接不暇，对于这个并不算美丽的女孩子，也就没怎么在意。

后来，刘洋因为家里关系辞职去了北京，他和这个姑娘几乎没怎么联系，只是偶尔发发短信。

“非典”那年，刘洋突然想给她打电话，说他回来了。她惊喜得声音都变了：“你真的回来了！我要见你！”刘洋犹豫了一下，答应了。那时候，各地把“非典”之可怕传得耸人听闻，他刚从北京回来，除了家人，所有人对他都避

而不见。

见面时,刘洋问她:“你不怕我身上有病菌传染你?”她柔声道:“怕。但你回来了,我想见你。”刘洋心里很感动,他明白她的心思。他们并肩散步,过马路的时候,忽然来了一辆车,他揽过她的肩,把她让到了另一边。她只是看了看他,没有说话,但她的眼神里多了一丝甜蜜和喜悦。

然后,刘洋大胆地牵了她的手,她要挣脱,但是刘洋抓得更紧了。刘洋就这样一直拉着她的手,再没有松开,直到她嫁给他,成为他的妻子。

“柔情似水,佳期如梦。”多么迷人又感人的爱情故事。对于我们的爱人来说,再也没有比对他们不离不弃更令人感动的了。对于刘洋和他的妻子来说,“非典”既是一次灾难,也带给了他们幸福,当别人都对自己避而不见,生怕被传染的时候,她却说:“怕。但你回来了,我想见你。”这就是对刘洋最好的安慰,自然也打动了刘洋,最终,二人步入幸福的婚姻殿堂。

可能很多年轻人会有这样的苦恼:为什么不管我怎么表达,都始终攻破不了对方的防线?为什么不管我怎么努力,对方就是不肯接受我?此时,你不妨转换一种追求爱情的方式——守株待兔,等到对方最需要你的时候出现,给对方温暖,给对方安慰,人心都是肉长的,我们最终能融化对方心中的寒冰。

那么,具体来说,我们该如何做到“趁虚而入”,给对方送去及时的温暖呢?

1.寻找时机,帮对方解决一些问题

比如,当对方在工作中或是生活上遇到了不能解决的问题,你便可以主动站出来,帮其解决。对此,你可以这样说:“这些修理的活儿都是我们男人的事儿,以后哪里坏了,就直接打我电话。”在这样的你来我往与交流中,很容易碰撞出爱情的火花。

2.在“趁虚而入”后,学会让感情升温

当我们为对方解决完问题之后,更要懂得表达自己的爱,这样,会给对方一个暗示:只要你有需要,我会随时出现!对此,我们可以采取用语言表

达的方式，因为最直白、透明化的语言最能表明一个人的内心世界，也最能传递最强大的情感力量。比如，你可以对对方说："你放心，我总会守候在你的身旁，保护你，不会让你受到任何的风吹雨打！"这样强有力的表达方式就是爱的最好证明。

总之，如果我们能做到细心观察，做到"趁虚而入"，在对方最需要我们的时候及时出现，送出我们的爱，那么，一定能俘虏爱人的心！

❤ 众人面前"秀"一下你的爱意，满足爱人小小的虚荣心

生活中，我们发现有这样的情话对白：

"你爱我吗？"

对方的回答一般是："爱。"

而接着，这个发问的人会继续追问："那你当着大家的面，说'我爱你'吧。"

"这就免了吧，影响不好。"

这个回答，会立刻让我们的热情冷却下来，因为我们知道，爱一个人是需要表达的，尤其是在众人面前，我们对爱的表达会让对方心里更有安全感。情侣之间，情到浓时，双方都会产生将自己的爱人介绍给朋友、亲人的需要，这也是一种爱的见证和保证。比如，如果我们能在众人面前这样对爱人说：比如，"我爱你，知道我爱你哪里吗？我最爱你的眼睛，每当我们在一起的时候，我会注意你的眼睛，当你睫毛颤动的时候，我的心也随之跳动。"或者："我爱你身上那股忧郁的气质，当初，就是这股气质吸引了我，让我不可自拔地爱上了你。"相信这样的表达，一定会让对方对你充满信任。

电视剧《裸婚时代》中，男主人公刘易阳的求爱方式让我们回味无穷：

当童佳倩和刘易阳从民政局办完结婚手续后，童佳倩突然想起刘易阳没对自己求婚，于是，突然觉得自己稀里糊涂地就嫁做人妇了，对刘易阳不

依不饶，当她因为生气调转头、走出几步之外后，她回头，听到刘易阳这样对她表白：

“我求你嫁给我吧，虽说我没车，没钱，没房，没钻戒，但是我有一颗陪你到老的心！等你老了，我依然背着你，我给你当拐杖；等你没牙了，我就嚼碎了再喂给你吃；我一定等你死了以后我再死，要不把你一个人留在这世上，没人照顾，我做鬼也不放心！童佳倩我爱你！”这一段话，引起了众人的围观，更感动了童佳倩。

面对童佳倩母亲的反对，刘易阳在长辈们面前的另外一番话更是让童佳倩颇为感动：

八年了，我们俩上学那会儿，我就觉得佳倩长得好看，别的男生多看她一眼，我这心里就特不高兴，有点什么吃的喝的用的，我第一时间就想到是童佳倩，我每天骑车了多骑五六公里，就是为了能绕到你们家楼下，看一眼童佳倩。后来上了大学，我就把每个星期的生活费，全部攒下来，就等到周末，带佳倩去吃顿必胜客，看场电影，我上学那会儿，找各种办法让自己不饿，后来人家说，抽烟能让我不饿，我就开始学抽烟，抽不起好的我就抽次的，次的抽不了，我就捡烟屁股，烟屁股抽没了我没辙，我就只能睡觉，躺在床上一觉睡下去，也就忘了饿了。后来大学毕业找工作，我是削尖了脑袋想找那些，挣得多的，能让我买得起房，买得起车，能让我堂堂正正地，把童佳倩娶进门，可是就算我拼了命，我也赶不上这房价涨的速度，阿姨，我爸妈都是工人，我们家没什么钱，条件也不如你们家，但是我爸妈都是好人，我妈说了，只要佳倩嫁到我们家，她就把佳倩当成亲闺女一样待，但是阿姨您要是觉得，我们小家小户的，您怕佳倩嫁到我们家受委屈，那我就给您表个态，我是非常非常爱佳倩的，我就是要跟佳倩结婚，您要是同意，我就住到您这儿来，有童佳倩的地方，才是我刘易阳的家。”

刘易阳的这两番话就是对自己爱人的承诺，对爱的表达，我们姑且不论他们婚后的生活幸福与否，但确实是这番话，让童佳倩无怨无悔地嫁给了他。

的确，恋爱中，双方关系能否取得突破，很多时候，要看我们如何表达爱。也有很多时候，在与爱情的遭遇战中，我们不是输在“不爱”，而是输在不知道“如何表达爱”，众人面前对爱人施展爱意，会让爱人更欣喜。

那具体来说，我们该如何做呢？

1.坦率表达

在众人面前，坦率地表达对爱人的爱是需要勇气的，这种表达爱的方式十分简明、直率，不虚伪造作，大胆毫无保留地向对方倾吐自己的感情，宛如那潺潺的小溪，潺潺而流，是属于一种单刀直入、直接挑明的方式。这种表达爱的方式固然直接，但却显得真实、可爱。

一般而言，对性情直率、表达思想感情喜欢开门见山的人宜用此法。

2.动作行为也能表达爱

众人面前，如果你能不经意地亲亲你爱人的脸颊或者拉着爱人的手，这都会让你的爱人感觉有种被“注视”、“祝福”的幸福。而如果你能当众给爱人一个惊喜，比如制作某个东西或者求婚，不仅让对方感到意外，更多的是对你无法拒绝的爱。

总之，我们在用语言表达爱的时候，表达方式越特别，越真实，越能给对方在心理上以安全感，我们的爱情也就越有保障！

❤ 偶尔制造点惊喜，令爱人喜不自禁

人们常说，两个人谈恋爱，相爱容易相处难，如何让爱人对我们死心塌地，关键在我们对爱的守候与表达。曾经有人说过，爱情的保鲜期只有21天，也就是说，对于大部分情侣来说，如何将爱情保鲜成为我们都要学习的课题。

处于恋爱中的人们总是想尽办法向对方证明自己的爱，但时间一长，他们会发现，彼此之间已经无法再保持那种浪漫了，看电影、买花、送礼等老套

的手法已经再也提不起对方的兴趣。但如果我们能在平淡的生活中制造点惊喜，是不是会让爱人喜不自禁呢？我们先来看看下面的爱情故事：

老刘与妻子兰心结婚七年了，从相爱到结婚，他们经历了一个漫长的过程。正处在七年之痒之际的他们，并没有和其他夫妻一样遇到婚姻中的那些问题。然而最近一段时间，兰心发现自己的丈夫回家的时间越来越晚，回家也是倒头就睡，不像以前那样和自己促膝长谈了。兰心是敏感的，她不知道丈夫怎么了。于是，她找到自己的好姐妹，让她帮自己分析一下。

“你说，老刘不会在外面有外遇了吧。”兰心担心地问。

“怎么可能，你们家老刘你还不了解，他不会那样的，再说，我家老张也在那个单位，我经常去看老张，没发现什么怪异啊。”

“可是，我怎么感觉他最近老躲着我呢?”

“是你这个黄脸婆外加更年期妇女吓跑了他吧。”姐妹开玩笑地说。

“我不明白?”

“你们结婚七年了，你还记得当初那个你吗？那个青春、阳光的你吗？那个会经常等在他单位门口的你去哪儿了？现在的你，估计每天除了洗衣做饭就是带孩子，一点心思也没花在老刘身上，他心里也不好受啊。”

“你说得很有道理，那我该怎么办呢？你给支个招儿吧。”

“你们都太忙了，该抽出个时间好好享受二人世界了，这样吧，今天晚上，你把孩子送到我这儿来，你在家好好准备，做个烛光晚餐，再把自己打扮得漂亮点，给他个惊喜，他一定会感动的。哦，想起来了，这周末不就是国庆节了，我建议你们啊，去私奔吧。”

“私奔？什么意思?”兰心吃惊地问。

“私奔哪，就是我个人相对于现在这种安逸的生活而言提出的保卫婚姻爱情的一种方式，如果你们去体验一下私奔生活，你们就能找到当初那种没钱没房、被父母反对的日子，也就找到了当初那种两个人相爱的感觉了。”

“真没想到，你还是个情感专家啊。行，我今天回去就给他制造个惊喜……”

兰心姐妹的方法是奏效的，果然，当天晚上，当老刘回到家，看到精心为自己打扮、准备了丰盛的烛光晚餐的妻子时候，他就感动了，他一把搂住了妻子。就下来，就是他们的“私奔”活动……

兰心在与丈夫的相处过程中，及时发现了问题，然后采取了姐妹提出的建议——为丈夫制造出惊喜，并决定实行私奔计划，彼此之间又燃起了激情，让丈夫重新找到了相爱之初的感觉。

的确，爱情和其他很多事物一样，细节决定成败。一些看似细小的行为，实则爱情保鲜的关键。一件小礼物，一声不经意的问候，片刻的身体接触，都会大大增进感情。

心理学家研究过人类的爱情关系并撰写过论文，他们认为，相比于主动倾听和信赖，微小的示爱行为更能取得出乎意料的结果。

那么，我们该如何在平淡的爱情中制造出不一样的惊喜，从而打动对方呢？

1.告诉你的爱人，你爱他（她）

我们不要小看这句话，可能有些人认为，彼此几经磨难或交往比较深，有一定感情基础，不需要这些爱语。俗话也说，说得好不如做得好。但是，言语却能比行动更加清楚地体现你的情意。请你试着做一下，时不时对他（她）说出你的爱。一句“我爱你”或者“你是我的全世界”，就可以为你的另一半带去关爱，增进彼此感情。

2.记住特殊的日子，送上你的礼物

你要抓住时机，从物质上表现你的爱意。一本合适的书，一份特别的甜点，一件珠宝，或是一套衣服，礼品不论贵贱，都可以传情达意，都可以感动对方。写一张充满爱意的小纸条，或者上班时发一条“我爱你”的短信，这些微不足道的举动说明他（她）始终在你心里，有助于取悦伴侣，增进感情。

总之，给爱人制造点惊喜，会让我们平淡的爱情生活中增添很多色彩，会让我们的爱人品尝到爱情的果实，被我们所打动！

❤ 适时甜言蜜语，融化对方的心房

都说恋爱是人生最美的季节，情话是世界上最动听的语言。人说，任何一个人都长着爱听甜言蜜语的耳朵，被异性赞扬，这是人的普遍心理。然而在恋爱中，偏偏有这样一些人，他们笨嘴拙舌，眼巴巴地看着心上人，不是“爱你在心口难开”，就是词不达意，惹得心上人芳心不悦，亲口毁了一段美好姻缘。而那些会说甜言蜜语的人，说话时能热情而不失于稳重、真诚而不流于轻浮地表达爱意，即使被对方拒绝之后，仍能以言示诚，让对方被自己的赤心所感动，重新回归自己的怀抱。可见，是否会说情话，是我们能否在爱情的道路上一路绿灯的关键因素之一。我们来看看下面这一段爱情故事：

周伟与叶子经人介绍相处了近两个月时间。周伟对叶子非常满意，可是叶子对周伟却没有什么感觉，这使得周伟很苦恼。这一天，两人一起散步，经过一个工艺品店时，叶子的目光被一个缀着金色小钥匙的手机链吸引住了。周伟见状马上掏钱买下来，并亲手替叶子挂到了手机上。他一边挂一边说：“等咱俩结婚了，我给你买条纯金地换上。只要你喜欢，多少钱我都不会说个‘不’字的。”叶子本来一脸笑意、满眼温柔地看着周伟摆弄那个可爱的小饰品，可听了这句话后，却一下子皱起眉，眼中的柔情也被冷漠的雾所取代。她伸手拿过手机，将刚刚挂好的手机链三下五除二解了下来，放进周伟手里。冷冷地说：“谢谢你，我不喜欢。我还有事，先走了。”然后便快步离开了。周伟无论如何也没想到，自己满心期待的热恋还没开始，就因为自己的一句话被冷处理了。

叶子为什么会马上转变情绪，由一脸笑意到冷漠呢？从心理角度看，女孩子天生有颗浪漫的心，尤其是恋爱中的女孩子，在她们眼里，再多的黄金也比不上爱人的一句贴心情话；再重的钻石也比不上与爱人心心相印。叶子喜欢手机链，只是单纯地喜欢它的小巧精致，而不是因为它具备黄金的颜色。刚开始，她一脸柔情，是因为周伟看出了她喜欢手机链的心思；而后来，她立马转变情绪，是因为周伟那番自以为会打动女孩的话。在周伟看来，这番话是发自肺腑的，并不是虚情假意，可是对听者来说，这番话不仅暴露出周伟庸俗而缺乏浪漫的一面，同时，他这么说，也误会了叶子的意思，叶子自然会产生这样的想法：周伟的心思与自己的想法风马牛不相及。尤其是周伟话里的意思，居然以为自己是个拜金主义者，这无疑是对自己圣洁感情的玷污！因而，可以说，叶子的愤而离开是周伟的那番话所产生的必然结果。

实际上，如果周伟转换一种说法，或许会得到完全不同的结果：比如，他完全可以这样说："我早就听人说，送给自己的爱人一条链形饰品，能将两颗心紧紧连在一起，心心相印，永不分离。感谢上天给了我这个机会，虽然手机链并不贵重，但这个金色的小钥匙，能打开你我的心锁，让我们通过手机互诉心声！这条手机链将成为我们爱情的信物，让我们的心越来越近，让我们的爱情越来越浓。"

如果周伟能这样说，即使以往叶子对他毫无感觉，也会被他的一番情话打动而倾心于他。因为在情人的耳朵里，任何甜言蜜语都恰如其分。

人们常说，恋爱中的人智商都为零，从某种程度上来说，这是因为恋爱中的人永远需要一种"感觉的泡沫"，来沐浴他们那脆弱而敏感的神经，来满足他们内心的虚荣。他们很容易相信自己爱人的话，生活中，没有几个人能经得起爱人一番甜言蜜语的炮轰，爱人说几句好话，他们就晕头转向了。

可能很多人正为如何传递爱语而发愁，那么，怎样才能较好地向对方吐露心迹并能成功打动对方呢？

1.从细节处赞美对方

无论男女，都需要得到别人的赞美。恋爱中的人尤其希望心仪的爱人的欣赏与赞扬。因此，那些不善言辞的人，可以从细节赞美对方，比如，某天，当你发现对方更换了一种新发型时，一定不要错过这个赞美的机会，你可以对他（她）说："估计你的新发型又要掀起公司的一阵时尚潮了。"可能他

(她)的回答是:“是吗？怎么可能呢?”但此时的她肯定已经心花怒放了。

2.把握分寸

这里的分寸,指的是我们所说的爱语,要视和对方关系发展的深浅而定。宋代秦观说得好:“两情若是长久,又岂在朝朝暮暮。”如果和对方交往不深,切不可直入主题,对对方说“嫁给我吧”之类的话,这些话会显得唐突,也会使自己陷入难堪的结局。在初次见面的时候,交谈用语要温柔谦虚,力避趾高气扬,唯我独尊。情态上,要表现得稳重、诚恳,切不要给人浮华不实的印象。初涉情场,过于亲昵。一览无余是要不得的。因此流露情爱应该含蓄、委婉、曲折些。

❤ 适度撒撒娇,向爱人展现你的可爱

恋爱中,一谈到“撒娇”,很多女性对此会嗤之以鼻,尤其是那些个性强的女性,她们认为,女人应该独立。此话不假,但在情感天地里,那些能点燃男性爱的火焰的女性,多半是懂得撒娇之术的。因为从男性的心理角度看,他们内心大男子主义或多或少都会有,尤其是在自己爱的女人面前,他们有种想保护对方的欲望。如果女人过于坚强,让男人无计可施,天长日久,男人会觉得在女人面前自己太无能,而当一个娇弱的女性一出现,他的大男子主义绝对会极度膨胀,觉得你可爱娇小,对你的爱也就愈加膨胀。

遥遥和男朋友约好下班出去吃饭,已经到时间了,可遥遥由于工作没交接完还不能出去。心想:男朋友一定会生气,他很惜时。忙完工作,到了约定好的饭店一看,男朋友果然阴沉着脸,气呼呼地坐在那。遥遥在男朋友的视线里缓慢地走了过去,说:“都是这双讨厌的凉鞋,早不崴脚,晚不崴脚,偏偏赶上这时候,唉,我疼点无所谓,可是却耽误了你的时间,真让我过意不去。”说完还一脸疼痛和自责的表情,男朋友心疼地说:“你该让我去接你嘛,快让我看看脚。”

这种小细节估计对于恋爱中的男女来说，再熟悉不过了，但遥遥的这句话："都是这双讨厌的凉鞋，早不崴脚，晚不崴脚，偏偏赶上这时候，唉，我疼点无所谓，可是却耽误了你的时间，真让我过意不去。"不仅将男朋友心中的怒气一扫而光，还激起男性心中想保护女性的欲望，双方的感情也会因此升温。

可见，无论是恋爱还是婚姻中，女人要想在男人面前永保魅力，就一定要学会用娇嗲之语，说得他心花怒放，说得他心服口服，他自然就会对你言听计从，爱恋有加。撒娇耍嗲，可能对于那些天性软弱的女性相对容易。但若是对那些个性较强的女性，似乎就没那么容易了，她们不知道撒娇的话要如何开口，如果硬要说点什么的话，就只剩下唠叨、争吵了。

对此，我们有以下几招对策，可供参考：

1.懂得示弱，让男人充当保护者的角色

比如，当你在工作中或是生活上遇到了不能解决的问题，你便可以让男性来解决，对此，你可以这样说："我听说你在这方面很在行，你可不可以帮我看看，我这份策划还有什么不完美的地方？"

2.说些软话，悉心呵护自己的感情

有次吵架，老公要离家出走，小丽挡在门口说："自古以来都是女人离家出走，你这么做不符合事物发展的正常规律。"老公说："你想怎么样？"小丽坚定地说："我走，我要把属于我的东西全带走，哼！"说完不由分说拉着老公跑下了楼。老公问："你究竟要干什么？"小丽说："你是我的东西啊！"老公说："我才不是东西呢！"说完自觉不妥又急忙改口说："我是东西。"说完，两人都忍不住大笑，一片乌云就这样散了。

3.说话要给男人面子

在和男人说话的时候，有些女人像吃了"枪药"似的伤人，丝毫不给男人面子。这样的女人怎么能得到男人的爱恋呢？

一位学生物学的女孩和一位中文系的男生相恋了。两人漫步在林荫道上，小伙子兴致勃勃地念了两句诗："春蚕到死丝方尽，蜡炬成灰泪始干。"他

得意之时，姑娘则冷冰冰地说：“真可笑！春蚕吐丝作成茧，变成蛹后飞出蛾，它怎么死了呢？”小伙子顿时不快，回敬道：“这是古诗，是李商隐的绝作！”“那李诗人也是无知。”两人论战得不分上下，最后不欢而散，分道而行。

本来，小伙子吟诗是信手拈来，略带转文之意。而女孩却不分语言环境和情绪气氛，语言傲慢且偏激似是讥讽男友，大大地伤了男孩的自尊心和感情。

总之，女人，坚强与独立是绝对正确的，但在爱人面前的，在两人独处时，偶然的撒娇不会让你的爱人笑话你，只会是更加爱你疼你怜你惜你，他自会乖乖成为你的俘虏。正像一位诗人所说的，“女性向男性‘进攻’，温柔常常是最有效的常规武器”。因此，撒娇吧，没什么大不了，别以为自己是白领、是高级管理、是女强人，就与温柔无缘，将柔弱的一面展现出来，只会让你更添风韵。

❤ 若即若离，稳固的爱意需要一点空间

有人说，爱情就是长相厮守，就是亲密无间，就是无微不至的相互照顾。这不能说不是爱，不是美好的爱。但是，“入芝兰之室，久而不闻其香”，人世间再美好的事物，习以为常了，不但不觉得美好，有时反而会生出厌倦和反感来。

人们常说：“距离产生美。”这句话同样适用于爱情，彼此间有一点距离的张力，能营造出一种朦胧之美，它能将两人的爱心拴得更紧。人的精神世界是一块富丽的园土，需要相对的独立。每个人都需要一些空间，不只是物理的空间，还有心灵的空间。没有这个空间，爱情就不能自由成长。聪明的人，在恋爱的时候，懂得“距离”的重要性，于是，他们会懂得和对方保持若即若离的感觉，用一点空间来稳固对方的爱意。

当今的爱情，有时就是这样，正如一首歌所唱的那样：这就是爱，说也说

不清楚……距离左右爱情,在现实生活中有很多这样的佐证。

老王是某单位的员工,他有一位品貌俱佳的妻子,她在单位里是中层干部、先进工作者,在家里她是贤妻良母,她对丈夫照顾得无微不至。她从不让丈夫洗衣做饭,丈夫加班,她去送饭。丈夫穿的用的,全是她买,丈夫的皮鞋、领带都是她擦、她系,丈夫"爬格子",她总是左右侍候,端茶倒水。每每论起"内助"如何,老王的朋友们总是羡慕老王的"福分",羡慕他们亲密无间,朝夕相伴。

但老王总觉得自己的妻子与人家相比有天壤之别。然而,半年后,老王居然与他的贤妻分手了,据说单位和亲朋好友调解多次,妻子也不解地问他"哪点对不住你",但他铁了心,坚持离她而去。很多同事曾直截了当地问他是否另有新欢,是不是喜新厌旧,他只是说:"过腻了,这样活着,吊不起胃口。"

从老王的这段感情经历中,我们发现,朝夕相伴,无私奉献,爱情之火也不一定就能持久地燃烧。其实,恋爱中,也存在刺猬效应:

"刺猬效应"来源于西方的一则寓言,说的是在寒冷的冬天里,两只刺猬要相依取暖,一开始由于距离太近,各自的刺将对方刺得鲜血淋漓,后来它们调整了姿势,相互之间拉开了适当的距离,不但互相之间能够取暖,而且很好地保护了对方。

刺猬效应强调的就是人际交往中的"心理距离效应"。恋爱中的双方,也应保持一定的心理距离,才能让对方始终对我们存在继续"了解"和"探求"的欲望,对我们的爱意才会不断稳固。

生活中,我们经常会听到有些人对自己的爱人说:"你太黏我了,你给我一点自由的空间。"这是很多人的心声。可能也有人会这么问:"难道,爱不是就应该彼此面对,时常在一起吗?"恋爱中的人,如果太过亲密,就会逐渐失去自我空间,此时,危机就存在了。因为每个人自身就是一个个体,如果逐渐被另外一个个体占据空间,那么,自然就会产生排斥心理。

那么,具体来说,我们该如何给足对方空间呢?

1.不要干扰对方的工作

人作为社会的个体，都有自己的职责，也有自己的一份工作。这是我们发挥个人价值的方式之一。即使相爱，你也应给足对方时间和空间，让其发挥自己的价值，他才能找准自己的位置，而不会在感情的世界里迷失。

2.偶尔“小别”，为彼此带来新鲜感

世上有永恒的爱情，但没有凝固的爱情。爱情是一条河，它的源头必须有足够的水源，才能永远奔流不息。这水源产生于两人的情感交流和融合，产生于双方对爱情理解的升华与深化。正如鲁迅所说：“爱情必须时时更新、生长、创造。”

俗话说：“小别胜新婚”，这就是让爱情与婚姻更新与保鲜的一个良好的方式。

总之，爱也需要距离，人心也需要距离，爱不应是永远的相互拥抱和依赖，爱也需要距离和分离，如果没有一段段的空白和间隙供爱情呼吸，那爱情在压力和诱惑下，会彻底断裂。而两个人也需要有一定的距离，没有距离，彼此的车轮和人生轨迹又如何延伸到远方呢？又如何还有未来？

❤ 展现安全感，给对方一份踏实的感情

生活中，我们经常会提到“安全感”一词。的确，在恋爱与婚姻中，我们的爱人要的就是安全感，只有得到安全感，对方才会觉得你是可以停靠的港湾，一辈子守在你身边不离不弃。

生活中，我们发现有这样的情话对白：

“你爱我吗？”

对方的回答一般是：“爱。”

而接着，这个发问的人会继续追问：“那爱我哪里？”

“哪里都爱。”

这个回答似乎合情合理，但实际上，对方会有一种被敷衍的感觉。有些人会说，爱一个人是没有理由的，实际上则不然，爱一个人会留心观察对方的每一个细节，至于那些“爱我哪里”的问题，如果你回答：“我最爱你的一头秀发，当初，在人群中，就是这一头秀发吸引了。”或者：“我爱上的是你不一般的才气，一个女人，容颜易老，但这种由内而外散发的诗书气，是不会改变的。”相信这样的回答，定使对方心里充满安全感。可见，爱表达得越真实、越细腻，也就越能给对方信任，对方也就越有安全感。

丽丽与李江从小一起长大，可谓表梅竹马，两小无猜。随着他们慢慢长大，心虽相知但表面却似有了距离。原因是李江家穷，丽丽的父母不愿他们相好，怕他们的女儿受苦，李江知情，自感愧怍，埋藏了心中的爱情之火，丽丽多次约李江，他都借故推托。李江心想，我们虽都有了爱慕之心，但并未相互挑明，为了不耽搁丽丽的前程，还是永远不挑明的好。当丽丽的父母要为她找对象时，丽丽决定无论如何都要跟李江认真谈一谈。这天，她终于堵住了李江，刚要挑明话题，李江就要离开。丽丽知道李江的想法，便对李江说：“我看了一首诗，觉得很好，但又不完全理解，想叫你给我讲讲。”李江问她是什么诗。于是丽丽取笔写下：“上邪，我欲与君相知，长命无绝衰，山无棱，江水为竭，冬雷阵阵夏雨雪，天地合，乃敢与君绝！”李江一看，沉默一阵说：“东风恶，欢情薄。”丽丽知道这是陆游的词句，是说家人是他们爱情的障碍，便说：“我读不懂的诗，就是我的誓言，陆游与唐婉的故事不会重演。”李江默默地点头，他们在苦涩的泪水中拥抱。

丽丽在李江不敢正视现实，回避爱情之时，巧用古诗质疑，表露心迹，让李江知晓她对爱情的坚忠不二，给了对方安全感。最终，有情人终成眷属。可能不少人又会感叹——我该怎么做才能让他有安全感呢？对此，你可以尝试以下几个方法：

1.宣誓法

可能在恋爱的过程中，有些人会说自己不相信诺言，但如果我们的爱人

不对自己许诺，我们则完全没有安全感。通常来说，在情感特点上，女子更含蓄些，表现出娇嗔、自尊，但又带有过于羞涩、执拗的弱点。男子则显得外露、炽热、感情奔放。所以一般来说，男孩为了获得女孩的芳心和信任，都会在爱情渐入佳境时对女孩宣誓。但也有一些情感炽烈的女孩，她们性格大方，也会向心上人做出爱情的承诺。

2.不要对爱人唱“我只在乎你”

的确，任何人都不能承担另外一个人的未来，即使这两个人再相爱，因此，我们在和爱人谈未来的时候，不要说：“如果没有你，我会活不下去”或者“你离开我，我就去死”之类的话。即使谈婚论嫁，爱情也应该保持一定的温度和距离，双方才能如沐春风。

3.温暖的肢体接触

为何恋人们都喜欢牵手？因为这样亲密，让人感觉踏实。人其实都有身体的接触欲望，男人女人都一样。掌心、怀抱的温暖更能给人安全感。所以，不要吝惜拥抱和牵手。

4.适时的嘘寒问暖

每个人都需要他人尤其是爱人的关心，但是过分的关心只会让他不胜其烦。对方苦恼的时候你好好充当垃圾桶的角色就可以了。有时爱人需要的，只是一个能够诉说的对象，说完了就释放出来，并不一定要求结果。

5.让爱人的家人、朋友都欣赏你

长辈们实在是厉害，眼睛超毒，如果你能赢得爱人的家人、朋友的欣赏，简直就打通了一半。有赞赏你的人，在很多事情上你都会得到很多帮助。

6.搞清楚和异性朋友的界线

无论男女，都应该有自己的朋友圈子，但是和异性玩暧昧肯定是让我们的爱人最痛恨的。如果你对别的异性不好意思拒绝，那么，迟早你的爱人就会毫不吝惜地拒绝你。爱情都是自私的，我们总是希望我们的爱人始终出现在自己的视线当中。你可以让你的爱人知道你来往的朋友是谁，但是你们可以事先沟通好,大家可以在信任的基础上互相给对方空间。

总之,为了能够给爱人安全感,我们也需要把握好分寸和方式方法,我们只有把话说得真实,情感真挚,才会打动对方,让对方领会我们的爱!

第 15 章

其乐融融，家庭关系的维护需要真诚的付出

很多时候，家庭之间的人际关系比社会上的人际关系更难处理。尤其是媳妇和婆婆之间的是非对错，往往让作为丈夫和儿子的一方焦头烂额。矛盾之所以如此复杂，究其原因，是因为双方都没有把对方当成一家人，彼此之间没有爱。作为晚辈，如果你真的把另一半的父母当成是你的父母一样，去关心和爱护的话，我想很多问题就变得简单多了。那么，究竟如何做，才能把你的爱传达给另一半的父母呢？这一章所列举的一些方法和策略或许对你有用。

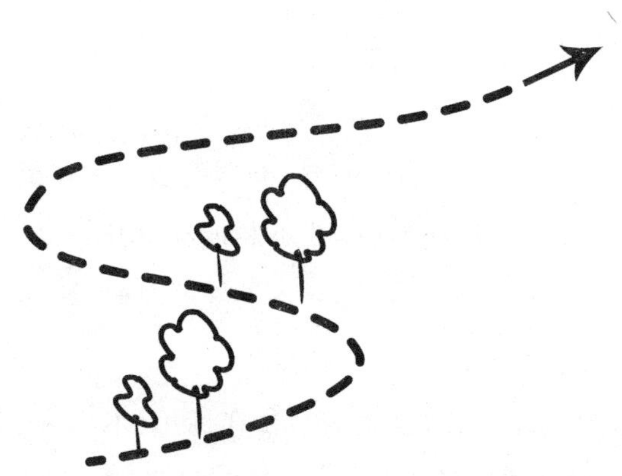

❤ 儿媳要眼里有活，让婆婆感到欣慰

很多女孩子，嫁到婆家之后，总觉得自己是客人，对婆家的家务事总是想做又不敢做，不做又觉得不合适。时间久了，就会让婆婆觉得，这个媳妇很懒惰，眼里没活，抱怨声自然就有了。作为儿媳妇，你要明白，你嫁到了婆家，就是婆家的主人，就得对婆家家里的事情承担一定的责任，这样，你就会放开手脚去处理婆家的事务，让婆婆觉得你眼里有活，从而倍感欣慰。

卓凡如愿以偿地嫁给了自己喜欢的人斌。刚结婚，婆婆对她特别的好，早晨一大早做好了早点，等着她起床去吃。家里的地脏了，自己悄悄地擦了，菜也总是早早地买回来，饭也不让她去做。就这样，卓凡过着衣来伸手、饭来张口的日子。

可这种日子没过多久，卓凡渐渐地感觉到了一丝微妙的变化，婆婆对她也不再是笑脸相迎了，早上总是催她早起去做早餐，去市场里买菜，有时家里乱了，地脏了，婆婆便开始唠叨了。

这天，卓凡一大早就起床了，洗漱完了之后，先去市场上买菜，然后回来精心地为全家人做好了早餐，这时候他叫醒了斌，随后她把家里认真地收拾一遍，这时候已经是七点半了，离她上班的时间还有不到半个小时，她匆匆吃了早餐，然后上班去了。

婆婆起床后，看到早餐做好了，房间也收拾好了，菜也买好了，脸上露出了欣慰的笑容。下午下班之后，当卓凡走进家门的时候，婆婆脸上再次挂满了笑容，桌子上摆满了丰盛的饭菜。吃饭的时候，婆婆不断地给卓凡夹菜，不停地叮嘱她多吃点。晚饭后，当卓凡收拾了碗筷，准备去洗的时候，婆婆拦住了她，笑着说："我来洗吧，你也忙了一天了，早点休息吧。"

事实上，这天早上，婆婆老早就起床了，只是她故意待在屋里，不出来。她就是逼着让卓凡开始学着操持家务，逼着她早日融入家庭这个大氛围中。

当她发现卓凡开始进入妻子这个角色之后，她又抓紧时间做了剩下的家务，以免让卓凡觉得自己成了全家人的保姆了。

事实上，这天早上，当卓凡看着平日里打点一切的婆婆没有起床，心里头也有些不舒服，她想她做了早上的家务，看回家后婆婆是否打理晚饭。当婆婆热情地为她夹菜，不让她刷碗，她的心里充满了感激。

从那以后，卓凡渐渐地融入了婆婆家。只是她不再早起收拾屋子、擦地板了，而是下班后早早地回家，为全家人准备晚饭、刷碗，而早上的家务则由婆婆一个人包揽。她睡懒觉，婆婆也不叨唠了。

故事中的卓凡，因为到了婆婆家之后，总是没有履行妻子的义务，不方便打理家务，引起了婆婆的不满，后来在婆婆的诱导之下，成功地转变了角色，从而融入了婆婆家。由此可见，一个人到了一个新的环境中，有陌生到熟悉是一个逐渐转变的过程，在这个过程中，如果作为媳妇的你转换不了角色，势必会引起婆婆的不满。那么，对于儿媳妇来说，如何才能做到眼里有活，让你的婆婆倍感欣慰呢？

1.要把自己当成家里的一分子

作为女人，当你嫁给了男人之后，你就成为了男人家中的一分子。不仅要在男人家里生活，还要把这个陌生的环境当成自己的家。当你把自己当成了男人家里的一员之后，你就要和他们一起承担这个家里的责任。这样，你就应适当地尝试着去做一些家务了。如果你做不到这一点，你自然感觉到畏首畏尾，婆婆对你有意见也是再正常不过了。

2.要主动地承担家务

刚结婚的时候，婆婆对你很客气，那是因为你刚来不熟悉这个环境，而且在婆婆的心里，也会认为你刚来，是客人。但是随着时间的推移，你对这个家的环境越来越熟悉，你不可能永远让别人照顾，你的身份也渐渐地起了变化，你就要尝试着去承担家务。当你尝试着这么做的时候，婆婆看在眼里，喜在心里。

3.还要学会关心家里的其他人

既然是一家人了,那么作为儿媳妇的你,不仅要爱你的丈夫,更要爱和你在一起生活的其他人。试着为他们去做一点事情,在生活中多帮助他们去打理家务。这样,别人也会把你真正地当一家人去看待。如果别人做事情的时候,你总是袖手旁观,永远觉得与己无关,那么,作为婆婆自然会对你有意见了。

4.做你认为应该做的小事情

当你没有结婚的时候,你会操心家里的一些小事情,比如做饭的菜是否买好了,做完饭后煤气是否关了等等。嫁到了婆婆家之后,你也要把婆婆家当成自己的家,去做一些你认为该做的小事情。比如操心着去交个电费,出门的时候别忘记了锁门等等。别以为别人看不到,你的婆婆会留心你的。

❤ 精心准备的小礼物能打动爱人父母的心

尽管结了婚之后,爱人的父母也是自己的爸爸妈妈,可是毕竟你们没有血缘关系,不可能达到那种血脉亲情。你就要用你的真情去化解他们内心的那份芥蒂。让他们真心实意地把你当亲人一样看待。这时候你不妨送给他们一些精心为他们准备的小礼物,让他们的心受到感动,觉得你心里有他们。

结婚已经三个多月了,爱军经常带着妻子梅回去看望岳父岳母,可是和他们待在一起,总觉得彼此之间隔着点什么。岳父岳母跟他很少谈话,即使他主动和他们去沟通,他们也总是敷衍一下,就忙自己的事情去了。这让爱军每次都感觉到特别不舒服。

当他把这种感觉告诉妻子梅之后,梅笑着说:“你想多了,你是我丈夫,我爸爸妈妈怎么可能不喜欢你呢。”可是爱军知道,这却是事实。等他把这种情况告诉了爸爸,爸爸笑着说:“傻小子,你怎么就这么笨呢?想想你当时

是怎样讨你的媳妇欢心的，就去怎样讨你的老丈人、老丈母娘欢心啊。”

爸爸的一句话提醒了爱军。虽说每次回去看望岳父岳母的时候，带的礼物也不轻，但是却没有真正为他们二老量身打造过礼物，这让他们觉得自己是行礼节，并不是真正地关心他们，爱他们。

当爱军再一次陪着妻子回娘家的时候，他精心为岳父买了一副象棋。他知道岳父喜欢下棋，而且仅有的一副象棋已经非常破旧了。他为岳母买了一件羽绒服，尽管是夏天，但是他知道岳母一定很喜欢。

当他拿出新买的象棋递给岳父的时候，岳父的眼里一下子来了光，特意拿出了珍藏了 10 年的好酒，跟爱军喝起酒来。岳母得知女婿为自己买了羽绒服，更是乐得合不拢嘴，她悄悄地钻进厨房里，为女婿煲了汤。

那一天，他跟岳父岳母聊了整整一个下午，二老不断地询问他的工作、他的生活，不断地叮嘱他注意这个、小心那个。那一天，他第一次感觉到了岳父岳母对他的爱。他觉得也就是从那天起，自己真正成为了岳父岳母心里的自己人。

故事中的爱军，总是觉得岳父岳母不喜欢自己，不爱自己。原因很简单，他从来没有向他们表示过自己的关心和爱。当他精心为他们送了礼物，表达了自己的爱之后，岳父岳母也把同等的爱给了他。可见，人心都是肉长的，你没有把爱人的父母真正地当做自己的父母一样看待，他们也不会把你当作自己的亲人一样看待。所以，要想让他们真心实意地对待你，那么就要为他们买一点小礼物，打动他们的心。在用小礼物打动爱人的父母时，要注意哪些方面的事情呢？

1.你所送的礼物是他们内心喜欢的

如果有个人给你所送的礼物，你一点也不喜欢，那么你一样对他表达不出你的好感来。所以，作为晚辈，给你爱人的父母送礼物的时候，一定要多向你的爱人询问，他们喜欢什么，他们最需要什么。这样，你所送的礼物才是他们喜欢的，才是他们需要的，这样他们能不高兴吗？他们会觉得你在他们身上花了心思，对你好也就自然而然了。

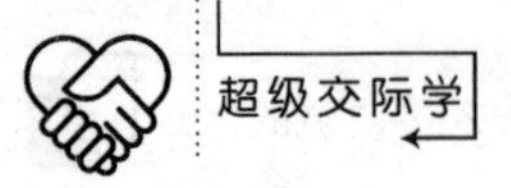

2.礼物不能对他们的身体造成伤害

很多人在送礼物的时候，总是觉得别人送什么，随大流也送什么。比如说给岳父买好烟。可是你却没有考虑，烟虽然是很多场合下必不可少的，但是却会伤害岳父的身体，更让岳母受二手烟的伤害。尽管你的岳父很喜欢，但是你的岳母可能嘴上不说，但是心里面却很反感。这样你尽管花了钱，可依然没有让他们喜欢你，对你来说就是失败的。

3.礼物的价值不能太轻也不能太重

有的年轻人在看望爱人的父母的时候，不知道究竟送什么礼物合适。很多时候，他们觉得带的礼物越重，表达的情意越诚。可是有些时候，带的礼物越重，则会让老人背负心里的压力，觉得你是在乱花钱，或许是猜测你可能有事相求。当然，带的礼物轻，更是不合适，让老人觉得他们在你心里没有分量。这个时候，你就要掂量清楚，不能太重也不能太轻。

4 送礼物的同时也要表达你的爱意

在你为爱人的父母送礼物的时候，不能把东西递给他们时，什么话也不说，要知道你要通过礼物来表达你的情意，这份情意不但要通过礼物来传达，更要通过你的嘴来传达。事实上，他们缺少的不是礼物，他们需要的是你的这份心、这份情。因此，在送礼物的时候，不但把你的礼物带到，还要把这份情意带到。

❤ 称呼亲切自然，才更像一家人

结婚后，要对爱人的父母叫爸爸妈妈，这让一些年轻人觉得叫不出口。尤其是第一次叫，觉得非常别扭。有的人在当着面的时候，叫爸爸妈妈，在别人面前就比着孩子叫。当然这也不是不行，但是，总觉得你心里并没有把对方当成你的父母，觉得生分。试想，你会当着别人的面不叫你自己的父母爸爸妈妈吗？

琪琪结婚已经整整四年了，现在孩子也两岁多了。可是让别人觉得她好像并没有真正地融入到婆婆家。不是她和婆家人有什么矛盾，而是因为她和别人聊天的时候，谈及自己的婆家人的时候，总是说成是丈夫的这个亲戚，那个长辈，似乎她不是这个家的人一样。

一次，丈夫的姑姑从老家来看望他们，由于他们搬了新家，所以问了很多人才算找到。很快，琪琪热情地招呼了姑姑，到了中午的时候，她特意去买些肉、买些菜来款待姑姑。刚走到小区门口的时候，碰到了邻居赵阿姨。

赵阿姨热情地问道："琪琪啊，刚才有个女的在找你们家呢，是我告诉他们的，那是谁啊？"

琪琪回答说："那是孩子他姑奶奶，从很远的乡下来，看望孩子来了。"

赵阿姨说："那真是太辛苦了，一定要好好招呼她，留她多待两天啊。"

琪琪笑着说："那是肯定的，好歹也是我们家老爷子的亲妹子。"

就在说这话的时候，琪琪的公公遛弯回来了，听到了这段对话，脸色一沉，走了过来。琪琪见了，忙问道："爸爸，你回来了啊，姑姑来看望咱们了，在家里等你呢。"

公公一声不吭地走了过去，上了楼。这让琪琪有点摸不着头脑。

赵阿姨看到了，对琪琪说："你啊，说话不注意，谁愿意被人家叫做老爷子呢。"

琪琪不解地说："可不就是咱们家的老爷子吗？我又没说错。"

赵阿姨："他是不是你丈夫的父亲，是不是你得叫他爸爸啊？"

琪琪更为不解地说："私下里可不都这么叫吗？"

赵阿姨："好像和你不是一家人似的，你老公这么叫你的爸爸，被你爸爸听着会什么感受？"

琪琪不说话了。这时候她才明白，为什么公公不高兴了。从那之后，琪琪不管跟谁说话，把丈夫的亲人都当做自己的亲人一样称呼。邻居们也不再说什么闲话了，家里的关系也融洽了很多。

故事中的琪琪在称呼姑姑的时候，把这份情感刻意转移到孩子的身上，在叫公公的时候叫成了老爷子，这让别人感觉她并没有把自己当成一分子，让家里人觉得她隔着心。在赵阿姨的点化话，她明白了很多，后来她转变了称呼，一家人的情感更加紧密。那么，如何称呼才能亲切自然，更像一家人呢？

1.称呼对方的父母时要有些真情实意

结了婚把对方的父母叫做爸爸妈妈，这在很多人看来是理所当然的事情，但是又有多少人在称呼他们的时候，对他们有同样的情感呢？很多时候，称呼仅仅是个称呼，是为了照顾他们的情绪。为了照顾你爱人的情绪，在称呼他们的时候，要有些真情实意，当做自己的父母一样去称呼，你会发现感觉真的不一样。

2.不要刻意把爱人的家人长辈区别化

既然你和你的爱人结合在了一起，那么他的长辈就是你的长辈，他的亲人就是你的亲人。在称呼他们的时候，也要表达你的尊敬。不要随便在他们面前加上你爱人的名字，这样让别人觉得你并没有真心实意地接受他们，而是因为看在你爱人的面子上才这么称呼的。这样的称呼让别人感觉到会像一家人吗？

3.人前人后都要称呼的时候都要尊敬

很多人在当着爱人的父母的面叫做爸爸妈妈，在别人面前便老爷子、老婆子地称呼。尽管这样的称呼也没有什么不合适，但是言语中多多少少有了点不尊重，让别人觉得你对爱人的父母有想法，你们的关系不好。这种称呼要是传到他们的耳朵里，或者是被他们当面听到，他们的内心深处肯定会很不舒服。

4.不要随便把你的情感转移到孩子上

有时候，你在称呼爱人的长辈时，总是爱比着孩子来叫，比如叫为公公爷爷，叫婆婆为奶奶。当然这也不是说不好，但是你把自己的情感转移到孩子身上去，那么你和他们就断裂了情感联系，这样导致他们对你也情感断裂。他们对你好，也是看在孩子的面子上。如果不把这份情感转移，而是尊

敬地叫他们爸爸妈妈，他们也会把你当成自己的闺女一样看待的。

❤ 老人面前多做退让，退一步方能避开家庭矛盾

很多时候，老人所经历的年代比较久远，价值观和世界观很保守，而年轻人思想活跃，不拘一格，对事物的看法和认识不一样，所以两代人发生矛盾是在所难免的事情。尤其是婆婆和媳妇之间的矛盾更为强烈。

美丽今年 25 岁，刚刚结的婚，结婚前她做事情总是喜欢按着自己的方式，自己高兴舒服就行。比如早晨爱睡懒觉，晚上总是喜欢熬夜。可是结婚后，矛盾就凸显了出来，不是说她的丈夫不习惯她，而是她的婆婆有些看不惯她。

这天早晨，天刚刚亮，美丽睡意正浓，可是突然却传来了敲门声，这让美丽非常不高兴，心想谁这么早敲门啊，有事不能等起床了再说。所以就没有搭理，可是敲门声更响了。美丽睡眼蒙眬地爬起来，开了门。只见婆婆站在门口说："怎么还在睡觉啊，都几点了，赶紧起床，洗漱完吃早餐。"

美丽关上了门，跌倒又开始睡了。刚刚过了十分钟，她再次被婆婆吵醒了，这一次婆婆没有再敲门，而是直接闯了进来，揪着丈夫的耳朵把他揪了出去，并把他们的被子给抱走了。美丽气愤地叫了起来，那天她和婆婆吵了一架。

从那天起，她和婆婆便较上了劲。早上一大吵，晚上一小吵。丈夫在里面劝了这个说那个，可是就是平息不下去。最后索性待在了单位不回家了。美丽明白，如果不和婆婆处理好关系，迟早会影响她和丈夫之间的感情。

这天早晨，在吃早餐的事情上，婆婆又开始向她发难。这一次，美丽没有吱声，只顾着吃早餐，吃完后，收拾好去上班了。只留下婆婆一个人在那里没趣地唠叨。晚上回来后，美丽做好了晚饭，将婆婆和公公一起叫出来吃饭。婆婆又开始发难，说她饭做得不好，美丽依旧没有吱声，就当什么事情

也没有发生,吃完后去洗漱了。而这时候婆婆一个劲地在唠叨,还没有吃呢。

连续几天,美丽对于婆婆的无端指责,总是表现得很淡然,就当什么事情也没发生。这天晚上,婆婆又在一个劲地唠叨,美丽回房关上了门。婆婆怒吼道:“你把门关上干什么?”于是美丽把门打开,自己干自己的事情。婆婆一个人觉得没趣,叫骂道:“你跑到屋里干什么?”于是美丽又从屋里出来,坐到婆婆的面前,听她叫骂。

见美丽总是不吱声,婆婆骂道:“你干吗不说话?”美丽走过去倒了一杯水,递给婆婆,微笑着说:“妈,您消消气,喝点水。”

婆婆接过水,望了美丽一眼,再没有说什么。从那以后,她再也没有骂过美丽。

故事里的美丽,在和婆婆的较量中,为了捍卫自己的婚姻,最终选择了用沉默来代替争吵,用自己的忍耐让婆婆无话可说。有些时候,老人看不惯你,和你较劲,其实对他们来说也是一种伤害,如果你多退让,他们也就觉得没意思了,在你一个晚辈面前,显得长辈没有涵养。那么,如何说服自己以忍让老人的挑剔呢?

1 要告诉自己,长辈说的或许是对的

如果你爱人长辈不停的为难你,和你之间因为一些小习惯而纠结,那么不要和他们争吵,或许他们说的有一定道理,你只是没有办法理解罢了。这样,你心里的气就会完全消失掉,也就不会和他们去论个是非对错。事实上,很多事情都没有对错,只是认识不同罢了。你让长辈跟你有一样的认识,这太难了。

2.一定要原谅长辈的心胸没你的宽广

人岁数越大,心就会变得越来越小,很多没有意义的事情也要不停地纠结、发难。作为晚辈,你要理解他人,或许你老了,你也和他们一样。当你这么想的时候,你就觉得他们是因为老了,无聊了,便会没事和你找事。当然你有事做,自然不能跟他们计较了。你把他们的纠结和发难当做人老的一

种通病，那么你就会畅然很多。

3.要对自己说：长辈的文化比你欠缺

一般情况下，我们的长辈因为年代的原因，文化知识普遍没有现在的年轻人高，对事情的认识也没有年轻人看得清楚。因此，在一些事情上和你纠结也就显得情有可原了。这不是他们自身的问题，是生活的年代造就的。

4.要明白，如果强大何须证明给人看

往往很多时候，人越虚弱，越想让别人看到自己的强大，越是用各种方法和措施来证明自己。事实上，如果你真的强大，又何须证明呢？就如同故事中的婆婆一样，总是百般纠缠，来证明自己强势，可是最终她却“败”给了自己默不作声的儿媳妇。

❤ 杜绝争吵，对待老人永远孝字当先

很难说，一个经常争吵的家里有和睦可言。很多时候，不是老人之间在争吵，而是老人和年轻人在纠结。老人接受不了年轻人的生活方式，年轻人无法理解老人的生活习惯等等。谁都想试图征服和改变别人，可是事实上，谁也征服不了谁，谁也改变不了谁。

对于年轻人来说，我们不但有照顾老人吃穿的责任，还有照顾他们情绪的义务，因为他们是老人，是弱势群体。因此，这就要求我们百善孝为先，杜绝和他们争吵，永远和颜悦色地和他们相处。

阿宝和阿梅是自由恋爱，然后走进婚姻的殿堂的。小两口的感情非常好。他们原本没打算和老人一起居住。

可是结婚后没过一年，阿宝的父亲去世了，老母亲一个人孤独地生活在乡下，这多少让阿宝有些于心不忍。于是在和阿梅做了一番沟通后，将老母亲接到了家里来。尽管阿梅十万个不愿意，可是他知道丈夫很孝顺，也只好默认了。

可是婆婆来了之后,不到一个星期就发生了矛盾。原来婆婆岁数大了,总是喜欢早起,所以自告奋勇地承担了家里的买菜任务。可是每次买回来的菜都是市场内最便宜、没人吃的菜,而且还捡了很多别人扔了的菜叶。

这让阿梅根本没有办法做饭。当她跟婆婆说的时候,却被婆婆说得忆苦思甜了一个晚上。有心不让婆婆买菜,怕伤了老人的心,让她去买,总是让阿梅很生气。

这天,她忍无可忍,跟婆婆大吵了一架。婆婆伤心极了,吵着要回老家去。这可让阿宝作难了。为此,小两口闹起了别扭。阿宝先稳住了母亲,然后跟阿梅说:"我就这么一个妈,你就不能忍着点吗?"

阿梅生气地说:"我已经忍无可忍了,你说每天瞎操什么心呢,没有她在,我们不也过得好好的吗。"

阿宝说:"老人嘛,她也是一番好心,你就当替我尽尽孝心吧,好吗?"

听丈夫这么一说,阿梅不再吱声了。

从那以后,婆婆买了菜回来,阿梅再悄悄地买一些新鲜蔬菜,这样尽管吃的菜没有一开始的好,但是也有了很多提高。

婆婆好几次都问阿梅,为什么很多菜都不是自己买回来的。阿梅总是找各种各样的理由敷衍过去了。时间久了,婆婆也不再追问了。

故事中的阿梅和婆婆因为买菜的事情发生了争吵,后来在丈夫的劝说下,在孝敬老人的名义下,她采用了别的措施改善了吃菜的问题,避免了和婆婆再发生争吵。由此可见,在生活中,如果你想到孝敬老人的观念上,你就不会再和他们去纠结了。那么,作为年轻人,如何杜绝和老人争吵呢?

1.多想想老人的不容易

人活一辈子,其实不容易。没有人一生平平顺顺地活到老。他们能活到年老,想必经历了太多的伤痛。这足以让我们敬仰和佩服。因此,当他们对我们不满意,有想法的时候,我们应多想想他们的一生是多么不容易。这样,你就不会再和他们去纠结,因为你和他们争吵,是在增加他们内心的痛苦。

2.多思考对老人的责任

尽管是你爱人的父母，但是你同样有责任去孝顺他们。因而，当老人们和你发生矛盾之后，你要多想想你对他们的责任，这样，你的心就会变大，不会再和他们去计较了。因为孝顺他们不但要让他们衣食无忧，还要照顾他们的情绪，让他们开心。你和他们争吵，他们怎么能开心呢？

3.多想想自己也会变老

这个世界上，谁都会变老。他们的现在就是几十年后的你。你和他们纠结，实际上不就是和几十年后的你纠结吗？你敢保证自己几十年之后不会和他们有同样的想法吗？你是否渴望你的儿女也像你那样对你呢？当你多想想这些问题后，你就不会再去和他们争吵了。因为你和他们争吵实际上就是和你自己在纠结。

4.多思考他们所付出的

作为父母，他们在儿女身上倾注了太多的情感。尽管不是你的亲生父母，但是天下的父母都是一样的，你的父母难道对你付出的少吗？他们付出了太多，难道就得到被儿女们嫌弃和不容忍的下场？你想想，你是否太过残忍了。如果对方是你的亲生父母，想着他们为你的付出，你是否一样也要和他们争吵下去吗？当你想到这些的时候，你便不会和他们吵下去了。

❤ 关怀的话要说到老人心坎儿里

老人岁数大了，心里也越来越孤独了，他们更加需要儿女的关怀。但是，很多人看起来也是在关心老人，可是总让老人觉得不孝顺。究其原因，是因为他们关心和爱戴的话没有说到老人的心坎上。那么，这样的话不但不能温暖老人的心，还会让老人觉得你是在装样子，在作假。难怪他们说你不孝顺呢？

阿欢结婚后，和丈夫在城里买了楼房，所以和婆婆并没有在一起生活。

可是丈夫阿玉是个非常孝顺的人,所以每个星期都会带着阿欢去乡下看望父母。为了表达自己对老人的关怀和问候,阿欢每次都会和婆婆拉拉家常,说很多关怀的话,可是她总是觉得婆婆和她之间有隔阂。

事实上,婆婆的身体一直还算可以,只是腿脚有些不方便了。尤其是左腿,有时候疼起来连路都走不了。这些情况其实丈夫早就跟阿欢聊过很多。可是阿欢每次和婆婆聊天的时候,总是问她最近胃口怎么样,想吃什么好吃的,再有就是天冷了多穿点衣服。尽管婆婆每次都笑着点点头,表示感谢。

这天,丈夫带着阿欢再次来到了乡下。阿欢按照惯例去和婆婆拉拉家常,套套近乎,以表达自己对婆婆的孝敬。可是这次,还没有聊上几句,阿欢就觉得婆婆又对她们之间的话题没有兴趣了,除了应付她的询问之外,不愿意多说话,阿欢找了很多话题,可是婆婆都不愿意多聊。没办法,阿欢只好离开了婆婆。

这天回去后,阿欢的情绪很不好,丈夫询问后,阿欢委屈地说:“我没有说错什么啊,可是婆婆为什么拒绝和我说话呢?我很关心她的。”

丈夫说:“那你关心她什么了呢?”

阿欢委屈地说:“我关心她的吃,关心她的穿,还让我关心她什么啊?”

丈夫说:“那你觉得她最需要你关心什么吗?”

阿欢不解地问:“什么啊,岁数大了,除了吃好穿好,还想怎样啊?”

丈夫说:“你为什么不去关心一下她的身体健康与否呢?她的腿一直有毛病,而且最近很严重。”

阿欢不好意思地说:“我给忘掉了。”

丈夫说:“这不就得了吗?怪不得她不想和你多说话呢。下周去的时候,你提前去买点药,多了解一下有关治疗和保养的方法。她肯定愿意和你多聊的。”

故事中的阿欢表面上也很关心自己的婆婆,但是她关心得不对,没有把该说的关心话说到婆婆的心坎上,结果导致了婆婆的冷淡。后来,在丈夫的提醒下,她才明白该去怎样关心婆婆。由此可见,不是你对老人关心就足够

了，而是要把关心的话说到老人的心坎上，让老人高兴了才行。那么，如何才能把关心的话说到老人的心坎上呢？

1.揣摩清楚老人最需要你关心什么

你在表达对老人的爱、表达对老人的关怀的时候，要弄清楚，老人最需要你关怀什么。否则就会跟故事中的阿欢一样，老人希望她关怀她的健康，而她却在吃穿上关怀，难免让老人觉得话不投机。因此，在向老人表达你的关怀时，要对他们的情况了解清楚，弄明白他们内心之中最需要别人关怀什么。

2.多说些你和爱人对老人的祝愿话

当你明白老人的身体不好，除了表达对他们身体的担忧，更要表达你和爱人对老人的祝愿，祝愿他们尽快恢复健康。当然表达祝愿的时候，还要把你为老人买的药品补品带给他们。这样让他们觉得你的关怀不只是耍嘴皮子，而是有实际的行动，事实上，这样他们心里才会感受到你懂他，是真的孝顺他。

3.关怀的话中掺杂对老人的感谢话

老人抚养了儿女，付出了太多太多的爱。因此，对于他们来说，更希望能听到做儿女的一些感激的话，这样他们会觉得自己这一生没有白费心血。因此，关怀老人的时候，不仅要关怀他们的身体和物质的生活，还要关怀他们的精神，温暖他们的心。因此，在表达关怀的时候，要掺杂一些对老人的感谢之情。

4.关怀的话要说得真诚和殷切一些

由于是关怀爱人的父母，所以很多时候，我们在表达关怀的时候，总是干巴巴地说一些不痛不痒的话，让老人听着像走过场。这样，老人感受到的不是关怀，而是寒心。所以，在表达关怀的话的时候，要真诚一些、殷切一些，要带有感情，把爱人的父母当成自己的父母一样去表达内心之中的关怀之情。

参考文献

[1]严一冰.50个打动人心的交际技巧[M].北京:海潮出版社,2008.

[2]李朝晖.左右逢源的交际心经[M].北京:中国商业出版社,2009.

[3]龙子民.好交际赢得好机遇[M].北京:地震出版社,2009.

[4]咖啡猫女.女人交际全攻略[M].北京:中国纺织出版社,2010.